SNIPER
AMERICANO

SNIPER AMERICANO

O ATIRADOR MAIS LETAL DA HISTÓRIA DOS EUA

CHRIS KYLE

COM JIM DeFELICE E SCOTT McEWEN

TRADUÇÃO DE ANDRÉ GORDIRRO

TÍTULO ORIGINAL
American Sniper: The Autobiography of the Most Lethal Sniper
in U.S. Military History

PREPARAÇÃO
Ângelo Lessa

REVISÃO
Carolina Rodrigues
Gabriel Machado

DIAGRAMAÇÃO DE MIOLO
ô de casa

O mapa do Iraque na página 11 foi uma cortesia da Seção de
Cartografia das Nações Unidas.

CIP-BRASIL. CATALOGAÇÃO-NA-FONTE
SINDICATO NACIONAL DOS EDITORES DE LIVROS, RJ

K99s

Kyle, Chris
    Sniper americano: o atirador mais letal da história dos EUA / Chris
Kyle com Jim DeFelice e Scott McEwen ; tradução André Gordirro. -
1. ed. - Rio de Janeiro : Intrínseca, 2015.

    344 p. ; 23 cm.
    Tradução de: American Sniper
    ISBN 978-85-8057-644-3

    1. Kyle, Chris, 1974-2013. 2. Homens - Estados Unidos - Biografia.
3. Iraque, Gerra do, 2003-2011. 4. Atiradores (Armas de fogo) -
Estados Unidos - Biografia. I. DeFelice, Jim, 1956-. II. McEwen, Scott.
III. Título.

14-17692   CDD: 923.3
                               CDU: 929.330

[2015]

Todos os direitos desta edição reservados à

EDITORA INTRÍNSECA LTDA.
Rua Marquês de São Vicente, 99/3º andar
22451-041 — Gávea
Rio de Janeiro — RJ
Tel./Fax: (21) 3206-7400
www.intrinseca.com.br

Dedico este livro à minha esposa, Taya, e aos meus filhos,
por terem se mantido firmes ao meu lado.
Obrigado por ainda estarem aqui quando voltei para casa.

Também gostaria de dedicá-lo à memória dos meus irmãos
Seals Marc e Ryan, pelo corajoso serviço ao país e
pela nossa amizade eterna. Sentirei a morte dos dois
pelo resto da minha vida.

SUMÁRIO

NOTA DO AUTOR

Os fatos narrados neste livro são verdadeiros, e eu os relatei da melhor maneira que a minha memória permitiu. O Departamento de Defesa dos Estados Unidos, incluindo funcionários do alto escalão da Marinha, revisou o texto para garantir a exatidão e ver se havia alguma informação confidencial. Embora tenham liberado a publicação, isso não significa que o que leram os agradou. Contudo, esta é a minha história, não a deles. Reconstruímos diálogos a partir de lembranças, o que significa que as palavras podem não ser precisamente as mesmas, porém a essência do que foi dito é fiel.

Nenhuma informação confidencial foi usada durante o desenvolvimento do livro. O Pentagon Office of Security Review e a Marinha americana solicitaram algumas mudanças alegando motivos de segurança, e todas elas foram feitas.

Muitas das pessoas com quem servi ainda estão na ativa como Seals. Outras trabalham para o governo em funções diferentes, protegendo a nossa nação. Assim como eu, todas podem ser consideradas inimigas pelos inimigos dos Estados Unidos. Por isso, não revelei suas identidades completas neste livro. Elas sabem quem são, e espero que saibam que têm minha gratidão.

—C.K.

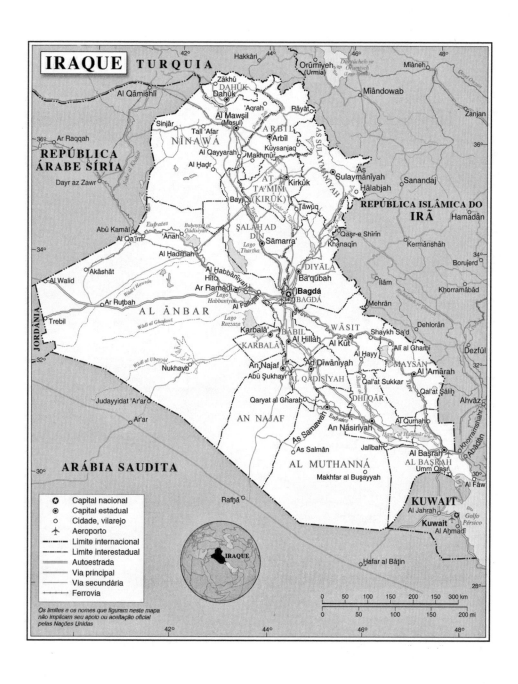

IRAQUE

TURQUIA

REPÚBLICA ÁRABE SÍRIA

REPÚBLICA ISLÂMICA DO IRÃ

ARÁBIA SAUDITA

JORDÂNIA

KUWAIT

Hakkâri
Orûmîyeh (Urmia)
Mîâneh
Zâkhû
DAHÛK
Dahûk
'Aqrah
Râyât
Miândowab
Al Qâmishlî
Zânjan
Sinjâr
Al Mawşil (Mosul)
ARBÎL
Tall 'Afar
NÎNAWÁ
Arbîl
Kûysanjaq
Ar Raqqah
Al Qayyarah
Makhmûr
As Sulaymânîyah
Sanandaj
Al Haḑr
AT TA'MÎM
Kirkûk
Hâlabjah
Dayr az Zawr
Bayjî
(KIRÛK)
Tâwûq
Hamadân
Abû Kamâl
Eufrates
Bubayrat al Qâdisiyah
SALÁH AD DÎN
Qaşr-e Shîrîn
'Ânah
Sâmarra'
Al Qa'im
Lago Tharthar
Khânaqîn
Kermânshâh
Al Hadîthah
Boruierd
Akâshât
Al Habbânîyah
DIYÁLÁ
Îlâm
Hît
Ba'qûbah
Al Walid
Ar Ramâdî
Bagdá
Lago Habbaniyah
Al Fallûjah
BAGDÁ
Mehrân
Ar Ruţbah
AL ÃNBAR
Lago Razzaza
Dehlorân
Trebil
WÂSIT
Karbalá
BABIL
Shaykh Sa'd
Al Hillâh
Al Kût
Dezfûl
KARBALÁ
Alî al Gharbî
Al Hayy
An Najaf
Ad Dîwânîyah
MAYSÁN
Al 'Amârah
Nukhayb
Abû Shukhayr
AL QÁDISÎYAH
Qal'at Sukkar
Qal'at Sâlih
Ahvâz
Judayyidat 'Ar'ar
Qaryat al Gharab
DHÎ QÂR
An Nâsirîyah
Al Qurnah
Ar'ar
AN NAJAF
As Samâwah
Eufrates
Khorramshahr
Abadan
As Salmân
Jalîbah
AL BAŞRAH
AL MUTHANNÁ
Al Başrah
Makhfar al Buşayyah
Umm Qaşr
Al Fâw
Rafhâ
KUWAIT
Al Jahrah
Golfo Pérsico
Kuwait
Al Ahmadî
Hafar al Bâţin

	Capital nacional
	Capital estadual
	Cidade, vilarejo
	Aeroporto
	Limite internacional
	Limite interestadual
	Autoestrada
	Via principal
	Via secundária
	Ferrovia

IRAQUE

Os limites e os nomes que figuram neste mapa não implicam seu apoio ou aceitação oficial pelas Nações Unidas

0   50   100   150   200   250   300 km
0   50   100   150   200 mi

PRÓLOGO: O MAL NA MIRA

FIM DE MARÇO DE 2003. NA ÁREA DE NASSÍRIA, IRAQUE

OLHEI PELA LUNETA DO RIFLE E VASCULHEI A ESTRADA DAQUELA MI-núscula cidade iraquiana. A cinquenta metros, uma mulher abriu a porta de um casebre e saiu com a filha.

O resto da rua estava deserto. Os moradores haviam entrado nas casas, a maioria assustada. Alguns curiosos espiavam por trás das cortinas, à espera. Ouviam o barulho da unidade americana se aproximando. Os fuzileiros surgiam aos borbotões na estrada e marchavam para o norte a fim de libertar o país das mãos de Saddam Hussein.

Meu trabalho era protegê-los. Mais cedo naquele dia, meu pelotão tomara o prédio e se estabelecera de mansinho para ficar de "vigília" — evitar que o inimigo emboscasse os fuzileiros enquanto eles passavam.

Não parecia uma tarefa muito difícil. Na verdade, eu estava contente de ter os fuzileiros ao meu lado. Eu já havia visto o poder de suas armas e odiaria lutar contra eles. O Exército iraquiano não tinha a menor chance. E, de fato, ele parecia já ter abandonado a área.

A guerra começara havia mais ou menos duas semanas. Meu pelotão, "Charlie" (que depois passou a se chamar "Cadillac"), da equipe Seal 3, ajudou a dar o pontapé inicial no começo da manhã do dia 20 de março. Pousamos na península de Al-Faw e tomamos o terminal petrolífero de lá, para que Saddam não pudesse incendiá-lo como fez durante a Primeira Guerra do Golfo. Agora nossa missão era ajudar os fuzileiros enquanto eles marchavam em direção a Bagdá.

Eu era um Seal, membro de um comando da Marinha treinado para operações especiais. Seal quer dizer *SEa, Air, Land*, o que basicamente descreve os tipos de lugar — mar, ar e terra — em que nós operamos. Nesse caso, estávamos bem no interior do continente, muito mais longe do que os Seals costumam atuar, embora isso fosse se tornar comum conforme a guerra ao terror continuasse. Após quase três anos treinando e aprendendo a ser um guerreiro, eu estava pronto para essa luta, ou ao menos até onde é possível estar pronto.

O rifle que eu tinha nas mãos era uma .300 Win Mag, uma arma por ação de ferrolho de atiradores de elite que pertencia ao sargento do meu pelotão. Ele havia passado um tempo cobrindo a rua e precisava de uma folga. E demonstrou muita confiança em mim ao me escolher para substituí-lo e pegar a arma. Eu ainda era considerado um novato, recruta ou calouro nas equipes e, pelos padrões dos Seals, precisava ser plenamente testado.

Eu também ainda não havia sido treinado como atirador de elite dos Seals. Estava doido para me tornar um, mas tinha um longo caminho pela frente. Dar o rifle para mim naquela manhã foi a maneira de o sargento me testar para ver se eu era capaz.

Estávamos no telhado de um velho prédio caindo aos pedaços, no limite de uma cidade por onde os fuzileiros passariam. O vento soprava terra e papéis na estrada em péssimas condições abaixo de nós. O lugar tinha cheiro de esgoto — eu jamais iria me acostumar ao fedor do Iraque.

— Os fuzileiros estão vindo — informou o sargento, conforme o prédio começou a balançar. — Continue vigiando.

Olhei pela luneta. As únicas pessoas em movimento eram a mulher e uma ou duas crianças perto dela. Observei nossa unidade parar. Dez fuzileiros jovens e altivos, trajando uniformes, saíram dos veículos e se reuniram para uma patrulha a pé. Enquanto os americanos se organizavam, a mulher tirou algo de debaixo da roupa e deu um puxão.

Ela tinha armado uma granada. Não percebi de cara.

— Parece amarelo — falei para o comandante, descrevendo o que eu via enquanto ele próprio observava. — É amarelo, o corpo...

— Ela está com uma granada — disse o sargento. — Aquilo é uma granada chinesa.

— Merda.

— Atire.

— Mas...

— Atire. Pegue a granada. Os fuzileiros...

Eu hesitei. Alguém tentava avisar os fuzileiros pelo rádio, mas não conseguíamos chamá-los. Eles avançavam pela rua, na direção da mulher.

— Atire! — ordenou o sargento.

Apertei o gatilho. A bala voou. Eu atirei. A granada caiu. Atirei outra vez quando a granada explodiu.

Foi a primeira vez que matei alguém quando eu estava com o rifle de sniper. E a primeira — e única — vez no Iraque que matei alguém que não fosse um combatente homem.

Era meu dever atirar, e eu não me arrependo. A mulher já estava morta. Só me certifiquei de que ela não levasse nenhum fuzileiro junto.

Estava claro que ela não só queria matá-los, como também não se importava que qualquer outra pessoa morresse em consequência da explosão ou do tiroteio. As crianças na rua, as pessoas em suas casas, talvez a *própria* filha...

O mal a cegara demais para que ela sequer pensasse nessas pessoas. Ela só queria os americanos mortos, não importavam as consequências.

Meus tiros salvaram vários americanos, cujas vidas claramente valiam mais do que a alma pervertida daquela mulher. Posso ficar diante de Deus com a consciência limpa por ter feito meu trabalho. Mas senti um ódio profundo e verdadeiro pelo mal que aquela mulher possuía. Sinto esse ódio até hoje.

Um mal selvagem e desprezível. Era contra isso que lutávamos no Iraque. Era por isso que um monte de gente — eu inclusive — chamava o inimigo de "selvagens". Realmente não havia outra maneira de descrever o que encontramos lá.

Sempre me perguntam: "Quantas pessoas você matou?" E a minha resposta-padrão é: "O número faz de mim um homem melhor ou pior?"

Para mim, o número não é importante. Eu só queria ter matado mais. Não para me gabar, mas porque acredito que o mundo é um lugar melhor sem selvagens por aí tirando vidas americanas. Todas as pessoas em quem atirei no Iraque tentavam ferir americanos ou cidadãos iraquianos leais ao novo governo.

Eu tinha um trabalho a fazer como Seal. Eu matava o inimigo — um inimigo que vi tramando matar meus compatriotas, dia após dia. Sou atormentado pelos êxitos do inimigo. Foram poucos, porém, mesmo a perda de uma única vida americana já é demais.

Não me preocupo com o que as outras pessoas pensam de mim. É uma das coisas que eu mais admirava no meu pai quando criança: ele não dava a mínima para o que os outros pensavam. Ele era quem ele era. Essa é uma das qualidades que me ajudaram a não enlouquecer.

Mesmo com a publicação deste livro, ainda não me sinto muito à vontade com a ideia de contar a história da minha vida. Primeiro porque sempre achei que, se você quer saber como é a vida de um Seal, tem que ir atrás do seu próprio Tridente: precisa ganhar a nossa medalha, o símbolo do que nós somos. Passar pelo treinamento, fazer os sacrifícios físicos e mentais. É a única maneira de saber.

Em segundo lugar — e acima de tudo —, quem se importa com a minha vida? Eu não sou diferente de ninguém.

Por acaso, estive em situações bem sinistras. Alguns dizem que isso é interessante, porém não encaro dessa forma. Outros falam em escrever livros sobre a minha vida ou sobre certas coisas que fiz. Acho isso estranho, mas também considero que a vida e a história são minhas e é melhor que seja eu a contar como tudo de fato aconteceu.

Além disso, muitas pessoas merecem receber crédito e, se eu não escrever a história, elas podem passar despercebidas. Não gosto nem um pouco dessa ideia, pois meus homens merecem mais elogios do que eu.

A Marinha credita a mim mais mortes como atirador de elite do que a qualquer outro integrante das forças armadas americanas, seja hoje ou no passado. Deve ser verdade. Entretanto, a Marinha não se decide em relação a essa quantidade. Numa semana, são 160 mortes (o número oficial deste livro), na semana seguinte a marca é bem maior e em seguida muda para um meio-termo. Se você quer a verdade, é melhor ver com a Marinha. Talvez você a descubra se der a sorte de perguntar no dia certo.

As pessoas sempre desejam um número. Mesmo que a Marinha me permitisse, eu não diria. Não sou ligado em números. Seals são guerreiros silenciosos, e eu sou um Seal até a alma. Se você quiser saber tudo, consiga o seu próprio Tridente. Se quiser saber mais sobre mim, pergunte a um Seal.

Se quiser saber aquilo que me sinto à vontade em compartilhar, e até algumas coisas que reluto em revelar, vá em frente com a leitura.

Eu sempre disse que não tinha a melhor pontaria nem sequer era o melhor atirador de elite de todos os tempos. Não estou denigrindo minhas habilidades. Sem dúvida trabalhei arduamente para aprimorá-las. Fui abençoado com instrutores excelentes, que merecem muito crédito. E meus homens — os companheiros Seals e os soldados dos Fuzileiros Navais e do Exército que lutaram comigo e me ajudaram a fazer meu trabalho — foram todos parte fundamental do meu sucesso. Mas o alto número de mortes e a suposta "lenda" têm mais a ver com o fato de que estive muitas vezes no meio do caos.

Em outras palavras, tive mais oportunidades do que a maioria. Servi num desdobramento após o outro desde logo antes do início da Guerra do Iraque até a minha dispensa em 2009. Dei a sorte de ter sido colocado bem no centro da ação.

Outra pergunta que ouço muito é: "Você se sentia mal por matar tanta gente no Iraque?"

Eu respondo: "Não."

E estou sendo sincero. Você fica um pouco nervoso na primeira vez que atira em alguém. Pensa: *Será que consigo atirar nesse cara para valer? Não tem problema mesmo?* Mas, depois de matar o inimigo, você vê que não tem problema. E diz: *Ótimo.*

Você mata de novo. E de novo. Mata para que o inimigo não o mate nem aos seus compatriotas. Mata até que não sobre ninguém para matar.

Guerra é isso.

Eu adorava o que fazia. Ainda adoro. Se as circunstâncias fossem diferentes — se minha família não precisasse de mim —, eu voltaria num piscar de olhos. Não estou mentindo nem exagerando quando digo que foi divertido. Foi a melhor época da minha vida.

As pessoas tentam me rotular como um cara fodão, caipira, babaca, atirador de elite, Seal e provavelmente com outras classificações impublicáveis. Tudo pode ser verdade dependendo da ocasião. No fim das contas, minha história, no Iraque e depois, vai além de simplesmente matar pessoas ou mesmo de lutar pelo meu país.

É sobre ser um homem. E é sobre o amor, assim como sobre o ódio.

1

RODEIOS E OUTRAS FORMAS DE DIVERSÃO

NO FUNDO, APENAS UM CAUBÓI

TODA HISTÓRIA TEM UM INÍCIO.

A minha começa na região centro-norte do Texas. Cresci em cidadezinhas onde aprendi a importância da família e de valores tradicionais como patriotismo, autoconfiança e zelo com os seus e com os vizinhos. Sinto orgulho em dizer que ainda tento levar a vida de acordo com esses valores. Tenho uma forte noção de justiça. Para mim, é tudo bem preto no branco. Não enxergo muitos tons de cinza. Considero importante proteger os outros. Não me incomodo com o trabalho árduo, mas ao mesmo tempo gosto de me divertir. A vida é curta demais para não se divertir.

Fui criado na fé cristã e ainda acredito nela. Se eu tivesse que listar minhas prioridades, elas seriam Deus, Pátria, Família. Pode haver dúvida sobre onde esses dois últimos entram — tenho passado a acreditar cada vez mais que a Família pode, dependendo das circunstâncias, superar a Pátria. Mas é uma disputa acirrada.

Sempre adorei armas, sempre adorei caçar e, de certa forma, acho que é possível dizer que sempre fui um caubói. Cavalgo desde que aprendi a andar. Hoje, não me consideraria um verdadeiro caubói, porque já passou muito tempo desde que trabalhei num rancho e provavelmente perdi muito da minha habilidade em cima de uma sela. Ainda assim, se no fundo eu não sou um Seal, sou um caubói — ou deveria ser. O problema é que é difícil ganhar a vida como caubói quando se tem uma família.

Não me lembro de quando comecei a caçar, mas eu devia ser bem novo. Minha família tinha um campo de cervos a alguns quilômetros de casa, e todos os invernos íamos caçar. (Para os desinformados: um campo de cervos é uma propriedade que o dono aluga ou arrenda por um período; a pessoa paga e tem o direito de ir lá caçar. Provavelmente é diferente no lugar onde vocês moram, porém, isso é bem comum no Sul dos Estados Unidos.) Além de cervos, nós caçávamos perus, pombos, codornas — o que estivesse em temporada. "Nós" quer dizer minha mãe, meu pai e meu irmão, que é quatro anos mais novo do que eu. Passávamos os fins de semana num velho trailer. Nada muito grande, mas éramos uma família pequena e unida e nos divertíamos à beça.

Meu pai trabalhava na Southwestern Bell e na AT&T — as empresas se separaram e depois voltaram a se unir ao longo da carreira dele. Ele era gerente, e de tantos em tantos anos tínhamos que nos mudar, a cada nova promoção. Portanto, de certa forma posso dizer que fui criado pelo Texas inteiro.

Embora fosse bem-sucedido, meu pai odiava o emprego. Não o trabalho em si, mas o que vinha junto: a burocracia, o fato de que precisava trabalhar num escritório. Ele *realmente* odiava ter que usar terno e gravata todo dia.

— Não importa quanto dinheiro você ganha — dizia-me meu pai. — Não vale a pena se você não se sente feliz.

Esse foi o conselho mais valioso que ele me deu: faça o que quiser na vida. Até hoje tento seguir essa filosofia.

Em vários aspectos, meu pai foi meu melhor amigo enquanto eu crescia, mas ao mesmo tempo ele foi capaz de combinar a amizade com uma boa dose de disciplina paternal. Havia um limite, e eu jamais quis ultrapassá-lo. Eu levava umas coças quando merecia, porém, nunca em excesso e jamais com raiva. Se meu pai estivesse puto, ele parava por alguns minutos para se acalmar antes de me dar uma coça controlada — seguida por um abraço.

Pelo que meu irmão diz, eu e ele vivíamos brigando. Não sei se é verdade, mas tivemos nossas briguinhas. Ele era mais novo e menor do que eu, mas batia tão bem quanto levava, e jamais desistia. É um sujeito durão e um dos meus melhores amigos até hoje. A gente se infernizava, mas também se divertia, e sempre soubemos que podíamos contar um com o outro.

Havia uma estátua de pantera na entrada do nosso colégio. Tínhamos uma tradição em que, todo ano, os veteranos tentavam colocar os calouros na pantera como trote. Os calouros, naturalmente, resistiam. Eu tinha me formado quando meu irmão entrou como calouro, porém, voltei no primeiro dia de aula e ofereci 100 dólares para quem conseguisse sentá-lo naquela estátua.

Ainda tenho aqueles 100 dólares.

EMBORA ME ENVOLVESSE NUM MONTE DE BRIGAS, A MAIORIA DELAS NÃO fui eu que comecei. Meu pai deixou claro que eu levaria uma coça se ele descobrisse que comecei uma briga. Deveríamos estar acima disso.

No entanto, autodefesa era diferente. Proteger meu irmão era ainda melhor — se alguém tentasse provocá-lo, eu derrubava. Eu era o único que tinha permissão para bater nele.

Numa determinada época, comecei a defender os moleques mais novos que eram provocados. Senti que precisava protegê-los, e aquilo se tornou meu dever.

Talvez aquele comportamento tivesse começado porque eu procurava uma desculpa para brigar sem me meter em encrenca. Acho que a coisa ia além disso: creio que a noção de justiça e de jogo limpo do meu pai me influenciou mais do que eu percebia na época, e mais ainda do que posso admitir como adulto. Mas, seja qual for a razão, aquilo sem dúvida me deu muitas oportunidades de arrumar brigas.

MINHA FAMÍLIA TINHA MUITA FÉ EM DEUS. MEU PAI ERA DIÁCONO, E minha mãe dava aulas de catecismo. Eu me lembro de um período quando eu era mais novo em que a gente ia à igreja todo domingo de manhã e de noite e nas noites de quarta-feira. Ainda assim, não nos considerávamos excessivamente religiosos, apenas pessoas de bem que acreditavam em Deus e se envolviam com a igreja. Na verdade, na época muitas vezes eu não gostava de ir.

Meu pai trabalhava muito. Acho que estava no sangue — meu avô foi fazendeiro do Kansas, e aquela gente trabalhava muito. Um emprego nunca foi suficiente para o meu pai — ele chegou a ser dono de uma loja de ração de animais por um tempo na minha juventude, e tivemos um rancho de tamanho bem modesto no qual todos trabalhávamos para ajudar. Meu pai está oficialmente aposentado agora, porém, até hoje ainda é possível encontrá-lo trabalhando para um veterinário da cidade quando não está cuidando das coisas em seu pequeno rancho.

Minha mãe também sempre foi uma batalhadora. Quando meu irmão e eu estávamos com idade suficiente para ficar sozinhos, ela começou a trabalhar como orientadora num centro de detenção para menores. Era um trabalho complicado, que envolvia lidar com crianças difíceis o dia inteiro, e depois de um tempo minha mãe saiu de lá. Agora ela também está aposentada, embora se mantenha ocupada com um emprego de meio período e com os netos.

O trabalho no rancho ajudava a preencher os dias de aula. Meu irmão e eu tínhamos tarefas diferentes após a escola e nos fins de semana: alimentar e cuidar dos cavalos, conduzir o gado, inspecionar as cercas.

O gado sempre deu problemas. Já levei coice na perna, no peito e, sim, também onde o sol não bate. Porém, nunca na cabeça. Se tivesse levado, talvez eu tomasse juízo.

Na juventude, criei bezerros para a Futuros Fazendeiros da América (FFA, de Future Farmers of America, cujo nome oficial agora é The National FFA Organization). Eu adorava a FFA e passava muito tempo cuidando do gado e exibindo-o, embora lidar com os animais fosse um tanto frustrante. Eu ficava puto com eles e achava que era o rei do mundo. Quando nada mais dava certo, eu acertava a cabeçorra dura dos bichos com uma porrada para ver se eles me obedeciam. Quebrei a mão duas vezes.

Como eu disse, levar um golpe no crânio talvez tivesse me dado juízo.

Eu não fazia nenhuma besteira quando se tratava de armas, mas ainda era apaixonado por elas. Como um monte de garotos, minha primeira "arma" foi um rifle de chumbinho Daisy de multiação por bomba — quanto mais a pessoa bombeava, mais possante era o tiro. Mais tarde, tive um revólver a gás CO_2 que parecia uma Colt 1860 Peacemaker. Sempre nutri um carinho especial por armas de fogo do Velho Oeste e, após sair da Marinha, comecei a colecionar algumas réplicas muito bem-feitas. Minha favorita é uma réplica da Colt 1861 Navy Revolver, produzida em tornos mecânicos antigos.

Ganhei meu primeiro rifle de verdade quando tinha sete ou oito anos. Era um rifle por ação de ferrolho calibre .30-06, uma arma confiável — e tão "adulta" que a princípio me deu medo de atirar. Passei a amá-la, mas lembro que o que eu *realmente* cobiçava era a Marlin .30-30 do meu irmão. Era um rifle de ação por alavanca, ao estilo caubói.

Sim, esse já era um tema recorrente.

RODEIOS

VOCÊ NÃO É UM CAUBÓI ATÉ SER CAPAZ DE DOMAR UM CAVALO — ALGO que comecei a aprender quando estava no colegial. No início eu não sabia muita coisa. Era apenas: *Monte os cavalos até eles pararem de empinar. Faça o possível para permanecer montado.*

Aprendi muito mais conforme fui crescendo, mas a maior parte dos meus primeiros conhecimentos foi adquirida no trabalho — ou no cavalo, por assim dizer. O cavalo fazia alguma coisa, e então eu fazia alguma coisa. Juntos, chegávamos a um acordo. Provavelmente, a lição mais importante foi aprender a ter paciência. Eu não era uma pessoa paciente por natureza. Tive que desenvolver esse talento trabalhando com cavalos; a paciência acabou sendo extremamente valiosa quando me tornei atirador de elite, e até quando tentei conquistar minha esposa.

Ao contrário do gado, jamais tive motivo para bater num cavalo. Cavalgava-os até se cansarem, com certeza. Ficava em cima deles até que aprendessem quem mandava, sem dúvida. Mas bater num cavalo? Nunca vi um motivo que justificasse. Cavalos são mais espertos do que bois e vacas. É possível fazer um cavalo cooperar se você tiver tempo e paciência.

Não sei ao certo se eu tinha ou não talento para domar cavalos, porém, conviver com eles aumentou meu apetite por tudo relacionado a caubóis. Portanto, pensando agora, não é muito surpreendente que eu tenha começado a me envolver com rodeios quando ainda estava na escola. Cheguei a praticar esportes no colegial — beisebol e futebol americano —, mas nada comparável à empolgação de um rodeio.

Todo colégio tem suas panelinhas: atletas, nerds e por aí vai. A galera com quem eu andava era a dos "peões". Usávamos botas e jeans, e no geral agíamos como caubóis e parecíamos caubóis. Eu não era um peão *de verdade* — não conseguia laçar sequer um bezerro naquela época —, mas isso não me impediu de me envolver em rodeios aos dezesseis anos.

Comecei montando em touros e cavalos num lugar pequeno onde a pessoa pagava 20 dólares por quanto tempo conseguisse ficar em cima do animal. Você tinha que levar o próprio equipamento — esporas, calças de montaria, cordas. Não era nada rebuscado: a gente montava, caía e montava de novo. Aos poucos, consegui ficar montado por cada vez mais tempo e, por fim, cheguei ao ponto de me sentir confiante o suficiente para entrar em alguns pequenos rodeios locais.

Domar um touro é um pouco diferente de domar um cavalo. Eles pinoteiam, mas a pele é tão flácida que, quando o touro avança, a pessoa não só vai para a frente como também desliza de um lado para o outro. E touros giram muito. Resumindo: ficar em cima de um não é fácil.

Montei em touros por cerca de um ano, sem muito sucesso. Tomei juízo e passei para os cavalos — e acabei entrando nos rodeios de sela americana. É o evento clássico em que a pessoa não apenas precisa permanecer no cavalo por oito segundos, mas também deve montar com estilo e elegância. Por algum motivo, eu me saí bem melhor nesse evento do que nos outros e, assim, continuei por um bom tempo, ganhei um bom número de fivelas e mais de uma sela. Não que eu fosse um campeão, verdade seja dita, mas me saía bem o suficiente para pagar umas rodadas no bar com o dinheiro da premiação.

Também chamei a atenção das marias-breteiras, a versão de rodeio das marias-chuteiras. Era muito bom. Eu adorava ir de cidade em cidade, viajando, farreando e montando.

Pode chamar de estilo de vida caubói.

CONTINUEI MONTANDO APÓS ME FORMAR NO COLÉGIO EM 1992 E COmeçar a faculdade na Universidade do Estado de Tarleton, em Stephenville, Texas. Para quem não sabe, Tarleton foi fundada em 1899 e se integrou ao sistema da Universidade Texas A&M em 1917. É uma das maiores universidades agrícolas do país. Tem a reputação de formar excelentes gestores agrícolas, bem como professores de educação agrícola.

Na época, eu estava interessado em me tornar gestor agrícola. Antes de me matricular, porém, me ocorreu entrar para as forças armadas. Meu avô paterno havia sido piloto da Aeronáutica, e, durante um tempo, pensei em ser aviador. Depois considerei me tornar um fuzileiro naval — eu queria ver ação de verdade. Gostava da ideia de combater. Também tinha ouvido falar um pouco sobre as operações especiais e pensei em me alistar na Força de Reconhecimento dos Fuzileiros Navais, que é a unidade de elite especial da corporação voltada para guerra. Porém, a família, minha mãe especificamente, queria que eu fosse para a faculdade. No fim das contas, entendi o lado deles: decidi primeiro fazer faculdade e depois me alistaria nas forças armadas. Da forma como eu via, fazer aquilo significava que eu poderia farrear um pouco antes de ter que levar as coisas a sério.

Eu ainda participava de rodeios e estava me tornando muito bom. Mas minha carreira foi interrompida abruptamente perto do fim do primeiro ano de faculdade, quando um cavalo chucro virou por cima de mim dentro do brete numa competição em Rendon, Texas. Os assistentes não conseguiram abrir o brete por causa da maneira como o cavalo caiu, então tiveram que colocá-lo de pé comigo embaixo do animal. Eu ainda estava com um pé no estribo e fui arrastado e escoiceado com tanta força que perdi a consciência. Acordei num helicóptero de resgate aéreo, sendo levado para o hospital. Terminei com pinos nos pulsos, um ombro deslocado, costelas quebradas, uma contusão pulmonar e traumatismo renal.

Provavelmente a pior parte da recuperação foram os malditos pinos. Na verdade, eles eram grandes parafusos com mais de meio centímetro de espessura. Ficavam com alguns centímetros para fora dos dois lados dos pulsos, igualzinho ao monstro do Frankenstein. Eles coçavam e tinham uma aparência estranha, mas eram o que prendia as minhas mãos.

Algumas semanas depois do acidente, decidi que era hora de ligar para uma garota com quem eu queria sair. Eu não estava a fim de deixar os pinos atrapalharem a minha diversão. Fomos dar uma volta e, enquanto eu dirigia, um dos parafusos compridos de metal não parava de bater na seta. Aquilo me deixou tão puto que acabei quebrando o pino na base, perto da pele. Acho que ela não ficou muito impressionada com aquilo. O encontro terminou cedo.

Minha carreira nos rodeios acabou, mas continuei farreando como se estivesse em turnê. Torrei o dinheiro rapidinho, então comecei a procurar emprego para depois das aulas. Consegui um como entregador numa serraria, onde eu transportava madeira e outros materiais.

Eu fazia um trabalho decente e creio que isso ficou claro. Certo dia, um sujeito entrou no estabelecimento e começou a conversar comigo.

— Conheço o dono de um rancho que está procurando um peão — disse ele. — Você estaria interessado?

— Pô, eu vou lá agora mesmo.

E então me tornei um peão — um verdadeiro caubói —, embora ainda estivesse na faculdade.

VIDA DE CAUBÓI

Fui trabalhar para David Landrum, em Hood County, Texas, e logo descobri que nem de longe eu era o caubói que achava ser. David resolveu esse problema. Ele me ensinou tudo que há para saber sobre o trabalho no rancho. O homem era um bronco. Quando criticava a pessoa, xingava-a aos quatro cantos. Se alguém trabalhasse direito, ele não dizia uma palavra. Mas acabei gostando de verdade do cara.

Trabalhar num rancho é o paraíso.

É uma vida dura, com muito trabalho pesado; no entanto, também é uma vida fácil. Passa-se o tempo todo ao ar livre. Normalmente, são só você e os animais. Não é preciso lidar com gente, escritório e nenhuma dessas besteiras. Você só faz o seu trabalho.

O terreno de David tinha quarenta mil metros quadrados. Era um rancho de verdade, bem clássico — usávamos até uma carroça coberta durante o recolhimento do gado na primavera.

Vou te contar, aquele lugar era lindo, com morros suaves, alguns riachos, um campo aberto que me fazia sentir vivo sempre que eu olhava para ele. O coração do rancho era uma velha casa onde provavelmente já havia funcionado uma estalagem — um tipo de pousada para viajantes — no século XIX. Era uma construção majestosa, com varandas teladas na frente e nos fundos, cômodos de bom tamanho no interior e uma grande lareira que aquecia tanto a alma quanto a pele.

Obviamente, como eu era peão, meus aposentos eram um pouco mais primitivos. Eu tinha o que chamávamos de alojamento, que mal dava para um beliche. Devia medir uns sete metros quadrados, e minha cama ocupava a maior parte da área. Não havia espaço para gavetas — eu precisava pendurar todas as roupas, incluindo as cuecas, numa vara.

As paredes não tinham isolamento térmico. Às vezes, faz muito frio na parte central do Texas, e, mesmo com o fogão a gás ligado no máximo e um aquecedor elétrico ao lado da cama, eu dormia vestido. Mas a pior coisa do alojamento era o fato de não haver uma fundação de verdade embaixo do assoalho. Eu lutava o tempo todo contra guaxinins e tatus, que cavavam tocas bem embaixo da cama. Os guaxinins eram teimosos e atrevidos; devo ter atirado nuns vinte antes de enfim entenderem que não eram bem-vindos ali.

No começo, eu dirigia tratores e plantava trigo para alimentar o gado no inverno. Depois, passei a dar ração para os animais. Com o tempo, David decidiu que eu deveria ficar por lá, então começou a me dar mais responsabilidades e aumentou meu salário para 400 dólares por mês.

Após a última aula, por volta da uma ou duas da tarde, eu ia para o rancho. Lá, trabalhava até o sol se pôr, estudava um pouco e ia dormir. Logo cedinho de manhã, eu alimentava todos os cavalos e depois ia para a faculdade. O verão era a melhor época. Eu ficava montado das cinco da manhã até as nove da noite.

No fim das contas, passei duas temporadas no rancho, treinando cavalos de apartação e preparando os animais para leilão. (Cavalos de apartação são treinados para ajudar os caubóis a "apartar", a separar as vacas do gado. São muito importantes num rancho, e um bom espécime pode valer bastante.)

Foi lá que aprendi de verdade a lidar com cavalos e me tornei muito mais paciente. Perder a calma com um pode estragar o animal para o resto da vida. Eu me ensinei a não ter pressa e ser gentil com eles.

Cavalos são extremamente espertos. Eles aprendem rápido — se a pessoa ensinar direito. Você ensina algo bem bobo, depois para e repete. O cavalo lambe os beiços quando está entendendo. Era esse sinal que eu procurava. Você encerra a lição por aí e a retoma no dia seguinte.

É claro que levei um tempo para compreender tudo isso. Sempre que eu fazia alguma cagada, meu chefe me avisava. De cara, ele me xingava e dizia que eu era um inútil de merda. No entanto, eu nunca fiquei puto com David. Por dentro, eu pensava: *Sou melhor do que isso e vou provar.*

Por acaso, esse é exatamente o tipo de atitude necessário para se tornar um Seal.

UM "NÃO" DA MARINHA

LÁ NO RANCHO, EU TINHA MUITO TEMPO E ESPAÇO PARA PENSAR NO MEU futuro. Estudar e frequentar aulas não eram a minha praia. Com o fim da carreira de caubói, decidi que largaria a faculdade e o trabalho no rancho para voltar ao plano original: entrar para as forças armadas e me tornar soldado. Já que aquilo era o que eu de fato queria fazer, não havia sentido em esperar.

E então, num belo dia de 1996, fui até o recrutamento, determinado a me alistar.

O local parecia um pequeno shopping. Os gabinetes do Exército, da Marinha, dos Fuzileiros Navais e da Aeronáutica ficavam todos alinhados num pequeno corredor. Cada recrutador observava a pessoa entrar. Eles competiam entre si, não necessariamente de forma amigável.

Primeiro me encaminhei até a porta do gabinete dos Fuzileiros Navais, mas eles haviam saído para o almoço. Quando dei meia-volta para ir embora, o cara do Exército no fim do corredor me chamou:

— Ei, por que você não vem aqui?

Por que não?, pensei. Então eu fui.

— O que você se interessa em fazer nas forças armadas? — perguntou o homem.

Respondi que me interessava pelas operações especiais e que, pelo que tinha ouvido falar das Forças Especiais, eu achava que gostaria de servir naquela arma — isso se entrasse para o Exército. (Forças Especiais, ou SF, são uma unidade de elite que cuida de várias missões de operações especiais. Às vezes, o termo é usado de maneira incorreta para descrever tropas de operações especiais em geral, mas, quando eu uso, me refiro à unidade do Exército.)

Naquela época, a pessoa tinha que ser um SGT — um sargento — antes de poder se candidatar às Forças Especiais. Não gostei da ideia de esperar todo aquele tempo pelo melhor da festa.

— Você pode ser um ranger — sugeriu o recrutador.

Eu não sabia muito sobre os rangers, mas o que ele me disse pareceu bem atraente — pular de aviões, atacar alvos, tornar-se especialista em armas portáteis. O recrutador abriu meus olhos para as possibilidades, embora eu não tivesse exatamente fechado o negócio.

— Vou pensar a respeito — falei ao me levantar para ir embora.

Quando eu estava de saída, o cara da Marinha me chamou do fundo do corredor:

— Ei, você, venha aqui.

Eu fui.

— Sobre o que vocês conversaram lá dentro? — perguntou o sujeito.

— Eu estava pensando em entrar para as Forças Especiais, mas antes teria que virar sargento. Então nós conversamos sobre os rangers.

— Ah, é? Já ouviu falar dos Seals?

Na época, os Seals ainda eram relativamente desconhecidos. Eu tinha ouvido falar um pouco sobre eles, porém, não sabia muita coisa. Acho que dei de ombros.

— Por que você não entra aqui? — sugeriu o marinheiro. — Vou contar tudo a respeito deles.

O cara começou falando sobre o treinamento de Demolição Submarina Básica e Mergulho, ou BUD/S (de *Basic Underwater Demolition/Seal*), que é o curso preliminar pelo qual todos os Seals devem passar. Hoje há centenas de livros e filmes sobre os Seals e o BUD/S; existe até um verbete bem longo sobre o treinamento na Wikipédia. Mas na época o BUD/S ainda era algo um pouco misterioso, ao menos para mim. Quando o recrutador disse como era difícil, como os instrutores eram exigentes e que menos de 10% da turma seria aprovada, fiquei impressionado. Só para sobreviver ao treinamento, você tinha que ser muito foda.

Eu gostava desse tipo de desafio.

Então ele começou a contar tudo a respeito das missões realizadas pelos Seals e por seus antecessores, os UDTs. (Os UDTs eram integrantes das Equipes de Demolição Submarina — *Underwater Demolition Teams* —, homens-rãs que surgiram na Segunda Guerra Mundial, fazendo reconhecimento das praias inimigas e cumprindo outras missões especiais de guerra.) Havia histórias de UDTs que nadaram entre obstáculos em praias dominadas por japoneses e de lutas sangrentas atrás das linhas inimigas no Vietnã. Era tudo muito casca-grossa, e quando saí de lá eu queria imensamente ser um Seal.

MUITOS RECRUTADORES, SOBRETUDO OS BONS, POSSUEM UM LADO MEIO estelionatário, e aquele não era diferente. Quando voltei e estava prestes a assinar a papelada, ele me disse que eu precisaria abrir mão do bônus de contratação se quisesse garantir o contrato com os Seals.

Foi o que fiz.

O recrutador estava mentindo, é claro. Ter me feito abrir mão do bônus causou uma boa impressão para o lado dele, com certeza. Não duvido que o sujeito tenha uma grande carreira pela frente como vendedor de carros usados.

A Marinha não prometeu que eu seria um Seal; eu tinha que fazer por merecer o privilégio. O que eles garantiram, porém, foi que eu teria a chance de tentar. Para mim isso bastava, pois eu não falharia de maneira alguma.

O único problema foi que nem tive a chance de falhar.

A Marinha me desqualificou quando o exame físico revelou que eu tinha pinos no braço por causa do acidente no rodeio. Tentei argumentar, tentei suplicar, mas nada funcionou. Até me ofereci para assinar um termo de compromisso de que jamais acusaria a Marinha de ser responsável por qualquer coisa que acontecesse com o braço.

Eles me recusaram categoricamente.

E isso, concluí, era o fim da minha carreira militar.

O TELEFONEMA

COM AS FORÇAS ARMADAS DESCARTADAS, EU ME CONCENTREI EM FAZER carreira como rancheiro e caubói. Como já tinha um bom emprego no rancho, decidi que realmente não fazia sentido continuar na faculdade e larguei o curso, embora faltassem menos de sessenta créditos para me formar.

David dobrou meu salário e me passou mais responsabilidades. Com o tempo, ofertas maiores me atraíram para outros ranchos, mas eu sempre acabava voltando para o de David, por diferentes razões. Mais à frente, logo antes do inverno de 1997-1998, fui para o Colorado.

Aceitei o emprego às cegas, o que se revelou um grande erro. Imaginei que, após passar a vida toda nas planícies do Texas, ir para as montanhas seria uma bela mudança de ares.

Mas quem poderia imaginar? Consegui emprego num rancho na única parte do Colorado mais plana do que o Texas. E um bocado mais fria. Não demorou muito e liguei para David perguntando se ele precisava de ajuda.

— Volte — respondeu ele.

Comecei a fazer as malas, mas não fui muito longe. Antes de terminar de arrumar as coisas para a mudança, recebi um telefonema de um recrutador da Marinha.

— Você ainda está interessado em se tornar um Seal? — perguntou o homem.

— Por quê?

— Nós queremos você.

— Mesmo com os pinos no braço?

— Não se preocupe com isso.

Não me preocupei. Comecei a cuidar dos preparativos imediatamente.

2

COMO UMA BRITADEIRA

BEM-VINDO AO BUD/S

—No chão! Cem flexões! AGORA!

Mais ou menos 220 corpos caíram no asfalto e começaram a subir e descer. Todos usávamos uniforme camuflado de combate e capacetes recém-pintados de verde. Era o começo do treinamento do BUD/S. Estávamos destemidos, empolgados e nervosos pra cacete.

Íamos levar uma surra e estávamos adorando.

O instrutor nem sequer se deu ao trabalho de sair do gabinete dentro do prédio, que ficava pertinho dali. A voz grave, ligeiramente sádica, atravessava o corredor com facilidade e chegava ao pátio onde estávamos reunidos.

— Mais flexões! Quero ver quarenta! QUA-REN-TA!

Meus braços ainda não haviam começado a arder quando ouvi um assobio estranho. Ergui os olhos para ver o que era.

Fui recompensado com um jato de água na cara. Alguns dos outros instrutores haviam aparecido e estavam tirando nosso couro com mangueiras de incêndio. Quem fosse burro e olhasse para cima levava um jato de água.

Bem-vindo ao BUD/S.

— Abdominais! VAMOS!

BUD/S É O CURSO DE INTRODUÇÃO PELO QUAL TODOS OS CANDIDATOS devem passar para se tornarem Seals. Atualmente, é ministrado no Naval Special Warfare Center, em Coronado, Califórnia. Começa com a "Indoc", ou Doutrinação, feita para apresentar aos candidatos o que será exigido. Três fases vêm a seguir: treinamento físico, mergulho e guerra terrestre.

Com os anos, surgiram vários documentários e histórias sobre o BUD/S e o rigor do treinamento. Quase tudo o que dizem sobre ele é verdade. (Ou, ao menos, grande parte. A Marinha e os instrutores amenizam um pouco o tom para a transmissão nacional de *reality shows* e outros programas de TV. Ainda assim, mesmo a versão mais leve é bem verdadeira.) Essencialmente, os instrutores lhe dão uma surra e depois batem mais um pouco. Quando terminam, acabam com a sua raça e, mais uma vez, dão uma surra no que sobrou.

Acho que você entendeu.

Eu adorava. Odiava, desprezava, xingava... mas adorava.

CADA VEZ PIOR

LEVEI QUASE UM ANO PARA CHEGAR ÀQUELE PONTO. EU HAVIA ENTRADO na Marinha e me apresentado para o treinamento básico em fevereiro de 1999. O treinamento foi moleza. Eu me lembro de ligar para meu pai em dado momento e dizer que era fácil comparado com o trabalho no rancho. Isso não era bom. Entrei na Marinha para me tornar um Seal e encarar um desafio. Em vez disso, engordei e fiquei fora de forma.

Veja bem, o treinamento tem como objetivo preparar a pessoa para ficar sentada dentro de um navio. Eles ensinam um monte de coisas sobre a Marinha, o que é bacana, mas eu queria algo mais parecido com o treinamento básico dos Fuzileiros Navais — um desafio físico. Meu irmão entrou para os Fuzileiros Navais e saiu do treinamento bem durão, em plena forma física. Quando eu saí, provavelmente teria sido reprovado no BUD/S se tivesse entrado direto. Desde então, a Marinha mudou o procedimento. Agora, há um campo de treinamento separado para o BUD/S, com mais ênfase em entrar em forma e mantê-la.

O treinamento dura mais de seis meses e é extremamente exigente em termos físicos e mentais; como já mencionei, a taxa de desistência pode passar de 90%. A parte mais famosa do BUD/S é a Semana Infernal: 132 horas sem parar de atividades físicas. Alguns dos exercícios foram mudados e testados com o passar dos anos, e imagino que continuarão evoluindo. A Semana Infernal permaneceu, em suma, sendo o teste físico mais rigoroso e provavelmente seguirá sendo um dos pontos altos — ou baixos, dependendo da sua perspectiva. Quando eu estava lá, a Semana Infernal aconteceu no fim da Primeira Fase. Mas falarei sobre isso mais tarde.

Felizmente, não fui direto para o BUD/S. Precisei passar por outro treinamento primeiro, e a carência de instrutores nas aulas do BUD/S evitou que eu (assim como muitos outros) sofresse maus-tratos por um bom tempo.

De acordo com o regulamento da Marinha, eu tinha que escolher uma especialidade, a Qualificação Militar, chamada de MOS (Military Occupation Specialty), como é conhecida na arma. Isso caso não passasse no BUD/S e não me qualificasse para os Seals. Escolhi inteligência — inocentemente, achei que acabaria como James Bond. Pode rir.

Mas foi durante aquele treinamento que comecei a malhar mais a sério. Passei três meses aprendendo os fundamentos das qualificações de inteligência da Marinha e, mais importante, entrando em forma. Por acaso, vi um bando de Seals de verdade na base, e eles me inspiraram a malhar. Eu ia à academia e trabalhava cada parte vital do corpo: pernas, peitoral, tríceps, bíceps etc. Também passei a correr três vezes por semana, de seis a doze quilômetros por dia, pulando três quilômetros a cada sessão.

Eu odiava correr, mas comecei a desenvolver a mentalidade certa: fazer o que fosse preciso.

FOI LÁ QUE TAMBÉM APRENDI A NADAR, AO MENOS A NADAR MELHOR. A região do Texas de onde eu vim é longe da água. Entre outras coisas, tive que aprender a dominar a braçada lateral — fundamental para um Seal.

Quando o curso de inteligência acabou, eu estava entrando em forma, mas provavelmente ainda não era suficiente para o BUD/S. Embora não tivesse pensado assim na época, tive sorte de faltarem instrutores para o BUD/S, o que causou um acúmulo de estudantes. A Marinha decidiu me designar para ajudar os intendentes dos Seals por algumas semanas até que uma vaga fosse aberta. (Intendentes são pessoas nas forças armadas que cuidam de várias tarefas ligadas a pessoal. São equivalentes aos funcionários do departamento de recursos humanos das grandes corporações.)

Eu trabalhava meio período com eles, das oito da manhã a meio-dia ou de meio-dia às quatro da tarde. Quando não estava em serviço, eu malhava com outros candidatos. Fazíamos treinamento físico — o que os professores de educação física das antigas chamavam de calistenia — por duas horas. Você sabe como é: abdominais, flexões, agachamentos.

Passávamos longe da musculação. A ideia não era ganhar músculos: a pessoa queria ficar forte, mas ter o máximo de flexibilidade.

Às terças-feiras e quintas-feiras, fazíamos natação de exaustão: basicamente nadar até afundar. As sextas-feiras eram para as corridas longas: de quinze a vinte quilômetros. Era puxado, mas no BUD/S esperava-se que a pessoa corresse uma meia maratona.

Meus pais se recordam de uma conversa que tivemos mais ou menos naquela época. Eu tentava prepará-los para o que poderia vir pela frente. Os dois não conheciam muito os Seals, o que talvez fosse bom.

Alguém havia mencionado que minha identidade poderia ser apagada dos registros oficiais. Quando contei isso para os meus pais, imaginei que fossem fazer cara feia.

Perguntei se concordavam com isso. Não que os dois de fato tivessem uma escolha, creio eu.

— Tudo bem — insistiu meu pai.

Minha mãe ouviu calada. Eles estavam bastante preocupados, mas tentaram disfarçar e jamais disseram coisa alguma para me desencorajar.

Então, finalmente, após cerca de seis meses de espera, malhação e mais um pouco de espera, as ordens chegaram: apresente-se ao BUD/S.

LEVANDO UMA SURRA

SAÍ DO BANCO TRASEIRO DO TÁXI E AJEITEI O UNIFORME DE GALA. Peguei meu bolsão, respirei fundo e comecei a percorrer o caminho do tombadilho, o prédio onde eu deveria me apresentar. Eu tinha 24 anos e estava prestes a realizar um sonho.

E levar uma surra durante o processo.

Estava escuro, mas não era bem noite — passava das cinco ou seis da tarde. Eu meio que esperava ser atacado assim que entrasse pela porta. A pessoa escuta todos aqueles rumores sobre o BUD/S e sobre como o treinamento é puxado, mas nunca sabe a verdade. A expectativa piora as coisas.

Vi um sujeito sentado atrás de uma mesa, fui até lá e me apresentei. Ele registrou a minha entrada, me arrumou um quarto e cuidou das outras palhaçadas burocráticas que precisavam ser resolvidas.

O tempo todo, fiquei pensando: *Isso não é muito difícil.*

E: *Vou ser atacado a qualquer momento.*

Naturalmente, tive dificuldade para dormir. Não parava de pensar que os instrutores invadiriam o quarto e me dariam uma surra. Eu estava empolgado — e ao mesmo tempo um pouco preocupado.

A manhã chegou sem o menor transtorno. Só aí descobri que eu ainda não estava de fato no BUD/S; não oficialmente. Eu estava no que era conhecido como "Indoc" — ou Doutrinação. O objetivo era preparar o candidato para o BUD/S. É como se fosse o BUD/S com rodinhas laterais. Se os Seals usassem rodinhas.

A Indoc durou um mês. Eles gritaram conosco um bocado, mas não foi nada comparado ao BUD/S. Passamos um tempinho aprendendo os fundamentos daquilo que esperavam de nós, como correr por obstáculos. A ideia era que já dominássemos as medidas de segurança quando a situação ficasse séria. Também ajudávamos em pequenas tarefas, enquanto outras turmas passavam pelo treino para valer.

A Indoc foi divertida. Eu adorava o lado físico, de forçar o corpo e melhorar as habilidades físicas. Ao mesmo tempo, pude ver como os candidatos eram tratados no BUD/S e pensei: *Ai, merda, é melhor eu tomar jeito e malhar mais.*

E então, antes que eu percebesse, a Primeira Fase começou. Agora o treinamento *era* real, e eu *estava* levando uma surra. Regularmente e com muita intensidade.

E isso me leva ao ponto onde começamos este capítulo, com o jato de água na cara enquanto eu malhava. Eu vinha fazendo treinamento físico havia meses, mas aquele era bem mais rigoroso. O engraçado é que, embora eu soubesse mais ou menos o que aconteceria, não tinha entendido por completo como seria difícil. Até passar pela experiência de verdade, você simplesmente não sabe.

Num dado momento daquela manhã, pensei: *Puta merda, esses caras vão me matar. Meus braços vão cair e vou me desintegrar bem aqui no chão.*

De alguma forma, consegui ir em frente.

A primeira vez que a água me atingiu, virei o rosto. Aquilo chamou muita atenção — atenção do tipo ruim.

— Não vire o rosto! — berrou o instrutor, acrescentando algumas palavras pouco elogiosas sobre a minha falta de personalidade e de habilidade. — Vire para cá e leve o jato de água.

E eu obedeci. Não sei dizer quantas centenas de flexões e outros exercícios fizemos. O que sei é que tive a impressão de que iria falhar. E isso me incentivou — eu não queria falhar.

Continuei encarando aquele medo e chegando à mesma conclusão todo dia, às vezes em várias ocasiões num só dia.

As pessoas querem saber mais sobre a dificuldade dos exercícios, quantas flexões tínhamos que fazer, quantas abdominais... Respondendo a essas perguntas, o número era cem para cada exercício, mas a quantidade em si é quase irrelevante. Pelo que me lembro, todo mundo conseguia fazer cem flexões ou o que fosse. Eram a repetição constante e o estresse contínuo, as ofensas que acompanhavam os exercícios, que tornavam o BUD/S tão puxado. Só vivendo para saber.

É um equívoco comum imaginar que os Seals são todos caras enormes com um máximo de condicionamento físico. Em geral, essa última parte está correta: todos os Seals que fazem parte das equipes estão em excelente forma. Mas eles vêm em vários tamanhos. Eu tenho 1,88 metro e pesava oitenta quilos; outros que serviram comigo variavam de 1,70 até 1,98 de altura. O que tínhamos em comum não eram os músculos, mas a determinação de fazer o que fosse necessário.

Passar pelo BUD/S e se tornar um Seal tem mais a ver com resistência mental do que qualquer outra coisa. Ser teimoso e se recusar a desistir são a chave do sucesso. De alguma forma, eu acabei encontrando a fórmula certa.

PASSANDO DESPERCEBIDO

Naquela primeira semana, tentei passar despercebido o máximo possível. Ser notado era uma coisa *ruim*. Fosse durante o treinamento físico ou um exercício, ou apenas aguardando na fila, a coisa mais ínfima poderia torná-lo o centro das atenções. Se você apresentasse uma postura relaxada na fila, eles logo notavam. Se um instrutor mandasse fazer algo, eu tentava ser o primeiro. Se fizesse direito — e eu sempre tentava fazer —, eles me ignoravam e partiam para outra pessoa.

Não consegui passar completamente despercebido. Apesar de todos os exercícios, apesar de todo o treinamento físico e tudo o mais, eu tinha muita dificuldade na barra fixa.

Com certeza você conhece o exercício — a pessoa ergue os braços, segura na barra e eleva o corpo. Depois abaixa. Repete. Repete. Repete.

No BUD/S, tínhamos que ficar pendurados na barra e esperar até que o instrutor mandasse começar. Bom, na primeira vez que a turma se aprontou para o exercício, ele, por acaso, estava bem perto de mim.

— Vamos! — ordenou o instrutor.

— Ugghhhh — gemi ao me puxar para o alto.

Grande erro. Logo fiquei marcado como frouxo.

Antes de mais nada, eu não conseguia fazer tantas repetições assim, talvez seis (que foi o exigido, para falar a verdade). Mas agora, com toda aquela atenção, eu não podia simplesmente passar despercebido. Eu tinha que fazer barras *perfeitas*. E muitas repetições. Os instrutores me marcaram, começaram a me obrigar a fazer mais barras e me deram um monte de exercícios a mais.

Aquilo surtiu efeito. A barra se tornou um dos meus melhores exercícios. Eu passava das trinta repetições sem dificuldade. Não me tornei o melhor da turma, mas também não virei uma vergonha.

E a natação? Todo o trabalho que fiz antes de entrar para o BUD/S deu resultado. Nadar, na verdade, se tornou o meu *melhor* exercício. Eu era um dos nadadores mais rápidos da minha turma, se não o mais rápido.

Mais uma vez, as distâncias mínimas não mostravam como a situação era de fato. Para se qualificar, você tinha que nadar quase um quilômetro no oceano. Quando o BUD/S chega ao fim, um quilômetro não é nada. O candidato nada o dia inteiro. Percursos de dois quilômetros eram comuns. E houve a ocasião em que fomos levados por barcos e deixados a treze quilômetros da praia.

— Só há um jeito de voltar, rapazes — disse um dos instrutores. — Comecem a nadar.

DE REFEIÇÃO EM REFEIÇÃO

Provavelmente, todo mundo que ouviu falar dos Seals ouviu falar da Semana Infernal. São cinco dias e meio de surra contínua com o objetivo de ver se a pessoa tem a resistência e a determinação necessárias para se tornar o guerreiro supremo.

Cada Seal tem uma história diferente para contar sobre a Semana Infernal. A minha, na verdade, começou um ou dois dias antes dela, lá na arrebentação, perto de algumas pedras. Alguns de nós estávamos num pequeno bote inflável de borracha para seis pessoas e tínhamos que levá-lo até a praia, depois das pedras. Eu era o ponta, o que significava que minha função era sair do bote e segurá-lo firme enquanto todo mundo desembarcava e o erguia.

Bem, no momento em que eu me preparava, veio uma onda enorme na arrebentação, levantou o bote e o desceu em cima do meu pé. Doeu pra caramba, e ele ficou dormente na hora.

Ignorei a dor o máximo possível e, no fim das contas, concluí a missão. Mais tarde, quando o serviço acabou, fui falar com um colega cujo pai, por acaso, era médico e pedi que ele examinasse o pé. O homem tirou um raio X e descobriu que o meu pé estava fraturado.

Naturalmente, ele quis engessá-lo, mas não permiti. Aparecer no BUD/S com um gesso significaria interromper o treinamento. E, se eu engessasse o pé antes da Semana Infernal, teria que voltar ao início — e de maneira alguma eu passaria de novo por tudo o que tinha acabado de passar.

(Mesmo no BUD/S, você pode sair da base na folga com autorização. E, obviamente, não fui a um médico da Marinha para examinar o pé porque ele teria me mandado voltar na hora — eu teria sido "recuado", como se fala.)

Na noite em que a Semana Infernal deveria começar, fomos levados a um salão, e nos ofereceram pizza e uma maratona de filmes — *Falcão Negro em perigo*, *Fomos heróis*, *Coração valente*. Todos nós relaxamos de um jeito nada relaxante, pois sabíamos que a Semana Infernal estava prestes a ter início. Era tipo uma festa a bordo do *Titanic*. Os filmes nos deixaram empolgados, mas sabíamos que o iceberg estava lá fora, se agigantando no escuro.

Mais uma vez, minha imaginação me deixou nervoso. Eu sabia que, em algum momento, um instrutor irromperia pela porta com uma metralhadora M-60 disparando balas de festim, e eu teria que correr lá fora e fazer uma fila no triturador (área de malhação no asfalto). Mas quando?

Cada minuto que passava deixava meu estômago mais embrulhado. Fiquei ali sentado dizendo "meu Deus" para mim mesmo. Sem parar. Muito eloquente e profundo.

Tentei cochilar, mas não consegui dormir. Finalmente, alguém irrompeu no salão e começou a atirar.

Graças a Deus!

Acho que nunca fiquei tão feliz em ser maltratado na vida. Corri lá para fora. Os instrutores jogavam granadas de luz e som e seguravam mangueiras abertas no máximo. (Granadas de luz e som geram um clarão intenso e um barulho muito alto quando explodem, porém, não ferem ninguém.)

Eu estava empolgado, pronto para o que algumas pessoas consideram o teste supremo para os aspirantes a Seals. Mas, ao mesmo tempo, eu pensava *O que diabos está acontecendo?*, pois, embora soubesse tudo a respeito da Semana Infernal — ou imaginasse saber —, não entendia para valer, já que no fundo nunca tinha passado por aquilo.

Fomos separados. Eles nos mandaram para postos diferentes, e começamos a fazer flexões, abdominais, polichinelos...

Depois disso, todo mundo correu junto. Meu pé? Era o menor dos sofrimentos. Nós nadamos, fizemos treinamento físico, levamos os botes para fora. Na maior parte do tempo, apenas íamos em frente. Um dos rapazes ficou tão exausto ao ponto de pensar que um caiaque que estava verificando os nossos botes era um tubarão, e começou a berrar um alerta. (Na verdade, era o comandante. Não sei se ele encarou isso como elogio.)

Antes do início do BUD/S, alguém me dissera que a melhor maneira de encarar o treinamento era de refeição em refeição. Dê o máximo de si até ser alimentado. Eles alimentam a pessoa de seis em seis horas, como um relógio. Então, eu me concentrei naquilo. A salvação estava sempre a menos de cinco horas e 59 minutos.

Ainda assim, em várias ocasiões achei que não conseguiria passar no treinamento. Fiquei tentado a me levantar e correr até o sino que encerraria a tortura — se você toca o sino, é levado para tomar café e comer uma rosquinha. E para se despedir, porque tocar o sino (ou ficar de pé e dizer "desisto") significa o fim do programa para você.

Acredite ou não, meu pé fraturado começou a melhorar aos poucos, conforme a semana passava. Talvez eu tivesse me acostumado tanto à sensação que ela se tornou normal. O que eu não suportava era o frio. Deitado na arrebentação, pelado, congelando a bunda — aquilo foi o pior. Eu dava os braços para os caras dos dois lados e tremia como uma britadeira; o corpo inteiro vibrava loucamente de frio. Eu rezava para que alguém mijasse em mim.

Todo mundo rezava, tenho certeza. Urina era a única coisa quente disponível àquela altura. Se, por acaso, você olhasse para a arrebentação durante uma aula do BUD/S e visse um monte de caras amontoados, era porque alguém ali estava mijando e todo mundo aproveitava o calor.

Se aquele sino estivesse um pouco mais perto, talvez eu tivesse me levantado, ido até lá e tocado, e teria ganhado o café quente e a rosquinha. Mas não fiz isso.

Ou eu era teimoso demais para desistir, ou simplesmente preguiçoso demais para me levantar. A escolha é sua.

Eu tinha todo tipo de motivação para seguir em frente. Eu me lembrei de todas as pessoas que me disseram que eu não passaria no BUD/S. Persistir era o mesmo que dar uma banana para elas. E ver todos os navios saírem da costa era outro incentivo: me perguntava se queria terminar lá fora.

Nem pensar!

A Semana Infernal começou num domingo à noite. Lá pela quarta-feira, comecei a achar que passaria. Àquela altura, o objetivo principal era, acima de tudo, permanecer acordado. (Eu tinha dormido cerca de duas horas naquele tempo todo, e não foram consecutivas.) Boa parte da surra havia parado, e agora era mais um desafio mental do que qualquer outra coisa. Muitos instrutores dizem que a Semana Infernal é 90% mental, e eles estão certos. Você precisa mostrar que sua mente tem a resistência necessária para levar uma missão adiante mesmo que esteja exausto. Essa é a ideia por trás do teste.

A Semana Infernal é sem dúvida um método eficiente de selecionar o pessoal. Não percebi isso na hora, para ser honesto. No entanto, em combate compreendi. Não dá para andar até o sino, tocá-lo e voltar para casa quando alguém está atirando em você. Não dá para pedir: "Me dê aquela xícara de café e a rosquinha que vocês prometeram." Se desistir, você morre e alguns dos seus companheiros também.

Os instrutores no BUD/S sempre diziam coisas como: "Acha isso ruim? Vai ficar bem pior quando você for para as equipes. Vai sentir mais frio e cansaço assim que chegar lá."

Deitado na arrebentação, pensei que eles estavam mentindo. Mal sabia eu que, em poucos anos, acharia a Semana Infernal uma moleza.

Sentir frio passou a ser meu pesadelo.

Digo isso literalmente. Depois da Semana Infernal, eu acordava com calafrios o tempo todo. Podia estar embaixo de uma pilha de cobertores e ainda assim sentia frio, porque repassava todo o treinamento na cabeça.

Tantos livros e vídeos foram feitos sobre a Semana Infernal que não vou gastar mais do seu tempo ao descrevê-la. Só digo uma coisa: passar por ela é bem pior do que ler a respeito.

RECUADO

Após a Semana Infernal, há uma breve fase de recuperação chamada de semana da caminhada. Àquela altura, você apanhou tanto que o corpo parece estar permanentemente machucado e inchado. Você fica de tênis e não corre — apenas anda rápido para todos os lugares. É uma concessão que não dura muito tempo: depois de alguns dias, você começa a apanhar pra cacete de novo.

— Ok, engole o choro! — berravam os instrutores. — Já passou!

Eles dizem isso quando você está machucado e quando não está.

Após sobreviver à Semana Infernal, pensei que estava seguro. Troquei a camiseta branca pela marrom e comecei a segunda parte do BUD/S, a fase de mergulho. Infelizmente, num dado momento, acabei pegando uma infecção.

Não muito tempo depois do início da segunda fase, eu estava numa torre de mergulho, um aparato especial de simulação. Nesse exercício, eu tinha que treinar com um sino de mergulho para realizar o que se chama de ascensão por flutuação, enquanto mantinha a pressão equilibrada nos ouvidos interno e externo. Há alguns métodos para se fazer isso; uma solução comum é fechar a boca, tapar as narinas e soltar o ar aos pouquinhos pelo nariz. Se a pessoa não esvaziar o pulmão da maneira certa, terá problemas...

Fui informado a respeito disso, mas por causa da infecção eu não conseguia fazer a coisa direito. Como eu estava no BUD/S e era inexperiente, decidi simplesmente tentar ser forte e arriscar. Foi uma decisão errada: mergulhei e acabei estourando o tímpano. Havia sangue saindo dos meus ouvidos, nariz e olhos quando voltei à superfície.

Eles prestaram atendimento médico na hora e depois me despacharam para cuidar dos ouvidos. Por causa dos problemas de saúde, fui recuado — destacado para entrar numa nova turma assim que me recuperasse.

Quando a pessoa é recuada, ela fica numa espécie de limbo. Como eu já havia passado pela Semana Infernal, não tive que fazer tudo aquilo desde o início — não é preciso repetir a Semana Infernal, graças a Deus. Mas eu não podia ficar sem fazer nada até a turma seguinte avançar. Assim que tive condições, passei a ajudar os instrutores, fazer treinamento físico diariamente e correr com uma turma de camisetas brancas (primeira fase) enquanto eles apanhavam.

Uma coisa importante a meu respeito é que, desde a adolescência, adoro mascar fumo.

Meu pai me flagrou uma vez quando eu estava no colegial. Ele era contra e decidiu que me livraria do vício de uma vez por todas. Então me obrigou a comer uma lata inteira de fumo com sabor de gaultéria. Até hoje não consigo usar pasta de dentes com esse gosto.

Mas com outros tipos de fumo é diferente. Hoje em dia, Copenhagen é a minha marca favorita.

É proibido mascar fumo quando se é aspirante no BUD/S, mas como fui recuado meio que achei que poderia escapar impune. Certo dia, botei um pouco de Copenhagen na boca e me juntei à formação para uma corrida.

Estava bem no meio do grupo, de maneira que ninguém prestaria atenção. Foi o que eu pensei.

E não é que um dos instrutores ficou atrás de mim e começou a conversar comigo? Assim que respondi, ele viu que eu tinha algo na boca.

— Chão!

Saí da formação e fiquei na posição de flexão.

— Onde está a lata? — ele exigiu saber.

— Na meia.

— Pegue.

Obviamente, eu tinha que permanecer na posição de flexão enquanto pegava a lata, então estiquei a mão para trás e a tirei. O instrutor tomou-a e a colocou na minha frente.

— Coma.

Toda vez que me abaixava para fazer flexão, precisava dar uma grande mordida no Copenhagen e engoli-lo. Eu mascava desde os quinze anos e já engolia regularmente o fumo quando terminava, portanto não foi tão ruim quanto você pensa. Com certeza, não foi tão ruim quanto o instrutor queria. Talvez, se fosse de gaultéria, a história teria sido diferente. Ele ficou puto por eu não ter vomitado e me obrigou a ralar por várias horas em exercícios e coisas assim. Eu *de fato* quase vomitei — não por causa do Copenhagen, mas por cansaço.

Por fim, ele me deixou em paz. Depois disso, passamos a nos dar muito bem. No fim das contas, o próprio instrutor mascava fumo. Ele e outro instrutor do Texas foram com a minha cara no fim do BUD/S, e aprendi muita coisa com os dois ao longo do curso.

Muita gente fica surpresa ao saber que lesões não necessariamente desqualificam um candidato de se tornar um Seal, exceto se forem tão sérias que acabem com a carreira na Marinha. Mas isso faz sentido, uma vez que ser um Seal tem mais a ver com resistência mental do que capacidade física — se você tem a fortaleza emocional para se recuperar de uma lesão e completar o programa, há uma boa chance de se tornar um bom Seal. Conheço pessoalmente um Seal que quebrou o quadril de um jeito tão feio durante o treinamento que precisou fazer uma cirurgia para pôr uma prótese. O sujeito teve que aguardar por um ano e meio, mas passou pelo BUD/S.

Alguns caras falam que foram expulsos do BUD/S porque brigaram com o instrutor e meteram a porrada nele. São uns mentirosos de merda. Ninguém briga com os instrutores. As pessoas simplesmente não fazem isso. Acredite: se alguém fizesse, os superiores se juntariam e lhe dariam uma surra tão grande que o sujeito nunca mais voltaria a andar.

MARCUS

VOCÊ FAZ AMIZADES NO BUD/S, MAS TENTA NÃO FAZER *TANTAS* AMIZAdes assim até o fim da Semana Infernal. É quando ocorre a maior perda de pessoal. Na nossa turma, formaram-se 24 caras — menos de 10% do número inicial de candidatos.

Eu era um deles. Comecei na turma 231, porém, por causa do recuo, me formei com a 233.

Depois do BUD/S, os Seals seguem para o treinamento avançado — conhecido oficialmente como Treinamento Qualificatório dos Seals. Enquanto estive lá, reencontrei um amigo que fiz no BUD/S: Marcus Luttrell.

Marcus e eu nos demos bem logo de cara. Era de se esperar: éramos dois garotos do Texas.

Não espero que você entenda caso não seja texano. Parece haver uma ligação especial entre as pessoas do estado. Não sei se tem a ver com experiências em comum ou se existe alguma coisa na água — ou talvez na cerveja. Texanos costumam se dar muito bem uns com os outros, e nesse caso a amizade foi instantânea. Talvez não seja um mistério tão grande assim; afinal, tivemos um monte de experiências em comum, desde o gosto pela caça na infância até o fato de termos entrado para a Marinha e conseguido superar o BUD/S.

Marcus passou no BUD/S antes de mim e fez treinamento avançado especial de enfermagem antes de voltar ao Treinamento Qualificatório dos Seals. Por acaso foi ele quem me examinou quando tive minha primeira embolia gasosa ao mergulhar. (Numa linguagem simples, a "embolia gasosa" ocorre quando uma quantidade excessiva de oxigênio entra na corrente sanguínea. Causada por vários fatores, pode ser extremamente grave. Meu caso foi bem simples.)

A segunda vez também foi durante um mergulho. Eu sempre digo que sou um "... L", e não um Seal. Sou um cara da terra. É melhor deixar o ar e o mar para outra pessoa.

No dia desse incidente, eu estava nadando com um tenente, nós dois determinados a ganhar a barbatana dourada — um prêmio pelo mergulho mais foda do dia. O exercício envolvia nadar sob um navio e plantar minas magnéticas. (Uma mina magnética é um explosivo especial que se gruda no casco de um navio. Em geral, é uma bomba-relógio.)

Estávamos indo muitíssimo bem quando, de repente, na hora em que eu estava bem no fundo, senti uma vertigem e meu cérebro virou um vegetal. Consegui agarrar um poste e me abraçar nele. O tenente tentou me passar uma mina, depois tentou sinalizar quando não a peguei. Encarei o oceano com um olhar vago. Enfim, recuperei os sentidos e consegui sair dali e continuar.

Ficamos sem a barbatana dourada naquele dia. Quando retornei à superfície, eu estava bem, e tanto Marcus quanto os instrutores me liberaram.

Embora tenhamos ido para equipes diferentes, Marcus e eu mantivemos contato com o passar dos anos. Parecia que, sempre que eu voltava de um desdobramento, ele entrava para me substituir. Almoçávamos juntos e trocávamos informações.

Perto do fim do Treinamento Qualificatório dos Seals, recebemos ordens informando em qual equipe Seal entraríamos. Embora tivéssemos passado pelo BUD/S, ainda não nos considerávamos Seals de verdade. Somente quando entrássemos para uma equipe ganharíamos os Tridentes — e, mesmo assim, teríamos que provar nosso valor primeiro. (Os Tridentes dos Seals, também conhecidos como Budweiser, são "enfeites" de metal ou distintivos. Além do tridente de Netuno, o símbolo inclui uma águia e uma âncora.) Naquela ocasião, havia seis equipes, o que significava três escolhas em cada costa, Leste e Oeste. Minha primeira opção era a equipe Seal 3, baseada em Coronado, Califórnia. Eu a escolhi porque ela já havia participado de conflitos no Oriente Médio e provavelmente retornaria. Eu queria entrar em combate se possível. Acho que todos nós queríamos.

Minhas duas opções seguintes eram equipes baseadas na Costa Leste, pois estive na Virgínia, onde elas estavam aquarteladas. Não sou um grande

fã desse estado, mas gostava de lá muito mais do que da Califórnia. San Diego — a cidade próxima de Coronado — tinha um clima ótimo, mas o sul da
Califórnia é a terra dos malucos. Eu queria morar em algum lugar com um
pouco mais de sanidade.

O intendente para quem eu trabalhava me disse que garantiria que eu
conseguisse a primeira opção. Eu não estava cem por cento certo disso, mas,
àquela altura, teria aceitado qualquer designação que me dessem — é claro,
uma vez que não dependia de mim.

Mas conseguir a designação não foi nada dramático. Eles nos levaram
para uma grande sala de aula e entregaram papéis com as ordens. Eu consegui a primeira opção: equipe 3.

AMOR

Outra coisa que aconteceu naquela primavera teve um enorme
impacto não só na minha carreira militar, mas na minha vida.

Eu me apaixonei.

Não sei se você acredita em amor à primeira vista. Acho que eu não acreditava antes da noite de abril de 2001, quando vi Taya no bar de uma casa
noturna de San Diego falando com um dos meus amigos. Ela conseguia fazer
suas calças pretas de couro parecerem ao mesmo tempo tesudas e classudas.
A combinação era perfeita para mim.

Eu tinha acabado de entrar para a equipe 3. Ainda não havíamos iniciado o treinamento, e eu estava curtindo o que seria uma semana de férias
antes de começar para valer a virar um Seal e fazer por merecer a vaga.

Taya trabalhava para uma empresa farmacêutica como representante comercial de medicamentos quando nos conhecemos. Nascida no Oregon, ela
fez faculdade em Wisconsin e se mudou para a Costa Oeste alguns anos antes de nosso primeiro encontro. Minha primeira impressão foi de que ela era
linda, embora parecesse meio puta com alguma coisa. Quando começamos
a conversar, também descobri que Taya era inteligente e tinha um bom senso
de humor. Notei na hora que ela era uma pessoa perfeita para mim.

Mas talvez Taya devesse contar essa história. A versão dela é melhor do
que a minha:

Taya:

Eu me recordo da noite em que nos conhecemos — um pouco, pelo menos. Eu não ia sair. Estava num ponto baixo da minha vida. Eu passava os dias num emprego do qual não gostava. Era praticamente nova na cidade e ainda procurava por boas amizades femininas. E vez ou outra saía com algum cara, mas sem muito sucesso. Eu havia tido alguns bons relacionamentos e uns poucos ruins, com alguns encontros no meio. Lembro-me de ter pedido a Deus, antes de conhecer Chris, apenas para me enviar um cara legal. Nada mais importava, pensava eu. Eu só rezava para conhecer alguém que fosse bom e bacana por natureza.

Uma amiga me chamou para sair e ir a San Diego. Eu morava em Long Beach naquela época, a uns 150 quilômetros de distância. Eu não ia, mas, de alguma forma, ela conseguiu me convencer.

Estávamos dando uma volta naquela noite e passamos por um bar chamado Maloney's. Lá estavam tocando "Land Down Under", do Men at Work, aos berros. Minha amiga queria entrar, mas o couvert artístico era muito caro, uns 10 ou 15 dólares.

— Eu não vou pagar isso — falei. — Não para entrar num bar que toca Men at Work.

— Ah, para com isso — disse minha amiga.

Ela pagou o couvert, e nós entramos.

Estávamos no bar. Eu estava bebendo, meio impaciente. Então um cara alto e bonito veio e começou a falar comigo. Eu tinha conversado com um dos amigos dele, que parecia ser um babaca. Meu humor já estava bem ruim, mas o cara tinha um certo charme. Ele me disse o nome, Chris, e eu falei o meu.

— O que você faz? — perguntei.

— Dirijo uma van de sorvete.

— Você está de sacanagem. Está muito na cara que você é militar.

— Não, não.

Ele me contou um monte de outras coisas. Seals quase nunca admitem para desconhecidos o que de fato fazem, e Chris tinha as melhores mentiras de todos os tempos. Uma das melhores era que ele trabalhava como encerador de golfinhos: ele disse que golfinhos em cativeiro precisam ser encerados para que a pele não se desintegre. É uma história bem convincente — se você for uma garota jovem, ingênua e estiver meio altinha.

Felizmente, Chris não tentou essa mentira em especial comigo — espero que tenha sido porque percebeu que eu não cairia nela. Ele também já convenceu garotas de que operava um caixa eletrônico, que ficava sentado lá dentro e entregava o dinheiro quando as pessoas inseriam os cartões. Eu nem de longe era assim tão ingênua ou estava tão bêbada para Chris tentar aquela história comigo.

Só de olhar já dava para saber que Chris era militar: todo sarado, de cabelo curto, falando com um sotaque que dizia "não sou daqui".

Finalmente, ele admitiu que era das forças armadas.

— Então, o que você faz nas forças armadas? — perguntei.

Chris disse um monte de outras coisas, e enfim consegui arrancar a verdade dele.

— Acabei de passar no BUD/S.

Aí falei algo como ok, então você é um Seal.

— É.

— Eu sei tudo sobre vocês.

Veja bem, minha irmã tinha acabado de se divorciar. Meu cunhado queria ser um Seal e havia passado por parte do treinamento. Logo, eu sabia (ou achava que sabia) o que isso significava.

Então eu disse para o Chris:

— Vocês são arrogantes, egocêntricos e narcisistas. Vocês mentem e pensam que podem fazer o que bem quiserem.

É, eu estava sendo o mais charmosa possível.

O curioso foi como ele reagiu. Chris não deu um sorrisi-
nho de deboche ou bancou o espertinho, ou mesmo pareceu
ofendido. Ele ficou verdadeiramente... intrigado.
  — Por que você diz isso? — perguntou, de maneira bem
inocente e sincera.
  Contei a história do meu cunhado.
  — Eu daria a vida pelo meu país — retrucou ele. — Como
isso é ser egocêntrico? É o contrário.
  Chris era tão idealista e romântico em relação a ser patriota
e servir ao país que foi inevitável acreditar nele.
  Conversamos um pouco mais, depois minha amiga apare-
ceu e dei atenção a ela. Chris fez menção de ir embora.
  — Por quê? — perguntei.
  — Bem, você disse que jamais namoraria um Seal ou sairia
com um.
  — Ah, não, eu disse que jamais me casaria com um Seal.
Não falei que não sairia com um.
  Seu rosto ficou radiante.
  — Nesse caso — disse Chris, com aquele sorrisinho maroto
que ele tem —, acho que vou pedir seu telefone.
  Ele ficou por ali. Eu fiquei por ali. Ainda estávamos lá
quando avisaram que o bar ia fechar. Quando me levantei para
ir embora com a multidão, fui empurrada contra ele. Chris era
todo forte, musculoso e cheirava bem, então dei um beijinho no
pescoço dele. Nós saímos, e Chris nos acompanhou até o esta-
cionamento... E eu comecei a vomitar tudo e mais um pouco
por causa de todos os uísques com gelo que bebi.

Como *não* amar uma garota que perde a linha quando vocês dois se
conhecem? Eu sabia desde o início que ela era alguém com quem eu queria
passar muito tempo. Mas de início isso foi impossível. Liguei para ela na
manhã seguinte para ter certeza de que estava bem. Conversamos e rimos
um pouco. Depois disso, voltei a ligar e deixei mensagens. Ela não retornou.
  Os caras na equipe começaram a me provocar. Eles apostavam se algum
dia Taya me ligaria por vontade própria. Veja bem, nós conversamos algu-

mas vezes quando ela atendia o telefone — talvez por achar que fosse outra pessoa. Depois de um tempo, ficou óbvio até para mim que Taya nunca ligava primeiro.

Então algo mudou. Eu me lembro da primeira vez que ela *me* ligou. Estávamos treinando na Costa Leste.

Quando terminamos de conversar, corri para dentro e comecei a pular nas camas dos companheiros. Encarei a ligação como um sinal de que Taya estava interessada *de verdade*. Fiquei feliz de contar isso para todos os que disseram que não ia dar em nada.

TAYA:

Chris sempre teve muita noção dos meus sentimentos. De uma forma geral, ele é extremamente observador e isso também vale para as minhas emoções. Ele não precisa dizer muita coisa. Uma simples pergunta ou um jeito sutil de abordar um assunto revela que Chris está cem por cento ciente do que sinto. Isso não quer dizer que goste de conversar sobre sentimentos, mas sabe quando é apropriado ou necessário colocar para fora coisas que eu talvez fosse manter guardadas para mim.

Percebi essa característica logo no início do nosso relacionamento. A gente falava ao telefone, e ele era bem atencioso.

Em vários aspectos, nós somos opostos. Ainda assim, parecíamos encaixar com perfeição. Um dia, ao telefone, Chris me perguntou o que eu achava que nos tornava compatíveis. Decidi contar algumas coisas que me atraíam nele.

— Acho que você realmente é um bom sujeito, um cara legal mesmo. E sensível.

— Sensível?! — Ele ficou chocado e parecia ofendido. — Como assim?

— Você não sabe o que significa ser sensível?

— Quer dizer que choro vendo filmes e coisas assim?

Eu ri. Expliquei que ele parecia notar o que eu sentia, às vezes antes de eu mesma perceber. E que ele me deixava expressar aquela emoção e, mais importante, me dava espaço.

Não acho que essa seja a imagem que a maioria das pessoas tem dos Seals, mas era e é uma imagem fiel, pelo menos desse Seal.

11 DE SETEMBRO DE 2001

À MEDIDA QUE FICÁVAMOS MAIS PRÓXIMOS, TAYA E EU COMEÇAMOS A passar mais tempo juntos. Por fim, já dormíamos um no apartamento do outro, em Long Beach ou San Diego.

Um dia, acordei com ela gritando:

— Chris! Chris! Acorda! Você tem que ver isso!

Entrei correndo na sala. Taya tinha ligado a televisão e aumentado o volume. Vi fumaça saindo do World Trade Center, em Nova York.

Não entendi bem o que estava acontecendo. Parte de mim ainda dormia.

Então, enquanto eu assistia, um avião voou direto na lateral da segunda torre.

— Filhos da puta! — murmurei.

Olhei fixamente para a tela, furioso e confuso, sem ter plena certeza de que aquilo era real.

De repente, lembrei que havia deixado o celular desligado. Liguei o telefone e vi que havia um monte de mensagens. Resumindo, todas diziam mais ou menos isto:

Kyle, volte para a base, porra. Agora!

Peguei o SUV de Taya, que tinha bastante gasolina, ao contrário da minha picape, e voei para a base. Não sei exatamente a que velocidade fui — posso ter passado de 160 —, mas com certeza foi bem alta.

Perto de San Juan Capistrano, dei uma olhada no retrovisor e vi luzes vermelhas piscando.

Parei no acostamento. O guarda que se aproximou estava puto.

— O senhor tem motivo para correr tanto assim? — exigiu saber.

— Sim, senhor. Peço desculpas. Sou militar, e acabaram de me chamar de volta. Compreendo que o senhor tem que me multar. Sei que agi errado, mas, com todo respeito, será que o senhor poderia andar rápido e me dar a multa para que eu possa voltar à base?

— Em que arma o senhor serve?

Filho da puta, pensei. *Acabei de dizer que preciso me apresentar. Será que você pode me dar logo a porra da multa?* Mas me mantive calmo.

— Sou da Marinha — respondi.

— O que o senhor faz na Marinha?

Àquela altura, eu estava bastante irritado.

— Sou Seal.

Ele fechou o talão de multas.

— Eu levo o senhor até o limite da cidade. Faça esses caras pagarem, porra.

O guarda ligou as luzes e ficou na minha frente. Fomos um pouco mais devagar do que eu dirigia antes, mas ainda era bem acima do limite de velocidade. Ele me levou até o limite da sua jurisdição, talvez um pouco adiante, e depois indicou que eu seguisse em frente.

TREINAMENTO

Fomos deixados em estado de prontidão imediata, mas acabaram não precisando de nós no Afeganistão ou em qualquer outro lugar naquele momento. Meu pelotão teve que esperar cerca de um ano até entrar em ação, e, quando entramos, foi contra Saddam Hussein, e não Osama bin Laden.

Há muita confusão no mundo civil sobre os Seals e a nossa missão. A maioria das pessoas acha que somos comandos baseados estritamente no mar, o que significaria que sempre partimos de navios e atacamos alvos na água ou no litoral próximo.

É bem verdade que grande parte do trabalho envolve coisas no mar — somos da Marinha, afinal de contas. E do ponto de vista histórico, como mencionei antes, a origem dos Seals remonta às Equipes de Demolição Submarina. Estabelecidos na Segunda Guerra Mundial, os UDTs, ou homens-rãs, foram responsáveis pelo reconhecimento de praias antes de serem invadidas e treinavam para realizar várias tarefas na água, como se infiltrar em portos e plantar minas magnéticas em embarcações inimigas. Eles foram os mergulhadores de combate sinistros e fodões da Segunda Guerra Mundial e do pós-guerra, e os Seals têm orgulho de trilhar o caminho aberto pelos homens-rãs.

Mas, conforme a missão dos UDTs se expandiu, a Marinha reconheceu a necessidade de operações especiais que não terminassem à beira-mar. Quando novas unidades chamadas de Seals foram formadas e treinadas para essa missão ampliada, elas acabaram substituindo os velhos UDTs.

Embora "terra" [land] seja a última palavra no acrônimo Seal, ela está longe de ser a última coisa que fazemos. Toda unidade de operações especiais das forças armadas americanas tem sua especialidade. Há muitos pontos em comum no treinamento, e a gama de missões é parecida em muitos aspectos. Porém, cada arma tem uma especialidade. As Forças Especiais do Exército — também conhecidas só como Forças Especiais — fazem um trabalho excelente em treinar forças estrangeiras, tanto em guerra convencional quanto não convencional. Os rangers do Exército são uma grande força de assalto — se você quer tomar um grande alvo, digamos um campo de aviação, essa é a especialidade deles. As forças especiais da Aeronáutica — os paraquedistas — se destacam em tirar gente do meio do combate.

Entre as nossas especialidades estão as ações diretas (DAs, de *Direct Actions*).

Uma missão de ação direta é um ataque muito curto e rápido contra um alvo pequeno, porém de grande valor. Pense num ataque cirúrgico contra o inimigo. Para todos os efeitos, uma missão de ação direta pode ser qualquer coisa, desde um ataque a uma ponte importante atrás das linhas inimigas até uma invasão ao esconderijo de um terrorista para prender um fabricante de bombas — uma "apreensão", como alguns chamam. Embora sejam missões bem diferentes, a ideia é a mesma: bater com força e rapidez antes que o inimigo saiba o que está acontecendo.

Depois do 11 de Setembro, os Seals começaram a treinar para encarar os lugares que mais provavelmente abrigavam terroristas islâmicos: o Afeganistão como número um e, depois, o Oriente Médio e a África. Ainda fazíamos todas as coisas que um Seal deve fazer — mergulhar, pular de aviões, tomar navios etc. No entanto, houve mais ênfase em combate terrestre durante o treinamento do que costumava haver no passado.

No alto escalão surgiu uma discussão sobre essa mudança. Alguns queriam limitar a ação dos Seals a quinze quilômetros em terra firme. Ninguém pediu minha opinião, mas, no que me diz respeito, não deveria haver limites. Pessoalmente, fico feliz em estar fora d'água, mas isso não vem ao caso.

Deixe-me fazer o que fui treinado para fazer em qualquer lugar que seja necessário.

O treinamento, pelo menos grande parte dele, foi divertido, mesmo quando era um pé no saco. Nós mergulhamos, entramos no deserto, trabalhamos nas montanhas. Sofremos até afogamento simulado e fomos atacados com gás.

Todo mundo sofre afogamento simulado durante o treinamento. A ideia é prepará-lo caso você seja capturado. Os instrutores nos torturavam o máximo possível — éramos pendurados e surrados — até quase sermos feridos de forma permanente. Eles dizem que todo mundo tem um limite e que os prisioneiros cedem com o tempo. No entanto, eu teria feito o máximo para que me matassem antes de revelar segredos.

O treinamento com gás foi outro tormento. Basicamente, a pessoa é atingida por gás CS e tem que lutar em meio a ele. Essa substância é um "spray incapacitante", ou gás lacrimogêneo — o ingrediente ativo é o 2-clorobenzilideno malononitrila, para vocês que estudam química. Achávamos que CS era "tosse e cospe" (em inglês, *cough and spit*), porque essa é a melhor forma de lidar com ele. Você aprende a deixar o choro rolar — a pior coisa é esfregar os olhos. Você vai ficar fungando, tossindo e chorando, mas ainda é capaz de disparar a arma e lutar em meio ao gás. Esse é o objetivo do exercício.

Fomos a Kodiak, Alasca, e lá fizemos um curso de orientação. Não estava no ápice do inverno, mas ainda havia tanta neve no solo que tivemos de usar raquetes de neve. Começamos com instruções básicas sobre nos manter aquecidos — usar camadas de roupa etc. — e aprendemos sobre abrigos, por exemplo. Um dos pontos importantes nesse treinamento, que se aplicava a qualquer terreno, foi aprender a poupar peso em campanha. Você tem que calcular se é mais importante ficar mais leve e ter mais mobilidade ou se é preciso levar mais munição e usar mais roupas à prova de balas.

Prefiro leveza e velocidade. Quando saímos, eu conto gramas, e não quilos. Quanto mais leve, mais mobilidade a pessoa tem. Aqueles filhos da puta baixinhos lá fora são mais rápidos do que qualquer coisa. A gente precisa de toda vantagem que conseguir sobre eles.

O treinamento é muito competitivo. Num certo momento, descobrimos que o melhor pelotão na equipe seria despachado para o Afeganistão. O treinamento acelerou a partir daquele ponto. Foi uma competição acirrada, e não somente lá no campo. Os oficiais puxavam o tapete uns dos outros. Eles iam ao comandante e ficavam se delatando:

O senhor viu o que aqueles caras fizeram no campo? Eles não prestam...

No final a disputa se resumia a nós e a outro pelotão. Ficamos em segundo. Eles foram para a guerra; nós ficamos em casa.

Esse é o pior destino que um Seal pode imaginar.

COM O CONFLITO NO IRAQUE SURGINDO NO HORIZONTE, NOSSO FOCO mudou. Praticamos combate no deserto e nas cidades. Trabalhamos com afinco, mas sempre havia momentos mais amenos.

Eu me recordo de uma ocasião em que estávamos num treinamento urbano real. O comando encontrava um município disposto a nos deixar entrar e derrubar um prédio de verdade — por exemplo, um armazém ou uma casa —, algo um pouco mais autêntico do que o que se encontra numa base. Nesse exercício, estávamos trabalhando numa casa. Tudo foi cuidadosamente combinado com a delegacia local. Alguns "atores" foram recrutados para interpretar papéis.

Minha função era fazer a segurança do lado de fora. Eu interrompi o tráfego e acenava para os veículos se afastarem enquanto alguns policiais locais observavam a distância.

Enquanto eu estava lá fora, com a arma na mão, sem parecer muito amigável, um sujeito veio andando pelo quarteirão na minha direção.

Comecei a seguir o procedimento. Primeiro acenei para que fosse embora. O cara continuou vindo. Depois virei a lanterna para ele. O cara continuou vindo. Apontei a mira laser. O cara continuou vindo.

Obviamente, quanto mais ele se aproximava, mais convencido eu ficava de que o sujeito era um ator, enviado para me testar. Repassei mentalmente as regras de engajamento, que determinavam como eu deveria agir.

— Você é o quê? O meganha? — perguntou o sujeito ao aproximar a cara da minha.

"Meganha" (um termo usado por marginais que significa "policial") não estava nas regras, mas imaginei que o cara estivesse improvisando. A próxima coisa na lista era derrubá-lo. Foi o que fiz. Ele começou a resistir e meteu a mão dentro do casaco, atrás do que presumi ser uma arma, o que era exatamente o que um Seal fingindo ser bandido faria. Então, reagi como deveria, dei uma bela resposta de Seal ao imobilizá-lo no chão com algumas porradas.

Seja lá o que ele tinha dentro do casaco se quebrou e espalhou líquido para todo lado. O cara estava xingando e continuava atuando, mas na hora não perdi tempo pensando sobre tudo aquilo. Quando ele parou de reagir, eu o algemei e olhei em volta.

Os policiais, sentados na patrulhinha ali perto, estavam quase se dobrando de rir. Fui lá ver o que estava acontecendo.

— Esse é o fulano — disseram. — Um dos maiores traficantes de drogas da cidade. Nós queríamos poder ter batido nele do mesmo jeito que você bateu.

Ao que parecia, o sr. Meganha ignorou todas as placas e entrou no exercício sem saber, achando que seguiria em frente como sempre. Há idiotas em qualquer lugar, mas acho que isso explica como ele acabou se tornando traficante, antes de mais nada.

O TROTE E A COLEIRA

Por meses, o Conselho de Segurança das Nações Unidas pressionou o Iraque a acatar por completo as resoluções da ONU, sobretudo aquelas que exigiam inspeções de supostas armas de destruição em massa, assim como de locais relacionados. A guerra não era dada como certa — Saddam poderia ter mostrado tudo o que os inspetores queriam ver. No entanto, a maioria de nós sabia que ele não acataria. Então, quando ouvimos que seríamos enviados ao Kuwait, ficamos felizes. Imaginamos que iríamos para a guerra.

De uma forma ou de outra, havia muita coisa para fazer lá. Além de vigiar as fronteiras do Iraque e proteger a minoria curda, que Saddam atacou com gás e massacrou durante a Primeira Guerra do Golfo, as tropas americanas implantaram zonas de espaço aéreo restrito no norte e no sul. Saddam estava contrabandeando petróleo e outras mercadorias tanto para dentro quanto para fora do país, violando as sanções da ONU. Os Estados Unidos e outros aliados aumentavam as operações para impedir isso.

Antes de eu ser enviado, Taya e eu resolvemos nos casar. A decisão nos surpreendeu. Certo dia, começamos a conversar no carro e chegamos à conclusão de que deveríamos fazer isso.

A decisão me chocou no momento em que a tomei. Concordei com ela. Era totalmente lógica. Estávamos claramente apaixonados. Eu sabia que Taya era a mulher com quem queria passar a vida. E, no entanto, por alguma razão, não achei que o casamento fosse durar.

Nós dois sabíamos que há um percentual altíssimo de divórcios entre os Seals. Na verdade, ouvi especialistas em aconselhamento de casais dizerem que chega perto dos 95%, e acredito. Então talvez fosse isso que me assustava. Talvez parte de mim de fato não estivesse pronta para me comprometer pela vida inteira. É claro que eu compreendia quanto o meu emprego exigiria de mim assim que eu fosse para a guerra. Não consigo explicar as contradições.

Mas sei que estava completamente apaixonado e que Taya me amava. E, bem ou mal, fosse guerra ou paz, o casamento seria nosso próximo passo juntos. Felizmente, sobrevivemos a tudo.

Uma coisa que você precisa saber sobre os Seals: quando se é novato nas equipes, você leva um trote. Os pelotões são grupos muito fechados. Quem acaba de chegar — sempre chamado de "novato" — sofre pra caramba até provar que merece o lugar. Isso em geral só ocorre bem depois do início do primeiro desdobramento, se é que acontece. Os novatos pegam as tarefas de merda. São testados a todo momento. E sempre levam uma surra.

É um tipo de trote prolongado que assume várias formas. Por exemplo: num exercício, você pega pesado. Os instrutores tiram o seu couro o dia inteiro. Então, quando você acaba, o pelotão sai para farrear. Quando estamos numa missão de treinamento, costumamos andar em vans grandes, para doze passageiros. Um novato sempre dirige. Isso significa, obviamente, que ele não pode beber quando vamos aos bares, pelo menos não como um Seal bebe.

Essa é a forma mais branda de trote. Na verdade, é tão branda que não chega a ser um trote.

Estrangular o novato enquanto ele dirige — isso, sim, é um trote.

Certa noite, logo após eu ter entrado para o pelotão, estávamos na farra depois de uma missão de treinamento. Ao sairmos do bar, todo o pessoal mais velho se concentrou no fundo da van. Eu não estava dirigindo, mas não via problema nisso — gosto de sentar na frente. Já estávamos indo rápido havia um tempo quando, de repente, escutei:

— Um-dois-três-quatro, guerra na van pra cima do novato.

No instante seguinte, levei uma surra. "Guerra na van" significava que a temporada de caça aos novatos estava aberta. Saí de lá com as costelas machucadas e um olho roxo, talvez os dois. Devo ter cortado o lábio uma dezena de vezes durante os trotes.

Devo explicar que as guerras na van são diferentes das brigas de bar, outro clássico dos Seals, que são bem conhecidos por se envolverem em confusões nos bares, e eu não era exceção. Fui preso mais de uma vez, embora geralmente as queixas nunca fossem registradas ou fossem logo retiradas.

Por que os Seals brigam tanto?

Não fiz um estudo científico, porém acho que isso tem muito a ver com a agressividade reprimida. Somos treinados para matar pessoas. E, ao mesmo tempo, aprendemos a nos considerar caras sinistros e invencíveis. Essa é uma combinação muito forte.

Quando você entra num bar, há sempre alguém que cutuca seu ombro ou que insinua de alguma forma que você deveria cair fora. Acontece em todos os bares pelo mundo afora. A maioria das pessoas simplesmente ignora coisas assim.

Se alguém faz isso com um Seal, a gente se vira e derruba o cara.

Mas ao mesmo tempo é preciso dizer que, embora os Seals costumem dar *fim* a muitas brigas, em geral não começam tantas assim. Em muitos casos, elas são resultado de algum ciúme idiota ou da necessidade de algum babaca testar a própria macheza e poder se gabar de ter brigado com um Seal.

Nos bares, a gente não se acovarda num canto ou fica quieto. Entramos extremamente confiantes. Talvez a gente faça muito barulho. E, como a maioria é jovem e está em ótima forma, as pessoas reparam. Um grupo de Seals sempre atrai as garotas, e talvez isso deixe os namorados com ciúmes. Ou os caras querem provar alguma coisa por outra razão qualquer. De uma forma ou de outra, a situação esquenta e as brigas acontecem.

Mas eu não estava falando de brigas de bar — eu falava sobre os trotes. E sobre o meu casamento.

Estávamos nas montanhas de Nevada. Fazia frio — tão frio que nevava. Eu havia tirado alguns dias de folga para me casar e ia pegar o voo pela manhã. O resto do pelotão ainda tinha um pouco de trabalho para fazer.

Naquela noite, voltamos à base temporária e entramos na sala de planejamento de missões. O sargento mandou todo mundo relaxar e tomar umas cervejas enquanto elaborávamos a operação do dia seguinte. Então, ele se virou para mim:

— Ei, novato. Tire a cerveja e a birita da van e traga para cá.

Fui correndo.

Quando voltei, todo mundo estava sentado em cadeiras. Só havia uma livre, no meio de um círculo formado pelas outras. Não dei muita bola para isso.

— Bem, faremos o seguinte — disse o sargento, diante de um quadro branco na parte da frente da sala. — A operação será uma emboscada. O alvo estará no centro. Nós o cercaremos completamente.

Isso não me parece muito inteligente, pensei. *Se atacarmos de todas as direções, acabaremos atirando uns nos outros.* Em geral, as emboscadas eram planejadas no formato de L para evitar isso.

Olhei para o sargento. O sargento olhou para mim. De repente, a expressão séria dele deu lugar a um sorriso sacana.

Com isso, o resto do pelotão pulou em cima de mim.

Caí no chão um segundo depois. Eles me algemaram à cadeira, e depois começou um julgamento de mentira.

Havia muitas acusações contra mim. A primeira foi o fato de que deixei que soubessem que eu queria me tornar um atirador de elite.

— Esse novato é um ingrato! — trovejou o advogado de acusação. — Não quer fazer o trabalho dele. Acha que é melhor do que todos nós.

Tentei protestar, mas o juiz — ninguém menos do que o sargento em pessoa — logo me negou a palavra. Eu me virei para o advogado de defesa.

— O que o senhor esperava? — perguntou ele. — Ele só tem o ensino "fundamentar".

— Culpado! — declarou o juiz. — Próxima acusação!

— Meritíssimo, o réu é desrespeitoso — disse a acusação. — Ele mandou o comandante se foder.

— Protesto! — exclamou meu advogado. — Ele mandou o comandante *do pelotão* se foder.

O comandante em si é o oficial que lidera a equipe, mas também há um comandante que lidera o pelotão. Uma grande diferença, a não ser nesse caso.

— Culpado! Próxima acusação!

Para cada delito de que eu era considerado culpado — o que significava tudo e qualquer coisa que eles inventassem —, eu tinha que beber Jack Daniel's com Coca-Cola, e depois uma dose pura de Jack.

Eles me deixaram bem bêbado antes de sequer chegarmos aos crimes graves. Num determinado momento, tiraram a minha roupa e colocaram gelo dentro da cueca. Eu enfim desmaiei.

Depois, eles me pintaram com spray e, de quebra, ainda desenharam o coelhinho da Playboy no meu peito e nas costas. É bem o tipo de arte corporal que uma pessoa quer na lua de mel.

Chegou uma hora em que meus amigos aparentemente ficaram preocupados com a minha saúde. Então me prenderam completamente nu com fita adesiva a uma maca de resgate, me levaram para fora e me deixaram em pé na neve. Fui deixado lá por um tempo, até recuperar a consciência. Àquela altura, eu tremia feito uma britadeira, com tanta intensidade que seria capaz de abrir um buraco no teto de um *bunker*. Eles me colocaram no soro — a solução salina ajuda a diminuir o teor de álcool no sangue — e por fim me carregaram de volta ao hotel, ainda preso por fita adesiva à maca.

Tudo o que me lembro do resto da noite é ter sido levado por um monte de degraus, aparentemente para o quarto do hotel. Devia haver alguns espectadores, porque a rapaziada gritava "não há nada para ver aqui, nada para ver", enquanto eu era carregado.

Taya lavou a maior parte da tinta e dos coelhinhos quando nos encontramos no dia seguinte. Mas ainda dava para ver um pouco pela camisa. Mantive o paletó todo abotoado para a cerimônia.

Àquela altura, o inchaço no rosto tinha praticamente desaparecido. Os pontos no supercílio (de uma briga amigável entre colegas algumas semanas antes) estavam sarando direitinho. O corte no lábio (de um exercício de treinamento) também estava ficando bom. Provavelmente não é o sonho de toda mulher ter um noivo surrado e pintado com spray, mas Taya parecia bastante feliz.

No entanto, o tempo que tivemos para nós foi uma questão delicada. A equipe foi generosa em me dar três dias para ser encoleirado e passar a lua de mel. Por ser novato, fiquei agradecido pela breve folga. Minha nova esposa não era tão compreensiva e deixou isso bem claro. Apesar disso, nós nos casamos e aproveitamos um pouco. Depois, voltei ao trabalho.

3

ABORDAGENS

PRONTO PARA ATIRAR

— A CORDE. TEMOS UM PETROLEIRO.

Eu me levantei do lado do bote onde estava descansando, apesar do vento frio e do mar agitado. Estava encharcado por causa dos respingos. Apesar de ser um novato no primeiro desdobramento, eu já havia dominado a arte de dormir em qualquer condição — uma habilidade pouco celebrada, porém fundamental para um Seal.

Um petroleiro se agigantava à frente. Tinha sido detectado por um helicóptero ao tentar sair escondido do Golfo, após ter sido abastecido ilegalmente no Iraque. Nossa missão era subir a bordo dele, inspecionar os documentos e, se estivesse violando as sanções da ONU, como se suspeitava, entregá-lo aos fuzileiros navais ou a outras autoridades para que tomassem as providências.

Corri para me aprontar. Nosso bote inflável de casco rígido, usado para diversas missões dos Seals, parecia o cruzamento entre um bote salva-vidas de borracha e uma lancha aberta com dois motores monstruosos atrás. Com dez metros de comprimento, ele levava oito Seals e ia além dos 45 nós num mar calmo.

O gás do escapamento do duplo motor flutuava sobre o bote e se misturava aos respingos de água conforme ganhávamos velocidade. Pegamos um bom ritmo ao seguir no rastro do navio onde o radar não nos detectaria. Comecei meu trabalho e tirei uma vara comprida do convés. A velocidade diminuiu quando o bote cortou para a lateral do petroleiro, até quase igualarmos o ritmo dele. Os motores do navio iraniano pulsavam na água, tão alto que os nossos eram inaudíveis.

Quando avançamos pela lateral do petroleiro, estendi a vara para o alto e tentei virar o gancho na ponta sobre a amurada. Assim que ele se firmou, dei um puxão na vara, que tinha uma corda elástica.

Peguei.

Uma corda elástica prendia o gancho à vara. Uma escada de cabo de aço estava presa ao gancho. Alguém segurou firme a parte de baixo enquanto o ponta começava a subir pela lateral do navio.

Um petroleiro carregado fica tão baixo na água, mas tão baixo, que às vezes é possível só agarrar a amurada e pular por cima. Não foi o caso ali — a amurada ainda estava bem mais alta do que nosso pequeno bote. Não sou fã de alturas, porém, desde que eu não pense muito sobre o que estou fazendo, fico bem.

A escada balançava com o navio e o vento. Subi o mais rápido possível — meus músculos se lembraram de todos aqueles exercícios na barra fixa no BUD/S. Quando cheguei ao convés, os pontas já estavam a caminho da casa do leme e da ponte do navio. Corri para alcançá-los.

De repente, o petroleiro começou a ganhar velocidade. O capitão, que percebeu tarde demais que estava sendo abordado, tentava rumar para águas iranianas. Se chegasse lá, teríamos que pular fora — nossas ordens proibiam estritamente a tomada de qualquer navio fora de águas internacionais.

Alcancei a vanguarda da equipe assim que eles chegaram à porta da ponte. Um tripulante chegou lá mais ou menos na mesma hora e tentou trancá-la. O sujeito não foi rápido ou forte o suficiente, e um integrante do destacamento de abordagem se jogou contra a porta e a abriu com violência.

Entrei correndo, pronto para atirar.

Tínhamos feito dezenas de operações como aquela nos últimos dias, e raramente alguém esboçou resistência. No entanto, o comandante desse navio ainda tinha alguma vontade de lutar e, embora desarmado, não estava pronto para se render.

Ele correu para cima de mim.

Uma tremenda estupidez. Em primeiro lugar, não só eu era maior do que ele, mas também usava um traje completo à prova de balas. Sem falar que eu tinha uma submetralhadora na mão.

Bati a boca da minha arma no peito do idiota. Ele caiu na hora.

De alguma forma, também consegui escorregar. Meu cotovelo atingiu a cara dele.

Algumas vezes.

Isso acabou com a vontade de lutar do comandante. Rolei o sujeito e o algemei.

ABORDAR E VASCULHAR NAVIOS É UMA MISSÃO-PADRÃO DOS SEALS. Enquanto a Marinha "normal" tem soldados com treinamento especial para cumprir a tarefa em tempos de paz, somos treinados para realizar buscas em locais onde é provável que haja resistência. E, durante o período pré-guerra na virada de 2002 para 2003, esse local era o golfo Pérsico na região do Iraque. Mais tarde, a ONU calculou que, em violação às sanções internacionais, bilhões de dólares de petróleo e outras mercadorias foram contrabandeados para fora do Iraque e para dentro dos bolsos do governo de Saddam.

O contrabando assumia várias formas. Era possível encontrar petróleo sendo levado em cargueiros de trigo, escondido em barris. Em geral, petroleiros levavam milhares e milhares de litros a mais do que era permitido pelo programa Petróleo por Comida da ONU.

Não era apenas petróleo. Uma das maiores cargas de contrabando que encontramos naquela virada de ano foi de tâmaras. Aparentemente, elas eram vendidas a um bom preço no mercado mundial.

FOI DURANTE AQUELES MESES INICIAIS DO MEU PRIMEIRO DESDOBRAMENTO que conheci a *Wojskowa Formacja Specjalna Grom im. Cichociemnych Spadochroniarzy Armii Krajowej* — Formação Militar Especial Grom dos Paraquedistas Silenciosos e Invisíveis do Exército da Polônia —, mais conhecida como Grom. Eles são a versão polonesa das Forças Especiais, com uma reputação excelente em operações especiais, e atuaram conosco nas abordagens dos navios.

Em geral, trabalhávamos baseados num grande navio, que era usado como porto flutuante para os nossos botes. Metade do pelotão saía por um período de 24 horas. Íamos de bote até um ponto designado e ficávamos flutuando pelas águas à noite, esperando. Com sorte, um helicóptero ou um navio passaria pelo rádio informações sobre uma embarcação que saía do Iraque navegando bem baixo na água. Qualquer navio que tivesse carga seria abordado e inspecionado. Nós íamos na direção dele para tomá-lo.

Às vezes trabalhávamos com uma lancha Mk-V, é uma embarcação de operações especiais que alguns comparam com as torpedeiras PT da Segunda Guerra Mundial. Parece uma lancha blindada, e sua missão é tirar os Seals do perigo o mais rápido possível. Construída em alumínio, ela pode correr pra cacete — dizem que atinge 65 nós. Mas o que a gente gostava nela era o piso plano atrás da superestrutura. Normalmente, embarcávamos em dois botes Zodiac lá atrás, mas, como não eram necessários, a companhia inteira saía deles e deitava para dormir um pouco até os navios serem avistados. Era melhor do que deitar nos assentos ou se contorcer para descansar na amurada.

Abordar embarcações no Golfo logo se tornou rotina. Tomávamos dezenas numa noite. Mas a maior abordagem não aconteceu perto do Iraque — foi a 2.500 quilômetros de distância, perto da costa da África.

SCUDS

No fim do inverno, um pelotão Seal nas Filipinas chegou de mansinho ao lado de um cargueiro. A partir daquele momento, a embarcação norte-coreana se tornou literalmente um navio marcado.

O cargueiro de 3.500 toneladas tinha um histórico curioso de transporte de mercadorias tanto para dentro quanto para fora da Coreia do Norte. Segundo um rumor, ele havia carregado produtos químicos que podiam ser usados para criar armas que afetam o sistema nervoso. Nesse caso, porém, os documentos declaravam que o cargueiro transportava cimento.

O que ele de fato levava eram mísseis Scud.

O navio foi localizado perto do Chifre da África enquanto o governo Bush decidia o que fazer a respeito. Por fim, o presidente ordenou que o cargueiro fosse abordado e vasculhado: exatamente o tipo de missão em que os Seals se destacam.

Tínhamos um pelotão no Djibuti, que se encontrava bem mais perto da embarcação do que nós. Mas, por causa da maneira como a cadeia de comando e as missões funcionavam — a outra unidade por acaso trabalhava para os Fuzileiros Navais, enquanto nós estávamos sob o comando direto da Marinha —, fomos incumbidos de tomar o cargueiro.

Você consegue imaginar a alegria do outro pelotão ao nos ver desembarcando no Djibuti. Não apenas tínhamos "roubado" a missão que os outros Seals consideravam deles como ainda tinham que passar pela humilhação de nos ajudar a desembarcar e nos preparar para a ação.

Assim que saí do avião, avistei um conhecido.

— Oi! — berrei.

— Cai fora.

— O que foi?

— Vai se foder.

Esse foi o nível da recepção. Eu não podia culpá-lo. No lugar dele, também teria ficado puto. Meu conhecido e os demais mudaram de atitude com o tempo — eles não estavam irritados conosco, mas com a situação. Com má vontade, o outro pelotão nos ajudou na preparação para a missão, depois nos colocou a bordo de um helicóptero de reabastecimento e correio do *USS Nassau*, um navio de assalto anfíbio que estava no oceano Índico.

Os anfíbios, como são chamados, são grandes embarcações de assalto que levam tropas e helicópteros e às vezes uma aeronave de ataque Harrier dos Fuzileiros Navais. Lembram os antigos porta-aviões com um convés de pouso de ponta a ponta. Têm instalações de comando e controle que podem ser usadas como postos avançados de comando e planejamento durante operações.

Há várias maneiras de se tomar um navio, dependendo das condições e do alvo. Embora pudéssemos ter usado helicópteros para chegar ao cargueiro norte-coreano, ao olhar as fotos da embarcação, notamos que havia um monte de fios acima do convés. Seria necessário removê-los antes que pudéssemos pousar, o que tomaria mais tempo.

Como sabíamos que o elemento-surpresa seria perdido se fôssemos em helicópteros, optamos por usar botes. Começamos a treinar corridas ao lado do *Nassau* com lanchas trazidas por uma Unidade Especial de Embarcações. (As Unidades Especiais de Embarcações são o serviço de táxi exclusivo dos Seals. Elas controlam os botes infláveis de casco rígido, as Mk-Vs e outras embarcações. Entre outras coisas, são equipadas e treinadas para fazer infiltrações de combate e enfrentam fogo para levar e tirar Seals do sufoco.)

Enquanto isso, o cargueiro continuava navegando na nossa direção. Nós nos aprontamos quando ele entrou no raio de ação e ficamos preparados para invadi-lo. Mas, antes que conseguíssemos entrar nas lanchas, recebemos uma ligação mandando que aguardássemos — os espanhóis tinham entrado em ação.

O quê?

A fragata espanhola *Navarra* havia confrontado o cargueiro, que não estava enganando absolutamente ninguém ao navegar sem bandeira e com o nome encoberto. De acordo com relatórios posteriores, tropas das forças especiais espanholas foram atrás do navio após ele ter desobedecido às ordens de parar da fragata. Obviamente, os espanhóis usaram helicópteros e, assim como imaginamos, acabaram se atrasando por precisarem derrubar os fios a tiros. Pelo que ouvi dizer, isso teria dado ao comandante a bordo do navio tempo para se livrar de documentos comprometedores e outras provas. Acho que foi isso que aconteceu.

É CLARO QUE HAVIA MUITA COISA ACONTECENDO NOS BASTIDORES QUE nós não sabíamos.

Deixa pra lá.

A missão logo evoluiu para abordar o navio para invadi-lo e tomá-lo — e descobrir os mísseis Scud.

Ninguém imaginaria que mísseis seriam difíceis de achar. Porém, nesse caso, eles não estavam em lugar algum. O porão do navio estava cheio de sacos de cimento — sacos de 35 quilos. Devia haver centenas de milhares.

Só havia um lugar onde os Scuds poderiam estar. Começamos a retirar o cimento, saco atrás de saco. Foi o que fizemos por 24 horas. Sem dormir, apenas retirando sacos de cimento. Só eu devo ter retirado milhares. Foi um sofrimento. Fiquei coberto de pó. Deus sabe como deviam estar os meus pulmões. Finalmente, encontramos contêineres embaixo de tudo. Sacamos os maçaricos e as serras.

Trabalhei com uma serra circular, que lembra uma motosserra, mas com uma lâmina redonda. Ela corta simplesmente tudo, inclusive contêineres de Scuds.

Havia quinze mísseis Scuds embaixo do cimento. Eu nunca havia visto um Scud de perto, e, para ser sincero, eles tinham uma aparência meio bacana. Tiramos fotos, depois chamamos os caras do "destacamento de segurança de material bélico explosivo" — ou especialistas do esquadrão antibombas — para garantir que não estavam ativados.

Àquela altura, o pelotão inteiro estava coberto de pó de cimento. Alguns homens pularam no mar para se limpar. Eu, não. Dado o meu histórico de mergulhos, eu não queria me arriscar. Com aquele tanto de cimento, quem sabe o que pode acontecer quando ele entra em contato com a água?

ENTREGAMOS O CARGUEIRO PARA OS FUZILEIROS NAVAIS E VOLTAMOS A bordo do *Nassau*. O comando enviou a mensagem de que seríamos retirados e devolvidos ao Kuwait "da mesma forma rápida que os senhores foram levados".

Claro que era mentira. Permanecemos no *Nassau* por duas semanas. Por algum motivo, a Marinha não conseguia descobrir como liberar um dos inúmeros helicópteros parados no convés de pouso para nos levar de volta ao Djibuti. Então jogamos videogame e malhamos durante a espera. E também dormimos.

Infelizmente, o único jogo de videogame que tínhamos era o Madden Football. Fiquei craque nele. Até aquele momento, eu nunca tinha sido muito bom em jogar videogame. Agora sou craque — sobretudo no Madden. Foi provavelmente ali que me viciei. Acho que até hoje minha esposa ainda amaldiçoa aquelas duas semanas a bordo do *Nassau*.

UMA NOTA DE RODAPÉ SOBRE OS SCUDS: OS MÍSSEIS IRIAM PARA O IÊMEN. Ou, pelo menos, foi isso que o Iêmen disse. Houve rumores de que eles faziam parte de alguma espécie de acordo com a Líbia envolvendo um pagamento para receber Saddam Hussein em exílio, mas não faço ideia se era verdade ou não. De qualquer maneira, os Scuds foram liberados e prosseguiram para o Iêmen, Saddam permaneceu no Iraque e nós voltamos ao Kuwait a fim de nos prepararmos para a guerra.

NATAL

AQUELE NATAL FOI O PRIMEIRO NA MINHA VIDA QUE PASSEI LONGE DA família, o que foi um pouco deprimente. O dia meio que passou sem uma comemoração digna de nota.

No entanto, eu me lembro dos presentes que os pais de Taya mandaram naquele ano: Hummers de controle remoto.

Esses brinquedinhos eram um barato de pilotar por aí. Alguns dos iraquianos que trabalhavam na base aparentemente nunca tinham visto algo assim antes. Eu pilotava o veículo na direção deles e eles gritavam e fugiam correndo. Não sei se achavam que era uma espécie de míssil teleguiado ou sei lá o quê. Os gritos agudos, seguidos pela disparada na direção oposta dos carrinhos, me faziam dobrar de rir. A diversão barata no Iraque era impagável.

Algumas pessoas que trabalhavam para nós não eram exatamente as melhores do mercado, e nem todas gostavam de americanos.

Uma vez, flagraram um iraquiano batendo punheta na nossa comida.

Ele logo foi escoltado para fora da base. O estado-maior — nossos comandantes — sabia que, assim que todo mundo descobrisse o que o sujeito fizera, alguém provavelmente tentaria matá-lo.

Ficamos em dois campos diferentes no Kuwait: Ali al-Salem e Doha. As instalações nos dois lugares tinham apenas o básico.

Doha era uma base americana grande e cumpriu papéis importantes na Primeira e no que seria a Segunda Guerra do Golfo. Recebemos um galpão e abrimos janelas com a ajuda de alguns Seabees, os engenheiros de combate da Marinha. Passamos a contar com eles para esse tipo de apoio em outras ocasiões no futuro.

Ali al-Salem era ainda mais primitiva, ao menos para nós. Lá recebemos uma barraca e algumas estantes — e só. Acho que os mandachuvas imaginavam que os Seals não precisavam de muita coisa.

Eu estava no Kuwait quando vi minha primeira tempestade de areia no deserto. De repente, o dia virou noite. Havia areia rodopiando por todos os lugares. Ao longe, dá para ver uma vasta nuvem laranja-amarronzada vindo na sua direção. Então, de uma hora para outra, ela fica negra e você se sente dentro de um túnel que não para de girar ou talvez dentro do ciclo de enxague de uma máquina de lavar bizarra que usa areia em vez de água.

Lembro que estava num hangar, e, embora as portas estivessem fechadas, a quantidade de poeira no ar era inacreditável. Os grãos de areia eram finíssimos e, se entravam nos olhos, nunca mais saíam. Rapidamente, aprendemos a usar óculos de proteção — óculos de sol não bastavam.

METRALHADOR DA 60

Por ser novato, eu era o metralhador da 60.

Como imagino que muitos de vocês saibam, "60" se refere à metralhadora de emprego geral M-60, uma arma alimentada por fita que serviu às forças armadas dos Estados Unidos em várias versões durante muitas décadas.

A M-60 foi desenvolvida nos anos 1950 e dispara balas de calibre 7.62. O design é tão flexível que a arma pode ser usada como a base de uma metralhadora coaxial em veículos blindados e helicópteros e também como uma arma leve de uso em esquadrões, carregada por um homem. Foi muito útil na Guerra do Vietnã, ocasião em que os recrutas a chamavam de "a Porca" e de vez em quando xingavam o cano quente, que exigia luvas de amianto para ser trocado após disparar algumas centenas de balas — o que não era exatamente prático durante o combate.

A Marinha fez melhorias substanciais à metralhadora com o passar dos anos, e ela ainda é uma arma potente. Na verdade, a versão mais recente é tão aperfeiçoada que merece uma designação diferente: a Marinha a chama de Mk-43 Mod 0. (Alguns argumentam que ela deveria ser considerada uma arma completamente diferente, mas não entrarei nessa discussão.) Ela é leve comparada com outros modelos — por volta dos dez quilos. Além disso, tem um cano relativamente curto. Também possui um sistema de trilho que permite prender lunetas e coisas do gênero.

Também em serviço estão a M-240, a M-249 e a Mk-46, uma variante da M-249.

Como regra geral, as metralhadoras levadas pelos atiradores do meu pelotão eram sempre chamadas de "60s", mesmo quando eram outra coisa, como a Mk-48. Nós usamos mais Mk-48s conforme o tempo foi passando durante meus dias no Iraque, porém, a não ser que haja algum motivo em especial, eu me refiro a qualquer metralhadora usada pelo esquadrão como uma 60 e deixo os detalhes para os outros.

O velho apelido de "Porca" para a 60 ainda sobrevive, o que leva muitos metralhadores de 60 a serem chamados de Porcos ou de alguma variante criativa disso. No nosso pelotão, um amigo meu, Bob, ganhou a alcunha.

Esse apelido nunca pegou comigo. O meu era "Tex", que foi uma das coisas mais socialmente aceitáveis de que já me chamaram.

Como a guerra se tornava inevitável, começamos a patrulhar a fronteira do Kuwait para garantir que os iraquianos não tentassem cruzá-la escondidos e lançassem um ataque preventivo. Também começamos a treinar para o combate que nos aguardava.

Isso significava passar um tempo valioso nos veículos de patrulha no deserto (DPVs, de *Desert Patrol Vehicles*), também conhecidos como bugres de duna dos Seals.

Esses veículos parecem extremamente maneiros de longe e são muito mais equipados do que o quadriciclo normal. Possuem uma metralhadora .50 e um lançador de granadas Mk-19 na frente e uma M-60 na traseira. E há também os foguetes LAW, armas antitanque de um único tiro descendentes espirituais das bazucas e Panzerfausts da Segunda Guerra Mundial. Os foguetes são montados em suportes especiais na estrutura superior tubular. Para ficar ainda mais bacana, há uma antena de rádio via satélite no topo do veículo, com uma heliflex ao lado.

Quase toda foto que se vê de um veículo de patrulha no deserto mostra o desgraçado voando sobre uma duna com as rodas da frente empinadas. É uma imagem sinistra pra caramba.

Infelizmente, é apenas isso — uma imagem. E não uma realidade.

Pelo que entendi, esses veículos foram baseados num conceito usado na Baja 1000, famosa corrida off-road mexicana. Sem os equipamentos, eles com certeza eram fodas. O problema era que nós não os dirigíamos desguarnecidos. Todo o material bélico que levávamos adicionava um peso considerável. E ainda havia as mochilas, além da água e da comida necessárias para sobreviver no deserto por alguns dias. E gasolina extra. Sem falar em três Seals totalmente equipados — piloto, navegador e metralhador da Porca.

E, no nosso caso, uma bandeira do Texas tremulando na traseira. Tanto o sargento quanto eu éramos texanos, o que tornava aquilo um acessório obrigatório.

O peso aumentava depressa. Os veículos de patrulha no deserto usavam um motorzinho Volkswagen que, na minha opinião, era uma porcaria. Provavelmente funcionava bem num carro comum ou talvez num bugre de areia que não encarasse combate. Mas, se saíssemos com o veículo por dois ou três dias, quase sempre acabávamos tendo que gastar outros dois ou três dias para consertá-lo na volta. Era impossível não haver algum tipo de problema no rolamento ou na bucha. Tínhamos que fazer a manutenção. Felizmente para nós, no pelotão havia um mecânico com certificado do ASE, o Instituto Nacional para Excelência de Serviços Automotivos, e ele ficou responsável por manter os veículos em funcionamento.

No entanto, a maior desvantagem dos bugres era, de longe, o fato de terem tração nas duas rodas. Isso era um grande transtorno se o terreno fosse pelo menos um pouco macio. Desde que continuássemos em frente, em geral ficava tudo bem, mas se parássemos acabava dando problema. Estávamos sempre desenterrando-os da areia no Kuwait.

Eles eram um barato quando funcionavam. Como metralhador, eu ficava num assento elevado, atrás do piloto e do navegador, que se sentavam lado a lado embaixo de mim. Equipado com óculos táticos de proteção balística e um capacete semelhante ao usado em helicópteros, eu colocava o cinto de segurança de cinco pontos e me segurava firme enquanto corríamos pelo deserto. Chegávamos a 110 quilômetros por hora. Eu dava umas rajadas com a .50, depois levantava a alavanca ao lado do banco e girava para trás. Então pegava a M-60 e dava mais uns tiros. Se estivéssemos simulando um ataque pelas laterais enquanto dirigíamos, dava para pegar a M-4 que eu levava e atirar naquela direção.

Atirar com a metralhadora grande era *divertido*!

Mirar aquela porra enquanto o veículo ondulava no deserto também era do outro mundo. É possível subir e descer a arma para mantê-la no alvo, mas nunca dá para ser muito preciso — na melhor das hipóteses, a gente cospe fogo suficiente para poder dar o fora dali.

Além dos veículos de patrulha no deserto de três lugares, tínhamos dois veículos com seis lugares. Eles eram bem básicos — três fileiras de dois assentos, com apenas uma 60 como arma na frente. Nós os usávamos como viatura de comando e controle. Era um passeio muito chato, como dirigir a perua da família enquanto papai e mamãe saíam com o carro esportivo.

Treinamos durante algumas semanas. Fizemos muitos exercícios de orientação, montamos esconderijos e realizamos uma ação de "vigilância e reconhecimento" ao longo da fronteira. Nós nos entrincheirávamos, cobríamos os veículos com redes e tentávamos fazê-los desaparecer no meio do deserto. Não era fácil para um DPV: em geral acabava parecendo um veículo tentando se esconder no meio do deserto. Também treinamos lançá-los via helicóptero, saindo pela traseira quando as aeronaves pousavam: um rodeio sobre rodas.

Conforme chegávamos ao fim de janeiro, fomos ficando preocupados: não que a guerra fosse começar, mas que fosse começar sem nós. Na época, o desdobramento normal dos Seals era de seis meses. Tínhamos sido despachados em setembro e deveríamos retornar aos Estados Unidos em poucas semanas.

Eu queria lutar. Desejava fazer o que fui treinado para fazer. Os contribuintes americanos investiram uma quantia considerável de dólares na minha formação como Seal. Eu queria defender meu país, cumprir meu dever e minha missão.

Eu desejava, mais do que qualquer coisa, sentir a emoção da batalha.

Taya via as coisas de forma muito diferente.

Taya:

Fiquei aterrorizada o tempo todo, conforme a guerra se tornava inevitável. Embora ela não tivesse começado oficialmente, eu sabia que eles realizavam operações perigosas. Quando os Seals agem, sempre existe algum risco. Chris tentava fazer a situação parecer menos séria para que eu não me preocupasse, mas eu não era boba e sabia ler nas entrelinhas. A ansiedade se manifestava de maneiras diferentes. Eu ficava nervosa. Tinha a impressão de ver coisas que não estavam lá. Não conseguia dormir sem que todas as luzes estivessem acesas — eu lia toda noite até que os olhos se fechassem involuntariamente. Fazia tudo o que era possível para evitar ficar sozinha ou ter muito tempo para pensar.

Chris me ligou duas vezes com histórias sobre acidentes de helicóptero em que ele esteve envolvido. Ambos foram bem pequenos, mas ele tinha medo de que fossem noticiados e de que eu ouvisse a respeito e ficasse preocupada.

— Só quero que você saiba, caso ouça a respeito pelo noticiário. O helicóptero se envolveu num pequeno acidente, e eu estou bem.

Certo dia, Chris me contou que precisava sair para outro exercício de helicóptero. Na manhã seguinte, eu estava vendo o noticiário e informaram que um helicóptero havia caído perto da fronteira e que todos os tripulantes tinham morrido. O apresentador informou que estava cheio de soldados das forças especiais.

Nas forças armadas, o termo "Forças Especiais" se refere às tropas de forças especiais do Exército, mas os apresentadores tendem a usá-lo para os Seals. Tirei conclusões precipitadas na mesma hora.

Não obtive notícias de Chris naquele dia, embora ele tivesse prometido que ligaria.

Prometi para mim mesma que não entraria em pânico. Não era ele.

Tratei de enfiar a cara no trabalho. Naquela noite, ainda sem receber um telefonema, comecei a me sentir um pouco mais ansiosa... Depois um pouco surtada. Eu não conseguia dormir, mesmo estando exausta de tanto trabalhar e de segurar as lágrimas que ameaçavam dominar qualquer calma que eu fingia sentir.

Finalmente, por volta da uma hora da manhã, comecei a ceder ao choro.

O telefone tocou. Pulei para atender.

— Ei, amor — disse Chris, animado como sempre.

Caí em prantos.

Chris não parava de perguntar o que havia acontecido. Eu nem conseguia botar as palavras para fora e explicar. O medo e o alívio saíram como soluços ininteligíveis.

Depois disso, jurei parar de assistir aos noticiários.

4

CINCO MINUTOS PARA VIVER

LAMA E BUGRES DE AREIA NÃO COMBINAM

ERA UM POUCO DEPOIS DO ANOITECER DO DIA 20 DE MARÇO DE 2003. Equipado e com o cinto de segurança afivelado, eu chacoalhava no banco do metralhador de um veículo de patrulha dentro de um helicóptero MH-53 da Aeronáutica que deixava a pista de decolagem no Kuwait. Estávamos a caminho de uma missão para a qual tínhamos passado várias semanas ensaiando. A espera estava prestes a acabar: a Operação Iraque Livre estava em andamento.

Minha guerra enfim havia chegado.

Eu transpirava, e não apenas pela empolgação. Sem sabermos exatamente o que Saddam tinha reservado para nós, recebemos ordens de usar o equipamento "situação de proteção de missão", ou o que alguns chamam de trajes espaciais. Os trajes protegem contra ataques químicos, porém são tão confortáveis quanto pijamas de borracha, e a máscara de gás que vem com eles é duas vezes pior.

— Pés molhados! — disse alguém no rádio.

Isso significava que nos encontrávamos sobre a água. Verifiquei as armas. Elas estavam prontas, incluindo a .50. Tudo o que eu precisava fazer era puxar o ferrolho e carregá-la.

Estávamos apontados diretamente para a traseira do helicóptero. A rampa de trás não estava toda erguida, então dava para ver a noite lá fora. De repente, a faixa negra que eu observava acima da rampa ficou cheia de pontinhos vermelhos — os iraquianos tinham acionado armas e radares antiaéreos que as informações diziam não existir, e os pilotos dos helicópteros começaram a disparar dispositivos de contramedidas para confundi-los.

Então vieram as balas traçantes, em arcos que cruzavam o retângulo estreito de escuridão.

Droga, pensei. *Vamos ser abatidos antes de eu sequer ter a chance de apagar alguém.*

De alguma forma, os iraquianos conseguiram nos errar. O helicóptero seguiu voando rasante em direção a terra firme.

— Pés secos! — falou alguém no rádio.

Agora sobrevoávamos terra firme.

Era o inferno na Terra. Fazíamos parte de uma equipe com a missão de atacar os recursos petrolíferos do Iraque antes que os iraquianos os explodissem ou ateassem fogo, como fizeram na Tempestade no Deserto, em 1991. Os Seals e o Grom atacavam plataformas de gás e petróleo no Golfo, bem como refinarias em terra firme e em zonas portuárias.

Doze de nós recebemos a missão de atacar um pouco mais para o interior, na área da refinaria de Al-Faw. Os poucos minutos a mais que a jornada levou viraram um tiroteio infernal, e, quando o helicóptero pousou, estávamos no meio do combate.

A rampa baixou, e nosso piloto pisou fundo. Destravei e carreguei a arma, pronto para atirar enquanto descíamos a rampa correndo. O veículo de patrulha no deserto derrapou na terra fofa... e atolou na hora.

Filho da puta!

O piloto começou a acelerar e mexer na transmissão para a frente e para trás, tentando nos soltar. Ao menos estávamos fora do helicóptero — outro veículo ficou preso na rampa, meio para fora, meio para dentro. O 53 sacolejou para cima e para baixo, tentando desesperadamente soltá-lo. Pilotos de aeronaves odeiam com todas as forças levar tiros, e eles queriam cair fora.

A essa altura, ouvi os diversos veículos fazendo contato pelo rádio. Praticamente todo mundo estava atolado na lama encharcada de petróleo. A especialista em inteligência que nos orientava havia afirmado que o solo onde pousaríamos seria de terra batida. Obviamente, ela e seus colegas também tinham informado que os iraquianos não possuíam armas antiaéreas. Como dizem, inteligência militar é um paradoxo.

— Estamos atolados! — exclamou o sargento.

— É, e nós também — falou o tenente.

— Estamos atolados — disse outra pessoa.

— Merda, a gente tem que sair daqui.

— Muito bem, saiam todos dos veículos e vão para suas posições — ordenou o sargento.

Eu me soltei do cinto de segurança de cinco pontos, tirei a 60 da traseira e fui na direção da cerca que protegia a refinaria. A missão era defender o portão, e só porque não tínhamos transporte não significava que ela não seria cumprida.

Descobri uma pilha de entulho virada para o portão e montei a 60. Um sujeito chegou ao meu lado com uma Carl Gustav. Tecnicamente um fuzil sem recuo, essa arma dispara um foguete sinistro que pode derrubar um tanque ou abrir um buraco num prédio. Nada passaria por aquele portão sem a nossa autorização.

Os iraquianos haviam montado um perímetro de defesa do lado de fora da refinaria. O único problema foi que nós pousamos dentro. Agora estávamos entre eles e a refinaria — em outras palavras, atrás da posição deles.

Eles não gostaram nada daquilo. Viraram-se e começaram a atirar em nós.

Assim que percebi que não seríamos atacados com gás, joguei fora a máscara. Ao devolver fogo com a 60, eu tinha muitos alvos — alvos demais, na verdade. Éramos muito inferiores em número, mas esse não era um problema real. Começamos a chamar apoio aéreo. Em questão de minutos, havia todo tipo de aeronave no céu: F/A-18s, F-16s, A-10As, até mesmo um helicóptero de combate AC-130.

Os A-10s da Aeronáutica, mais conhecidos como Warthogs, eram sensacionais. São jatos lentos, mas isso é intencional — foram feitos para voar baixo e devagar a fim de disparar o máximo de tiros possível contra alvos terrestres. Além de bombas e mísseis, são equipados com um canhão Gatling de trinta milímetros. Os Gatlings passaram o rodo no inimigo naquela noite. Os iraquianos chegaram da cidade com blindados para nos atacar, mas nem se aproximaram. A certa altura, eles perceberam que estavam fodidos e tentaram fugir.

Grande erro. Isso só tornou mais fácil avistá-los. As aeronaves continuaram vindo e atirando neles. Os iraquianos foram detectados e apagados. Você ouvia as balas passando pelo ar — *errrrrrr* —, depois o eco — *erhrhrhrh* —, seguido de perto por explosões secundárias e qualquer tipo de destruição que os projéteis causassem.

Cacete, pensei comigo mesmo. *Isso é demais. Eu adoro essa porra. É empolgante, é de acabar com os nervos, e eu adoro essa porra.*

ATACADO COM GÁS

Uma unidade britânica pousou de manhã. Àquela altura, a batalha havia acabado. Obviamente, foi impossível resistir e tivemos que implicar com eles:

— Podem entrar. O combate acabou. Vocês não correm perigo.

Creio que eles não acharam aquilo engraçado, mas não dava para ter certeza. Eles falam um inglês esquisito. Exaustos, atravessamos o portão e fomos até uma casa que havia sido quase completamente destruída durante o tiroteio. Entramos nas ruínas, deitamos entre os escombros e dormimos.

Algumas horas depois, eu me levantei. A maior parte dos homens que estavam comigo também havia acordado. Saímos e fomos verificar o perímetro dos campos de petróleo. Do lado de fora, localizamos algumas das defesas antiaéreas que os iraquianos não tinham. Mas não era necessário atualizar os relatórios da inteligência — aquelas defesas não estavam mais em condições de incomodar ninguém.

Havia corpos por toda parte. Vimos um cara que literalmente perdeu a bunda. Ele sangrou até a morte, porém não antes de tentar se arrastar para longe dos aviões. Dava para ver o rastro de sangue na terra.

Enquanto verificávamos o que tinha acontecido, avistei uma picape Toyota ao longe. Ela andava na estrada e parou a um pouco mais de 1,5 quilômetro de distância.

Os iraquianos usavam picapes civis na cor branca como veículos militares durante a guerra. Em geral, eram alguma versão da Toyota Hilux, o veículo compacto montado em diversos estilos. (Nos Estados Unidos, a Hilux normalmente era chamada de SR5, mas o modelo acabou saindo de linha, embora ainda fosse vendido no exterior.) Sem saber o que estava acontecendo, ficamos olhando para a picape por alguns momentos até ouvirmos um *tuf*.

Alguma coisa fez *splosh* a poucos metros da gente. Os iraquianos tinham atirado uma bomba de dentro da caçamba com um morteiro. Ela afundou na lama oleosa, sem causar dano.

— Graças a Deus que aquela coisa não explodiu — disse um cara. — Nós estaríamos mortos.

Uma fumaça branca começou a sair do buraco criado pelo projétil.

— Gás! — berrou alguém.

Corremos o mais rápido possível para voltar ao portão. Mas, logo antes de chegarmos lá, os guardas britânicos o trancaram e se recusaram a abri-lo.

— Vocês não podem entrar! — berrou um deles. — Acabaram de ser atacados por gás!

Enquanto os Cobras dos Fuzileiros Navais voavam lá em cima para se encarregar das picapes com morteiros, nós tentamos descobrir se iríamos morrer.

Quando vimos que continuávamos respirando alguns minutos depois, percebemos que a fumaça era apenas isso: fumaça. Talvez tenha sido vapor da lama. Ou sei lá o quê. Era só chiado, sem explosão, sem gás.

Isso foi um alívio.

SHATT AL-ARAB

Com Al-Faw protegida, ajeitamos dois veículos de patrulha no deserto e caímos na estrada, rumo ao norte, para Shatt al-Arab, o rio que separa o Irã do Iraque ao fluir para o Golfo. A missão era procurar barcos suicidas e lança-minas que pudessem descer o rio em direção ao Golfo. Descobrimos uma antiga estação de fronteira abandonada pelos iraquianos e montamos um posto de observação.

Nossas regras de engajamento quando a guerra começou eram bem simples: *Se vocês virem qualquer pessoa entre dezesseis e 65 anos que seja homem, mandem bala. Matem todos os homens que virem.*

Essas não foram as palavras oficiais, mas a ideia era essa. Agora que estávamos vigiando o Irã, porém, tínhamos ordens expressas para *não* atirar, ao menos não no Irã.

Toda noite, alguém do outro lado do rio aparecia e dava um tiro na nossa direção. Nós obedecíamos às ordens, relatávamos o fato e pedíamos permissão para atirar de volta. A resposta era sempre um "NÃO!" bem distinto, alto e claro.

Pensando agora, isso fazia muito sentido. Nossas armas mais pesadas eram uma Carl Gustav e duas 60s. Os iranianos tinham muita artilharia e sabiam a nossa posição. Para eles, não custaria nada nos acertar. E, na verdade, o que provavelmente queriam fazer era nos atrair para uma luta para que pudessem nos matar.

Mas aquilo deixava a gente muito puto. Se alguém atira em você, você quer revidar.

Depois da empolgação do início da guerra, desanimamos. Ficávamos só sentados sem fazer nada. Um dos homens tinha uma câmera e gravou um vídeo debochando do assunto. Não havia muita coisa para fazer. Achamos algumas armas iraquianas e as reunimos numa pilha para explodi-las. Porém, foi só isso. Os iraquianos não mandavam barcos na nossa direção, e os iranianos só davam aquele único disparo, depois se abaixavam e esperavam pela nossa reação. A coisa mais divertida que fazíamos era entrar na água e mijar na direção deles.

Durante uma semana, nós nos revezamos em turnos de guarda — dois caras dentro, quatro caras lá fora —, monitoramos o rádio e vigiamos a água. Por fim, fomos substituídos por outro grupo de Seals e voltamos para o Kuwait.

A CORRIDA PARA BAGDÁ

A ESSA ALTURA, A CHAMADA CORRIDA PARA BAGDÁ HAVIA COMEÇADO. Unidades americanas e aliadas cruzavam a fronteira e faziam grandes avanços todos os dias.

Passamos alguns dias de bobeira de volta ao campo do Kuwait, à espera de uma missão. Por mais frustrante que tenha sido a estadia no posto de fronteira, essa foi pior. Queríamos entrar em ação. Havia inúmeras missões que poderíamos ter realizado — eliminar algumas daquelas defesas aéreas "inexistentes" mais no interior do Iraque, por exemplo —, mas o comando parecia não querer usar a gente.

Nosso desdobramento foi estendido para que pudéssemos participar do início da guerra. No entanto, começou a circular o boato de que seríamos despachados de volta aos Estados Unidos e substituídos pela equipe 5. Ninguém queria sair do Iraque agora que a ação estava esquentando. O moral chegou ao fundo do poço. Todos nós estávamos putos.

PARA PIORAR AS COISAS, OS IRAQUIANOS TINHAM DISPARADO ALGUNS Scuds logo antes de a guerra ter início. A maioria foi abatida por mísseis Patriot, mas um passou. E não é que ele destruiu o Starbucks onde a gente passava o tempo durante o treinamento pré-guerra?

Atingir uma cafeteria é golpe baixo. Poderia ter sido pior, creio eu. Poderia ter sido um Dunkin' Donuts.

A piada que todos faziam era que o presidente Bush só declarou guerra quando o Starbucks foi atingido. Você pode se meter o quanto quiser com a ONU, mas, se começar a interferir com o direito de tomar café, alguém terá que pagar.

POR TRÊS OU QUATRO DIAS NOS QUEIXAMOS E FICAMOS DEPRIMIDOS o tempo todo. Então, finalmente, nos juntamos ao avanço dos fuzileiros na região de Nassíria. Estávamos de volta à guerra.

PERTO DE NASSÍRIA

NASSÍRIA É UMA CIDADE À MARGEM DO RIO EUFRATES, NO SUL DO IRAQUE, a cerca de duzentos quilômetros ao noroeste do Kuwait. A cidade em si foi tomada pelos fuzileiros navais em 31 de março, mas a ação na área continuou por algum tempo, pois pequenos grupos de soldados iraquianos e fedaita ainda resistiam e atacavam americanos. Foi perto de Nassíria que a soldado Jessica Lynch fora capturada e mantida presa durante os primeiros dias da guerra.

Alguns historiadores acreditam que o combate nessa região foi o mais intenso para os fuzileiros, comparável aos tiroteios mais ferozes no Vietnã e, mais tarde, em Falluja. Além da cidade, eles tomaram o aeródromo de Jalibah, várias pontes sobre o Eufrates e estradas e cidades que garantiam a passagem para Bagdá durante os primeiros estágios da guerra. Pelo caminho, começaram a encontrar o tipo de insurgência fanática que caracterizaria os conflitos após a queda de Bagdá.

Nós tivemos um papel bem pequeno ali. Entramos em algumas batalhas muito intensas, mas o grosso da ação ficou com os fuzileiros. Obviamente, não posso escrever muita coisa sobre isso. Foi como se olhasse para uma enorme pintura de paisagem através de um canudinho.

QUANDO SE TRABALHA COM UNIDADES DO EXÉRCITO E DO CORPO DE Fuzileiros Navais, você nota uma diferença de imediato. O Exército é bem cascudo, mas o desempenho pode depender de cada unidade. Algumas são excelentes, cheias de entusiasmo e de guerreiros de primeira linha. Outras são absolutamente horríveis. A maioria está no meio do caminho entre os dois tipos.

Pela minha experiência, os fuzileiros são pura empolgação em qualquer situação. Todos lutarão até a morte. Cada um deles só quer ir lá e matar. São uns filhos da mãe sinistros, que metem a cara para valer.

NÓS NOS INFILTRAMOS NO DESERTO NA CALADA DA NOITE, COM DOIS veículos de patrulha de três lugares, saídos da traseira de um 53. O chão era sólido o suficiente para ninguém ficar atolado.

Estávamos atrás da ponta do avanço americano, e não havia unidades inimigas na área. Dirigimos pelo deserto até encontrar uma base do Exército. Descansamos algumas horas com eles e depois partimos a fim de reconhecer o terreno para os fuzileiros, à frente do avanço deles.

O deserto não estava completamente vazio. Apesar de haver longos trechos descampados, também havia cidades e pequenos povoados espalhados ao longe. Na maioria das vezes, margeávamos as cidades, observando-as a distância. Nossa missão era ter uma ideia de onde estavam as fortificações inimigas e avisar a localização pelo rádio para os fuzileiros, de maneira que eles pudessem decidir se iriam atacá-las ou contorná-las. De vez em quando, chegávamos a um terreno alto, parávamos por um tempo e fazíamos uma varredura.

Só tivemos um contato significativo naquele dia. Estávamos contornando uma cidade. Obviamente chegamos perto demais, porque eles começaram a nos enfrentar. Disparei a .50 e em seguida passei para a 60 enquanto fugíamos dali.

Devemos ter viajado centenas de quilômetros naquele dia. Paramos um pouco no fim da tarde, descansamos e partimos após o anoitecer. Quando começamos a atrair fogo à noite, as ordens mudaram. O estado-maior nos chamou de volta e mandou que os helicópteros voltassem e nos pegassem.

Você pode achar que o nosso trabalho era atrair fogo, uma vez que isso revelava onde o inimigo estava. Pode achar que o fato de estarmos próximos a ponto de fazer o inimigo atirar indicava que havíamos descoberto uma força significativa até então desconhecida. Pode achar que isso indicava que estávamos indo bem.

Você pode estar certo. No entanto, para o nosso comandante, estava tudo errado. Ele queria que nós *não* tivéssemos contato. Ele não queria arriscar baixas, mesmo que isso significasse que não podíamos cumprir a missão corretamente. (E devo acrescentar que, apesar dos tiros e do contato mais cedo, não sofremos nenhuma baixa.)

Estávamos putos. Saímos com a expectativa de fazer reconhecimento de terreno por uma semana. Tínhamos combustível, água e comida suficientes e já sabíamos como nos reabastecer caso precisássemos. Porra, poderíamos ter ido até Bagdá, que naquele momento ainda estava nas mãos dos iraquianos.

Nós nos apresentamos de volta à base, deprimidos.

Aquilo não foi o fim da guerra para nós, mas foi um mau sinal do que vinha pela frente.

Você tem que entender: nenhum Seal *quer* morrer. O objetivo da guerra, como disse Patton, é fazer o outro idiota desgraçado morrer. Mas também queremos lutar.

Parte dessa vontade é pessoal. É a mesma coisa com atletas: um atleta quer participar de um jogaço, quer competir no campo ou no ringue. Mas outra parte — a maior parte, creio eu — é o patriotismo.

É o tipo de coisa que, se precisa ser explicada, a pessoa não entenderá. Mas talvez isto ajude:

Certa noite, pouco tempo depois disso, estávamos num tiroteio extenuante. Eu e mais nove homens da nossa equipe passamos cerca de 48 horas no segundo andar de um prédio de tijolos velho e abandonado, combatendo sob um calor de mais de 38 graus e usando trajes completos à prova de balas.

Os projéteis entravam voando e demoliam as paredes em volta praticamente sem parar. O único descanso que tínhamos era no momento de recarregar.

Enfim, quando o sol surgiu de manhã, o som de tiros e balas acertando tijolos parou. O combate acabou. Ficou um silêncio macabro.

Quando os fuzileiros chegaram para nos substituir, encontraram todos os homens no local desmoronados contra a parede ou caídos no chão, cuidando de ferimentos ou simplesmente assimilando a situação.

Um dos fuzileiros do lado de fora pegou uma bandeira americana e a hasteou no local. Outra pessoa tocou o Hino dos Estados Unidos. Não tenho ideia de onde veio a música, mas o simbolismo e a maneira como ela me comoveu foram arrebatadores. Essa ainda é uma das minhas lembranças mais poderosas.

Todos aqueles homens cansados da batalha ficaram de pé, foram à janela e prestaram continência. As palavras da música ecoaram em cada um de nós enquanto observávamos a bandeira tremular literalmente na primeira luz da aurora, como diz a letra. A lembrança daquilo por que lutávamos fez as lágrimas, assim como o sangue e o suor, verterem livremente de todos nós.

Vivenciei o sentido literal de "terra dos homens livres" e "lar dos bravos". Para mim, isso não é brega. Eu sinto no coração. Sinto no peito. Mesmo num jogo de beisebol, quando alguém fala durante o hino ou não tira o boné, fico puto. Também não sou de ficar calado e não fazer nada a respeito.

Para mim e para os Seals que estavam comigo, o patriotismo e o ato de entrar no calor do combate eram duas coisas profundamente ligadas. Mas o empenho de uma unidade como a nossa depende bastante da liderança. Muito desse empenho depende do estado-maior, os oficiais que nos lideram. Entre os oficiais do Seal você encontra de tudo. Alguns são bons, alguns são ruins. E alguns são simplesmente frouxos.

Ah, eles podem ser indivíduos cascudos, mas é preciso mais do que vigor *individual* para ser um bom líder. Os métodos e os objetivos têm que contribuir para isso.

Nossos oficiais queriam que atingíssemos 100% de sucesso com zero baixas. Isso pode parecer admirável — quem não quer ter sucesso, e quem quer que alguém se machuque? Porém, na guerra, esses objetivos são incompatíveis e irreais. Se 100% de sucesso com zero baixas são seus objetivos, você realizará pouquíssimas operações. Jamais correrá riscos, realistas ou não.

O ideal teria sido que pudéssemos fazer vigílias com atiradores de elite e realizar missões de reconhecimento para os fuzileiros por toda a Nassíria. Poderíamos ter cumprido um papel muito maior no avanço dos fuzileiros. Poderíamos ter salvado algumas de suas vidas.

Queríamos sair à noite e atacar a próxima cidade por onde o Corpo de Fuzileiros Navais fosse passar. Amaciaríamos o alvo para eles, matando o máximo possível de inimigos. Fizemos algumas missões como essas, mas sem dúvida foram bem menos do que poderíamos ter feito.

O MAL

Eu nunca soube muita coisa sobre o islamismo. Criado como cristão, obviamente eu sabia que os conflitos religiosos aconteciam havia séculos. Sabia sobre as Cruzadas e que sempre houvera combates e atrocidades.

Mas eu também sabia que o cristianismo evoluíra desde a Idade Média. Não matamos pessoas porque são de uma religião diferente.

As pessoas que combatíamos no Iraque, após a fuga ou a derrota do exército de Saddam, eram fanáticas. Elas nos odiavam porque não éramos muçulmanos. Embora tivéssemos acabado de expulsar seu ditador, queriam nos matar porque praticávamos uma religião diferente da que elas seguiam.

Por acaso religião não deveria pregar tolerância?

Dizem que você tem que se distanciar do inimigo para matá-lo. Se for verdade, no Iraque, os insurgentes tornaram isso muito fácil. A história que contei sobre o que a mãe fez com a filha ao puxar o pino da granada foi apenas um único exemplo horrível.

Os fanáticos que enfrentamos não davam valor a nada além da própria interpretação desvirtuada de religião. E, na metade das vezes, eles apenas *alegavam* que davam valor à religião — a maioria nem sequer rezava. Um bom número andava drogado para conseguir lutar contra nós.

Muitos dos insurgentes eram covardes. Usavam drogas sem parar no intuito de estimular a coragem. Sem elas, sozinhos, não eram nada. Tenho uma fita em algum lugar que mostra um pai e uma menina dentro de uma casa que estava sendo vasculhada. Os dois estavam no andar de baixo. Por algum motivo, uma granada de luz e som explodiu no andar de cima.

No vídeo, o pai se esconde atrás da filha, com medo de ser morto, disposto a sacrificá-la.

CORPOS ESCONDIDOS

ELES PODIAM SER COVARDES, MAS SEM DÚVIDA SABIAM MATAR PESSOAS. Os insurgentes não se preocupavam com regras de engajamento ou cortes marciais. Se pudessem, matariam todo e qualquer ocidental que encontrassem, fosse soldado ou não.

Certo dia, fomos mandados para uma casa onde, segundo disseram, talvez houvesse prisioneiros americanos. Não encontramos ninguém no local, mas no porão havia sinais óbvios de que a terra havia sido remexida. Então montamos uma iluminação e começamos a cavar.

Não levou muito tempo até eu ver a perna de uma calça e depois um corpo recém-enterrado.

Um soldado americano. Do Exército.

Ao lado dele havia outro. Depois, mais um homem, vestido com camuflagem dos Fuzileiros Navais.

Meu irmão havia entrado para os fuzileiros um pouco antes do 11 de Setembro. Eu não tinha notícias dele, mas achava que tinha sido enviado para o Iraque.

Por algum motivo, enquanto ajudava a retirar o corpo, eu tive certeza de que era meu irmão.

Não era. Fiz uma prece baixinho, e continuamos cavando.

Outro corpo, outro fuzileiro. Eu me debrucei e me forcei a olhar.

Não era ele.

Mas agora, a cada homem que retirávamos daquela cova — e foram muitos —, eu ficava cada vez mais convencido de que veria meu irmão. O estômago deu um nó. Continuei cavando. Queria vomitar.

Enfim terminamos. Ele não estava lá.

Senti um momento de alívio, até mesmo de euforia — nenhum deles era o meu irmão. Depois senti uma tremenda tristeza pelos jovens assassinados cujos corpos desenterramos.

QUANDO FINALMENTE TIVE NOTÍCIAS DO MEU IRMÃO, DESCOBRI QUE, embora estivesse no Iraque, ele nem sequer chegara perto de onde vira aqueles corpos. Meu irmão também havia passado por sustos e situações difíceis, não tenho dúvidas, mas ouvir a voz dele fez com que me sentisse muito melhor.

Eu ainda era o irmão mais velho, com a esperança de protegê-lo. Porra, ele não precisava de mim para protegê-lo — meu irmão era um fuzileiro, e dos cascudos. Mas, de alguma forma, os velhos instintos jamais desaparecem.

EM OUTRO LOCAL, ENCONTRAMOS BARRIS DE UM MATERIAL QUÍMICO feito para ser usado como arma. Todo mundo fala que não havia armas de destruição em massa no Iraque, mas parece que se referem a bombas nucleares completas, e não às muitas armas químicas mortais ou aos precursores que Saddam tinha deixado estocados.

Talvez a razão seja que os registros nos barris mostravam que os produtos químicos vinham da França e da Alemanha, nossos supostos aliados ocidentais.

O que sempre me deixa curioso é o quanto Saddam conseguiu esconder antes de invadirmos para valer. Demos tantos avisos antes de chegarmos que ele sem dúvida teve tempo para remover e enterrar toneladas de material. Em que lugar aquilo foi parar, onde surgirá e o que contaminará... acho que são perguntas muito boas que nunca foram respondidas.

CERTO DIA, VIMOS ALGUMAS COISAS NO DESERTO E PENSAMOS QUE FOSsem explosivos improvisados (*Improvised Explosive Devices* ou IED) enterrados. Chamamos o esquadrão antibombas, e eles apareceram. E, vejam só, o que o esquadrão encontrou não foi uma bomba — foi um avião.

Saddam havia enterrado um monte de caças no deserto. Mandou que fossem cobertos por plástico e depois tentou escondê-los. É provável que tenha pensado que nós faríamos como na operação Tempestade no Deserto: atacaríamos rapidamente e depois iríamos embora.

Ele estava errado.

"NÓS VAMOS MORRER"

CONTINUAMOS TRABALHANDO COM OS FUZILEIROS ENQUANTO ELES marchavam para o norte. Em geral, as missões nos colocavam adiante do avanço deles, à procura de núcleos de defensores. Embora tivéssemos informações de que alguns soldados inimigos estavam na área, não deveria haver grandes unidades.

Dessa vez, estávamos trabalhando com o nosso pelotão inteiro: todos os dezesseis Seals. Chegamos a um pequeno complexo de prédios no limite de uma cidade. Assim que pisamos lá, começamos a levar tiros.

O tiroteio logo se intensificou, e em poucos minutos percebemos que estávamos cercados, que a rota de fuga tinha sido cortada por uma força de várias centenas de iraquianos.

Comecei a matar um monte de iraquianos — todos nós fizemos isso —, mas, para cada um em quem atirávamos, quatro ou cinco pareciam se materializar para tomar o lugar. Isso levou horas, com o tiroteio aumentando e depois diminuindo.

A maioria dos tiroteios no Iraque era esporádica. Eles podiam ser bem intensos durante alguns minutos, talvez até mesmo uma hora ou mais, porém com o tempo os iraquianos recuavam. Ou nós recuávamos.

Dessa vez, não foi o caso. O combate continuou indo e vindo a noite inteira. Os iraquianos sabiam que nos cercavam e estavam em maior número — eles não desistiam. Aos poucos, começaram a se aproximar, até que ficou óbvio que eles iam nos aniquilar.

Estávamos ferrados. Íamos morrer. Ou pior: seríamos capturados e feitos prisioneiros. Pensei na minha família e em como isso tudo seria terrível. Decidi que eu morreria antes disso.

Disparei mais alguns tiros, porém o combate ficava cada vez mais próximo. Comecei a pensar no que fazer se eles viessem com tudo para cima de nós. Eu usaria minha pistola, minha faca — qualquer coisa.

E então morreria. Pensei em Taya e no quanto a amava. Tentei não me distrair com nada e me concentrar na luta.

Os iraquianos continuavam aparecendo. Calculei que tínhamos cinco minutos de vida. Comecei a contá-los de cabeça.

Mal comecei a contar e ouvi um guincho do rádio: "Estamos chegando."

Aliados se aproximavam de onde estávamos.

A cavalaria.

Na verdade, eram os fuzileiros. Não íamos morrer. Pelo menos, não em cinco minutos.

Graças a Deus!

FORA DO COMBATE

Essa ação acabou sendo o nosso último encontro significativo durante aquele desdobramento. O comandante nos chamou de volta à base.

Foi um desperdício. Os fuzileiros entravam em Nassíria toda noite para tentar limpar o lugar enquanto a insurgência aumentava. Podiam ter nos dado um setor para patrulharmos. Podíamos ter entrado e eliminado os inimigos — mas o comandante vetou.

Soubemos disso enquanto estávamos nos campos e nas bases avançadas onde ficamos sentados à espera de fazer algo de verdade. O Grom — as forças especiais polonesas — estava lá fora, executando missões. Eles nos disseram que éramos leões liderados por cães.

Os fuzileiros eram mais diretos. Voltavam toda noite e nos sacaneavam:

— Quantos vocês mataram esta noite? Ah, é, vocês não saíram.

Idiotas. Mas eu não podia culpá-los. Eu considerava nosso estado-maior um bando de frouxos.

Começamos a treinar para tomar a represa de Mukarayin, a nordeste de Bagdá. Ela era importante não somente por fornecer energia hidroelétrica, mas também porque, se enchesse, poderia atrasar as forças militares que atacavam os iraquianos na área. No entanto, a missão sempre era adiada e, por fim, foi passada para a equipe Seal 5, quando eles foram enviados para o Golfo no final do nosso período. (A missão, que seguiu nosso plano básico, foi um sucesso.)

Poderíamos ter feito muitas coisas. Qual impacto na guerra elas teriam provocado eu não faço ideia. Sem dúvida teríamos salvado algumas vidas aqui e ali, talvez encurtado alguns conflitos por um ou mais dias. Em vez disso, mandaram que nos preparássemos para voltar para casa. Nosso desdobramento havia acabado.

Fiquei sentado na base por algumas semanas sem ter o que fazer. Eu me senti um covardezinho de merda, que jogava videogame e esperava para ir embora.

Eu estava muito puto. Na verdade, estava com tanta raiva que queria sair da Marinha e desistir de ser Seal.

5

ATIRADOR DE ELITE

TAYA:

Na primeira vez que Chris voltou para casa, ele estava muito revoltado com tudo. Com os Estados Unidos, em especial.

No carro, a caminho de casa, ouvimos rádio. Ninguém falava da guerra. A vida seguia em frente como se nada estivesse acontecendo no Iraque.

"As pessoas conversam sobre besteiras", disse ele. "Estamos lutando pelo país, e ninguém dá a mínima."

Chris andou bem desapontado quando a guerra começou. Estava no Kuwait e tinha visto alguma coisa negativa sobre as tropas na televisão. Ele me ligou e disse: "Sabe do que mais? Se é isso que pensam, eles que se fodam. Estou aqui, pronto para dar a vida, e estão de sacanagem."

Precisei dizer que havia um monte de gente que se importava, não apenas com as tropas em geral, mas com ele. Chris tinha a mim, os amigos em San Diego e no Texas e a família.

Mas até ele se acostumar a estar em casa foi difícil. Ele acordava dando socos. Sempre foi irrequieto, porém agora, quando me levantava no meio da noite, eu parava e dizia o nome dele antes de voltar para a cama. Tinha que acordá-lo antes de deitar de novo para ter certeza de que ele não me acertaria por puro reflexo.

Certa vez, acordei e Chris segurava meu braço com as mãos. Uma estava no antebraço, e a outra um pouco acima do cotovelo. Ele dormia profundamente e parecia pronto para quebrar meu braço em dois. Fiquei o mais imóvel possível e repeti seu *nome sem parar, aumentando o volume da voz aos poucos para não assustá-lo, mas também para impedir o dano iminente ao braço. Por fim Chris acordou e o soltou.*

Aos poucos, desenvolvemos novos hábitos e nos ajustamos.

SUSTOS

Eu não larguei os Seals.

Poderia ter feito isso se ainda não faltasse muito tempo de contrato. Talvez eu tivesse ido para os Fuzileiros Navais. Mas isso não era uma opção.

Havia motivo para eu ter esperança. Quando voltamos para casa e uma equipe retorna de um desdobramento, ocorre uma mudança no topo e nós ganhamos uma nova liderança. Sempre há chance de que o novo estado-maior seja melhor.

Conversei com Taya e disse como estava puto. É claro que a perspectiva dela era diferente: minha esposa estava feliz por eu estar vivo e inteiro em casa. Enquanto isso, os oficiais ganharam grandes promoções e congratulações pelo papel na guerra. Eles ficaram com a glória.

Glória de mentira.

Glória de mentira por uma guerra em que eles não lutaram e pela postura covarde que assumiram. A covardia acabou com vidas que poderíamos ter salvado se houvessem nos deixado fazer o nosso trabalho. Mas assim é a política: um bando de jogadores sentados se parabenizando, em segurança, enquanto vidas de verdade estão se fodendo.

Toda vez que eu voltava de um desdobramento, a partir daquele momento não saía de casa por uma semana. Simplesmente ficava ali. Em geral, tínhamos um mês de folga depois de descarregar tudo e arrumar o equipamento e coisas do gênero. Naquela primeira semana, permaneci em casa com Taya e fiquei na minha. Só depois disso é que comecei a visitar a família e os amigos.

Eu não tinha flashbacks de batalha ou qualquer coisa dramática do gênero — só queria ficar sozinho.

Eu me lembro de uma vez, após o primeiro desdobramento, em que tive algo *parecido* com um flashback, embora só tenha durado alguns segundos.

Eu estava sentado no cômodo que usávamos como escritório na nossa casa em Alpine, perto de San Diego. Tínhamos um alarme contra ladrões, e, por algum motivo, Taya acionou o sistema sem querer quando chegou em casa.

Aquilo me assustou pra caralho. Eu imediatamente voltei ao Kuwait. Mergulhei embaixo da mesa. Pensei que fosse um ataque de Scud.

Agora nós rimos da situação, mas, durante aqueles poucos segundos, fiquei assustado de verdade, mais até do que no Kuwait, quando os Scuds de fato voavam acima de mim.

EU ME DIVERTI MAIS COM ALARMES CONTRA LADRÕES DO QUE CONSIGO me lembrar. Certo dia, acordei depois de Taya ter saído para o trabalho. Assim que saí da cama, o alarme disparou. Esse estava no modo de voz. Então fui alertado por uma voz computadorizada:

Alerta de intruso! Intruso na casa! Alerta de intruso!

Peguei a pistola e fui confrontar o criminoso. Nenhum filho da puta invadiria minha casa e viveria para contar a história.

Intruso: sala de estar!

Avancei cuidadosamente para a sala de estar e usei todas as habilidades de Seal para vasculhar o cômodo.

Vazio. Criminoso esperto.

Prossegui pelo corredor.

Intruso: cozinha!

A cozinha também estava livre. O filho da puta estava fugindo de mim.

Intruso: corredor!

Filho da puta!

Não sei dizer quanto tempo se passou até eu perceber que *eu* era o intruso: o sistema estava me rastreando. Taya programou o alarme de um jeito que presumia que a casa estivesse vazia e deixou os detectores de movimentos ligados.

Vocês todos podem rir à vontade. Comigo, não de mim, certo?

EU SEMPRE PARECIA MAIS VULNERÁVEL EM CASA. DEPOIS DE CADA DES-dobramento, algo acontecia comigo, em geral durante o treinamento. Quebrei um dedo do pé, outro da mão, todo tipo de machucado pequeno. Mas fora do país, no desdobramento, na guerra, eu parecia invencível.

"Você tira a capa de super-herói sempre que volta do desdobramento para casa", Taya costumava brincar.

Após um tempo, percebi que era verdade.

MEUS PAIS FICARAM NERVOSOS O TEMPO TODO EM QUE ESTIVE FORA. ELES queriam me ver assim que eu chegasse, e acho que a vontade de ficar na minha casa no início provavelmente magoou os dois mais do que eles quiseram admitir. Porém, o dia em que enfim nos encontramos foi muito feliz.

O desdobramento abalou muito o meu pai, que demonstrou mais ansiedade do que a minha mãe. É engraçado: às vezes os indivíduos mais fortes sentem mais a situação quando os eventos fogem ao controle e quando não podem realmente ajudar as pessoas que amam. Eu senti a mesma coisa.

Era um padrão que se repetia a cada vez que eu ia para o exterior. Minha mãe permanecia impassível. Meu pai, até então impassível, virava a pessoa preocupada da família.

ESCOLADO

ABRI MÃO DE PARTE DAS FÉRIAS E VOLTEI DA FOLGA UMA SEMANA ANTES para frequentar a escola de atiradores de elite. Eu teria aberto mão de muito mais do que isso por aquela chance.

Merecidamente, os atiradores de elite dos Fuzileiros Navais ganharam muita atenção com o passar dos anos, e o programa de treinamento ainda é considerado um dos melhores do mundo. Na verdade, os atiradores dos Seals costumavam treinar lá. Mas nós fomos em frente e abrimos a nossa própria escola, adaptando muito do que os fuzileiros faziam, mas adicionando um monte de coisas a fim de preparar os Seals para a missão. Por isso, a nossa escola leva um pouco mais do dobro do tempo para ser completada.

Junto com o BUD/S, o treinamento de atirador de elite foi o curso mais difícil pelo qual já passei. Eles viviam nos perturbando. Treinávamos até altas horas e de manhã cedo. Estávamos sempre correndo ou sofrendo pressão de alguma forma.

Aquilo foi uma parte vital do treinamento. Como não podem atirar em você, os instrutores põem o máximo de pressão possível de todas as outras maneiras. Pelo que ouvi, apenas 50% dos Seals que fazem o curso conseguem ir até o fim. Dá para acreditar nisso?

As primeiras aulas ensinam os Seals a operar computadores e câmeras que fazem parte do trabalho. Ali, os atiradores não apenas atiram. Na verdade, essa é só uma pequena parte do trabalho. É uma parte importante, vital, mas está longe de ser tudo.

Um atirador de elite Seal é treinado para observar. É um fundamento. Ele pode estar adiante da força principal, com a missão de descobrir tudo o que for possível a respeito do inimigo. Mesmo que esteja incumbido de eliminar um alvo importante, a primeira coisa que um atirador de elite tem que ser capaz de fazer é observar a área. Ele precisa ser capaz de usar habilidades e ferramentas modernas de orientação como um GPS e, ao mesmo tempo, apresentar a informação que coletou. Então é nesse ponto que começamos.

A etapa seguinte do curso, e em muitos aspectos a mais difícil, é a furtividade, e a parte onde a maioria fracassa. Furtividade quer dizer chegar a uma posição de mansinho, sem ser visto. Significa se mover lenta e cuidadosamente até o ponto exato da missão. Não é uma questão de paciência, ou pelo menos isso não é tudo. É disciplina profissional.

Não sou uma pessoa paciente, mas aprendi que, para obter sucesso numa missão furtiva, preciso ter calma. Se sei que vou matar alguém, espero um dia, uma semana, duas semanas.

Corrigindo, eu *esperava*.

Farei o que for necessário. E digamos que também não há pausas para ir ao banheiro.

Num dos exercícios, tínhamos que atravessar de mansinho um campo de feno. Levei horas arrumando a grama e o feno no meu traje *ghillie*. Feito de aniagem, ele é uma espécie de base de camuflagem para um atirador de elite numa missão furtiva e permite acrescentar feno, grama ou seja lá o que for para que a pessoa se misture ao ambiente. A aniagem adiciona riqueza de detalhes, para que você não fique parecendo um cara com feno saindo da bunda ao atravessar um campo. Você parece uma moita.

Mas os trajes são quentes e abafados. E não deixam a pessoa invisível. Quando você chega a outro tipo de terreno, tem que parar e rearrumar a camuflagem. Você precisa parecer com o que quer que esteja atravessando.

Eu me lembro de uma vez em que atravessava um campo l-e-n-t-a-m e-n-t-e quando ouvi o inconfundível chocalho de uma cobra por perto. Uma cascavel havia desenvolvido um carinho especial pelo terreno que eu tinha que cruzar. Desejar que ela fosse embora não funcionaria. Sem querer revelar minha posição para o instrutor que me avaliava, fui de mansinho para o lado e mudei o rumo. Não vale a pena lutar contra certos inimigos.

Durante a etapa do treinamento de furtividade, a pessoa não recebe nota no primeiro tiro. Recebe no segundo. Em outras palavras, depois de atirar, alguém consegue ver você?

Tomara que não. Porque não apenas há uma boa chance de você precisar dar mais tiros, como também de ter que sair de lá. E seria bom fazer isso com vida.

É importante lembrar que não existem círculos perfeitos na natureza, e isso quer dizer que é preciso fazer o possível para camuflar a luneta e o cano do rifle. Eu passava fita adesiva no cano e depois tinta spray na fita para camuflá-la ainda mais. Mantinha um pouco de vegetação na frente da luneta, assim como no cano — não é preciso ver tudo, apenas o alvo.

Para mim, a furtividade foi a parte mais difícil do curso. Quase fracassei por falta de paciência.

Foi apenas quando dominamos a furtividade que prosseguimos para o tiro.

ARMAS

As pessoas perguntam muito sobre as armas — o que eu usava como atirador de elite, o que aprendi, o que prefiro. No campo de batalha, eu escolhia a adequada para o trabalho e a situação. Na escola de atiradores de elite, aprendi o básico sobre várias armas, a fim de estar preparado não só para usar todas elas, mas também para ser capaz de escolher a certa para cada missão.

Usei quatro armas básicas no curso. Duas eram semiautomáticas alimentadas por carregador: a Mk-12, um rifle de atirador de elite 5.56; e a Mk-11, um rifle de atirador de elite 7.62. (Quando falo sobre uma arma, costumo mencionar apenas o calibre, portanto a Mk-12 é a 5.56. Ah, e ao pronunciar, não se fala o "ponto" em frente aos números — ele é subentendido.)

E havia a minha .300 Win Mag. Alimentado por carregador, era um rifle de ação por alavanca. Como os outros dois, era abafado — o que significa que tinha um dispositivo na ponta do cano que quebrava a chama e reduzia o som da bala ao sair da arma, parecido com o silenciador de um carro. (Não é um silenciador de verdade, embora alguns o considerem um. Sem ser muito técnico, o abafador funciona ao deixar o gás sair do cano quando a bala é disparada. Em termos gerais, há dois tipos: um que é preso ao cano e outro que é integrado a ele. Entre os efeitos convenientes de um abafador num rifle de atirador de elite está a tendência de diminuir o "coice" que a pessoa sente. Isso ajuda a aumentar a precisão.)

Eu também tinha um calibre .50, que não era abafado.

Vamos falar de cada arma individualmente.

MK-12

Oficialmente chamada de rifle de emprego geral Mk-12 da Marinha dos Estados Unidos, essa arma tem um cano de quarenta centímetros, mas, tirando isso, é a mesma plataforma de uma M-4. Dispara uma bala de 5,56 × 45 milímetros de um carregador de trinta projéteis. (Ela também pode ser usada com um carregador de vinte projéteis.)

Derivada do que ficou conhecido como o cartucho .223 e, portanto, menor e mais leve do que a maioria das balas militares mais antigas, a 5.56 não é uma bala ideal para se atirar em alguém. Podem ser necessários alguns tiros para matar uma pessoa, sobretudo os loucos movidos a drogas que enfrentávamos no Iraque, a não ser que você acerte na cabeça. E, ao contrário do que você provavelmente está pensado, nem todos os disparos de um atirador de elite — com certeza não todos os meus — acertam os inimigos na cabeça. Em geral, eu mirava no centro de massa: um belo alvo grande em algum ponto no meio do corpo, o que me dava bastante espaço para trabalhar.

Esse rifle era superfácil de manejar e quase totalmente intercambiável com a M-4, que, embora não seja uma arma de tiro de precisão, é uma ferramenta valiosa de combate. Na verdade, quando voltei ao pelotão, tirei o receptor inferior da minha M-4 e coloquei-o no receptor superior da Mk-12. Isso me deu uma coronha retrátil e me permitiu disparar em fogo automático. (Sei que agora algumas Mk-12s vêm equipadas com a coronha retrátil.)

Em patrulha, gosto de usar uma coronha curta. É mais rápido de levar ao ombro e mandar uma azeitona em alguém. Também é melhor para trabalhar em ambientes internos e apertados.

Outro comentário sobre minha configuração pessoal: nunca disparei o rifle em fogo automático. O único momento em que talvez se possa fazer isso é quando se quer manter alguém abaixado — cuspir balas não é uma opção muito precisa. No entanto, como poderia haver uma circunstância em que o fogo automático viesse a calhar, eu sempre quis ter essa opção para caso precisasse.

Mk-11

Oficialmente chamada de rifle de emprego geral Mk-11 Mod X e também conhecida como SR25, essa é uma arma extremamente versátil. Eu gostava do conceito da Mk-11 porque podia patrulhar com ela (no lugar de uma M-4) e ainda usá-la como rifle de precisão. Ela não tinha coronha retrátil, mas essa era a única desvantagem. Eu amarrava o abafador no equipamento e o deixava de fora durante o início de uma patrulha. Se precisasse disparar um tiro de precisão, colocava o abafador. Mas, se estivesse na rua ou a pé, poderia devolver tiro imediatamente. Ela era semiautomática, portanto eu conseguiria mandar muitas balas num alvo, e disparava balas de 7.62 × 51 milímetros de um carregador de vinte projéteis. Essas tinham mais poder de parada do que as menores 5.56 da Otan. Eu poderia atirar uma vez num sujeito e abatê-lo.

Nossos projéteis eram de munição de competição comprados da Black Hills, que provavelmente faz a melhor munição de tiro de precisão do mercado.

A Mk-11 tinha uma má reputação no campo de batalha porque costumava engasgar. Isso não acontecia muito no treinamento, mas no exterior a história era outra. Com o tempo, descobrimos que alguma coisa relacionada à tampa da janela de ejeção do rifle causava dupla alimentação. Resolvemos boa parte do problema ao deixá-la abaixada. Porém, havia outros problemas com a arma, e ela nunca foi uma das minhas favoritas.

.300 Win Mag

A .300 está num nível completamente diferente.

Como tenho certeza de que muitos leitores sabem, o nome da .300 Win Mag (pronuncia-se "trezentos win mag") se refere à bala que o rifle atira, o projétil .300 Winchester Magnum (7.62 × 67 milímetros). É um cartucho de caça, cujo desempenho permite uma precisão e um poder de parada excelentes.

Outras forças armadas disparam essa bala de armas diferentes (ou um pouco diferentes). Possivelmente, a mais famosa é o Sistema de Arma de Precisão M-24 do Exército, que é baseada no rifle Remington 700. (Sim, esse é o mesmo rifle que civis podem comprar para caçar.) No nosso caso, colocávamos coronhas da MacMillan, personalizávamos os canos e usávamos o sistema de ferrolho da 700. Eram belos rifles.

No meu terceiro pelotão — o que foi para Ramadi —, pegamos .300s novinhas. Elas usavam coronhas da Accuracy International, com canos e sistemas de ferrolho novos em folha. A versão da AI tinha um cano mais curto e uma coronha dobrável. Elas eram sinistras.

A .300 é uma arma um pouco mais pesada estruturalmente. Ela dispara como um laser. Você acerta na mosca qualquer coisa a novecentos metros ou mais. E, para alvos mais perto, não é preciso se preocupar em corrigir muito para as aproximações. É possível calibrar a luneta para quinhentos metros e ainda assim atingir um alvo de cem a 650 metros sem se preocupar muito em fazer ajustes finos.

Usei uma .300 Win Mag na maioria das pessoas que matei.

Calibre .50

A .50 é enorme, extremamente pesada, e não gosto dela. Nunca usei uma .50 no Iraque.

Existe certa badalação e até mesmo exagero em relação a essas armas, que disparam uma bala de 12.7 × 99 milímetros. Há alguns rifles específicos diferentes e variações em uso nas forças armadas dos Estados Unidos e em outros exércitos do mundo. Você provavelmente ouviu falar da Barrett M-82 ou da M-107, desenvolvidas pela Barrett Firearms Manufacturing. Elas têm alcances enormes e, usadas corretamente, com certeza são boas armas. Eu só não gosto muito delas. (A .50 de que gosto é o modelo da Accuracy International, que tem uma coronha retrátil mais compacta e um pouco mais de precisão — ela não estava disponível para nós na época.)

Todo mundo diz que a .50 é a arma anticarro perfeita. Mas a verdade é que, se você disparar uma delas no motor de um veículo, não irá pará-lo. Não de imediato. Os fluidos vão vazar, e com o tempo ele vai parar de andar. Mas não instantaneamente, de maneira alguma. Uma .338 ou mesmo uma .300 farão a mesma coisa. Não, a melhor maneira de deter um veículo é atirar no piloto. E é possível fazer isso com inúmeras armas.

.338

Nós não tínhamos .338s durante o treinamento; começamos a recebê-las mais tarde, na guerra. Novamente, o nome se refere ao projétil; existem diversos fabricantes, como MacMillan e Accuracy International. A bala vai mais longe e reto do que uma calibre .50, pesa menos, custa menos e causará quase o mesmo dano. São armas sensacionais.

Usei uma .338 no último desdobramento. Teria usado mais se tivesse recebido uma antes. Para mim, a única desvantagem era que meu modelo não tinha abafador. Quando se atira do interior de um prédio, a concussão é tão forte que incomoda — literalmente. Meus ouvidos doíam após alguns tiros.

COMO ESTOU FALANDO DE ARMAS, VOU MENCIONAR QUE HOJE AS MInhas favoritas são os sistemas feitos pela GA Precision, uma empresa bem pequena criada em 1999 por George Gardner. Ele e sua equipe prestam atenção a cada detalhe, e as armas são simplesmente sensacionais. Não tive a oportunidade de testar uma até sair do serviço militar, mas agora são as que uso.

Lunetas são uma parte importante do sistema de uma arma. No estrangeiro, usei uma de 32 de potência. (A potência de uma luneta se refere à magnificação da distância focal. Sem ser muito técnico, quanto maior a potência, melhor um atirador pode enxergar ao longe. Mas há compensações, dependendo da situação e da luneta. Elas devem ser escolhidas tendo em mente a situação em que serão usadas. Para dar um exemplo óbvio, uma luneta de 32 de potência é totalmente inadequada para uma escopeta.) Além disso, dependendo das circunstâncias, eu tinha um laser vermelho visível e infravermelho, assim como um visor noturno para a luneta.

Como Seal, eu usava lunetas da Nightforce. Elas têm um vidro muito cristalino e são extremamente resistentes sob as piores condições. Sempre foram precisas comigo. Nos desdobramentos, eu usava um telêmetro da Leica para determinar a que distância estava de um alvo.

A maioria das coronhas das minhas armas tinha apoios de rosto ajustáveis. Às vezes chamada de lombo (tecnicamente, o lombo é a parte superior da coronha, mas às vezes os termos são intercambiáveis), a extensão me permitia deixar o olho em posição quando olhava pela luneta. Em armas mais antigas, eu adaptava um pedaço de espuma rígida para elevar a coronha à altura correta. (Como os anéis de luneta ficaram mais largos e com tamanhos mais variados, a capacidade de mudar a altura da coronha se tornou mais importante.)

Nos meus rifles, eu usava uma pressão da tecla de gatilho de um quilo. Essa é uma pressão bem leve. Quero que o gatilho me surpreenda todas as vezes — não quero sacudir a arma ao atirar. Não quero resistência:

Ficar posicionado, se preparar, colocar o dedo, começar a apertar delicadamente, e a bala dispara.

Por ser um caçador, eu sabia atirar, sabia fazer a bala ir do ponto A ao ponto B. O curso de atirador de elite me ensinou a ciência por trás disso tudo. Um dos fatos mais interessantes é que o cano do rifle não pode tocar em parte alguma da coronha: ele precisa flutuar livremente para aumentar a precisão. (O cano "flutua" na coronha pela maneira como ela é cortada; ele é fixado apenas na caixa de culatra.) Quando se dispara uma bala, uma vibração conhecida como ressonância percorre o cano. Tudo o que toca no cano afeta a vibração, que, por sua vez, afeta a precisão. E aí há coisas como o efeito Coriolis, que tem a ver com a influência da rotação da Terra sobre a bala de um rifle. (Isso se dá apenas em distâncias extremamente longas.)

Você passa a saber todos esses dados técnicos na escola de atirador de elite. Aprende até onde acompanhar uma pessoa enquanto ela se move — se está andando, se está correndo, dependendo da distância. Você repete até o conhecimento estar entranhado não apenas no cérebro, mas nos braços, nas mãos e nos dedos.

Na maioria das situações de tiro, ajusto a mira por causa da elevação, mas não por causa do desvio. (Ajustar por causa da elevação significa corrigir a mira para compensar a queda da bala durante a distância que ela percorre; o desvio é a compensação do efeito do vento.) O vento está sempre mudando. Portanto, na hora em que eu tiver ajustado a mira por causa do vento, ele muda. Elevação são outros quinhentos — mas, caso você esteja numa situação de combate, muitas vezes não pode se dar ao luxo de fazer o ajuste fino. Você atira ou leva tiro.

TESTADO

Eu não era o melhor atirador de elite da minha turma. Na verdade, fui reprovado no teste prático. Isso significava que eu tinha grande possibilidade de ser retirado do curso.

Ao contrário dos fuzileiros, no campo nós não trabalhávamos com observadores de tiro. Basicamente, a filosofia Seal é que, se há outro colega guerreiro com você, ele deveria estar disparando, não observando. Mas, no treinamento, nós usamos observadores.

Depois de eu ter falhado no teste, o instrutor repassou tudo comigo e com meu observador, tentando ver onde eu tinha errado. A luneta estava perfeita, as anotações e os cálculos foram feitos, não havia nada de errado com o rifle em termos mecânicos...

De repente, ele ergueu o olhar para mim.

— Fumo? — perguntou o instrutor, mais como uma afirmação do que como uma pergunta.

— Ah...

Eu não havia colocado nenhum fumo de mascar na boca durante a prova. Foi a única coisa que fiz diferente... E o que acabou sendo fundamental. Passei no exame com sucesso total... E com um naco de fumo na bochecha.

ATIRADORES DE ELITE TENDEM A SER UMA RAÇA SUPERSTICIOSA. Somos como jogadores de beisebol, com pequenos rituais e gestos obrigatórios. Assista a um jogo de beisebol e você verá o rebatedor fazer sempre a mesma coisa ao pisar na base — ele fará o sinal da cruz, chutará a terra, sacudirá o bastão. Atiradores são iguais.

Durante o treinamento, e mesmo depois, eu mantinha as armas sempre da mesma forma, usava as mesmas roupas, tinha tudo arrumado precisamente igual. É tudo questão de controlar todas as coisas que dependem de mim. Sei que a arma vai fazer a parte dela. Preciso garantir que vou fazer a minha.

SER UM ATIRADOR DE ELITE SEAL ENVOLVE MUITO MAIS COISAS DO QUE atirar. Conforme o treinamento avançava, fui ensinado a estudar o terreno e as cercanias. Aprendi a ver as coisas com o olhar de um atirador de elite.

Se eu estivesse lá para matar a mim mesmo, onde me instalaria?

Aquele telhado. Eu poderia matar o esquadrão inteiro de lá.

Assim que identificava esses pontos, eu passava mais tempo olhando para eles. Eu tinha uma visão excelente ao entrar no curso, mas não se tratava somente de aprender a observar — era saber quais tipos de movimentos chamam a atenção, discernir silhuetas sutis que possam revelar uma futura emboscada.

Eu tinha que treinar ficar atento. Observar é um trabalho árduo. Eu ficava do lado de fora e simplesmente treinava notar coisas ao longe. Sempre tentava me aprimorar no ofício, mesmo de folga. Num rancho no Texas, é possível ver animais, pássaros — você aprende a olhar ao longe e detectar movimentos, silhuetas, pequenas inconsistências no cenário.

Por um tempo, parecia que tudo o que eu fazia me ajudava a treinar, até mesmo jogar videogame. Eu tinha um jogo portátil de Mahjong que um amigo tinha me dado de presente de casamento. Não sei se foi algo apropriado, pois é só para uma pessoa, mas, como ferramenta de treinamento, era valiosíssimo. No Mahjong, a pessoa vasculha peças diferentes à procura de peças iguais. Eu jogava partidas com limite de tempo contra o computador para apurar a capacidade de observação.

Já disse isso antes e vou continuar repetindo: eu não tenho a melhor pontaria do mundo. Havia um monte de caras melhores do que eu, mesmo naquela turma. Só passei na média do grupo.

Por acaso, o sujeito que foi o melhor da turma fazia parte do nosso pelotão. Mas ele nunca causou tantas mortes quanto eu, ao menos em parte por ter sido enviado para as Filipinas por alguns meses, enquanto servi no Iraque. Você precisa ter habilidade para ser um atirador de elite, mas também precisa ter oportunidade. E sorte.

VENCIDO POR GOLFINHOS, DEVORADO POR TUBARÕES

Depois de passar o verão inteiro na escola de atiradores de elite, retornei ao pelotão e me ocupei com o resto da preparação, passando por sessões de treinamento diferentes enquanto ficávamos prontos para o desdobramento programado para dali a um ano. Como sempre, tive algumas das minhas maiores dificuldades na água.

Todo mundo fica bobo e acha que animais marinhos são fofinhos, mas tive alguns encontros bem próximos e pessoais que não foram nada legais.

Enquanto testava um programa que usava golfinhos como defesas de portos, a Marinha nos empregou como alvos, em alguns casos sem avisar. Eles apareciam e nos davam uma surra. Eram treinados para acertar nas laterais do corpo, capazes de quebrar costelas. E, se você não tivesse sido avisado de antemão sobre o exercício, não sabia o que estava acontecendo — sua primeira reação, ou pelo menos a minha, era achar que estava sendo atacado por tubarões.

Uma vez, os golfinhos estavam nos dando uma surra. Eu tinha apanhado bastante e rumei para a praia, a fim de escapar dos desgraçados. Ao ver alguns píeres, me enfiei embaixo — sabia que eles não me seguiriam.

Estava em segurança.

De repente, algo bateu com força na minha perna. Com muita força.

Era um leão-marinho. Eles estavam sendo treinados para guardar os píeres.

Voltei para o mar aberto. Preferia apanhar de um golfinho do que ser comido por um leão-marinho.

MAS TUBARÕES ERAM, DE LONGE, O PIOR.

Certa noite, deveríamos cruzar a baía de San Diego a nado, no escuro, e plantar uma mina magnética num navio. Uma operação Seal padrão, simples.

Nem todo Seal odeia a água como eu. Na verdade, alguns gostam tanto que ficam nadando e pregando peças nos outros durante o exercício. Às vezes, um sujeito plantava a mina, descia até o fundo e esperava o próximo cara surgir com a mina dele. Em geral há luz suficiente vindo de cima para revelar a silhueta do segundo mergulhador e tornar fácil de vê-lo. Então, quando a vítima — quer dizer, o mergulhador — chegava para plantar a mina, o primeiro subia, agarrava o pé de pato e o sacudia.

Aquilo matava o outro mergulhador de susto. Normalmente ele pensava que havia um tubarão na água e estragava o resto do exercício. E o equipamento dele talvez precisasse de uma limpeza mais específica.

Naquele dia em especial, eu estava embaixo do navio e tinha acabado de plantar a mina quando alguma coisa agarrou o pé de pato.

TUBARÃO!!!

Então, voltei a me controlar ao me lembrar de todas as histórias e avisos sobre meus irmãos Seals.

É só um dos rapazes me zoando, pensei. E me virei para mandar um dedo médio para ele.

E me vi fazendo o gesto para um tubarão que tinha adquirido um gosto especial pelo meu pé de pato. O bicho estava com ele na boca.

Não era um tubarão grande, mas o que lhe faltava em tamanho ele compensava com mau humor. Peguei a faca e cortei o pé de pato — não havia sentido em continuar com ele agora que estava todo mordido, certo?

Enquanto o tubarão mastigava o que sobrara do pé de pato, nadei até a superfície e chamei o barco de segurança. Agarrei a lateral e expliquei que ia entrar lá AGORA!!! porque havia um TUBARÃO!!! ali e o filho da puta estava com fome.

Durante outro exercício de treinamento — esse foi antes do meu primeiro desdobramento —, quatro de nós fomos infiltrados por um submarino no litoral da Califórnia. Chegamos à praia em dois Zodiacs, montamos um esconderijo e fizemos um pouco de reconhecimento. Quando chegou a hora, todos entramos nos Zodiacs e voltamos para encontrar o submarino e ir embora.

Infelizmente, o oficial havia fornecido ao submarino as coordenadas retangulares erradas para o encontro. Na verdade, estavam tão afastados que havia uma ilha entre nós e ele.

Obviamente, nós não sabíamos. Apenas demos uma volta e tentamos entrar em contato pelo rádio com uma embarcação que estava distante demais para nos ouvir. Num certo momento, o rádio ficou molhado ou sem bateria, e toda a esperança de comunicação foi embora.

Nós simplesmente passamos a noite inteira no mar, dentro dos Zodiacs. Por fim, conforme o amanhecer se aproximava, o combustível acabava. Minha balsa começou a murchar. Todos decidimos voltar para a praia e esperar. Ao menos dormiríamos.

Quando retornamos, um leão-marinho nadou até nós, todo amigável. Como eu era do Texas, nunca tive muita oportunidade de ver leões-marinhos, então naturalmente fiquei curioso e comecei a observar aquele espécime. Era uma criatura interessante, ainda que feia.

De repente — *plop* —, ele desapareceu sob a superfície.

No instante seguinte, fomos cercados por grandes barbatanas pontudas. Ao que parecia, alguns tubarões decidiram comer o leão-marinho no café da manhã.

Leões-marinhos são grandes, mas havia tubarões demais para se satisfazerem apenas com ele. Os animais começaram a nadar em círculos cada vez menores em volta da balsa, que parecia cada vez mais fina, perigosamente perto da água.

Olhei para a praia. Estava bem distante.

Puta merda, pensei. *Vou ser comido.*

Meu companheiro de balsa era um sujeito um tanto quanto rechonchudo, pelo menos para um Seal.

— Se a gente afundar — alertei o cara —, vou atirar em você. Assim os tubarões terão algo para mastigar enquanto nado até a praia.

Ele apenas me xingou. Acho que pensou que eu estava brincando.

Eu não estava.

TATUAGENS

Nós enfim chegamos à praia sem ser devorados. Mas, nesse meio-tempo, a Marinha inteira procurava por nós. A mídia começou a espalhar a notícia: QUATRO SEALS PERDIDOS NO MAR.

Não era exatamente dessa forma que queríamos ficar famosos.

Levou um tempo, mas um avião-patrulha finalmente nos avistou, e um Mk-V foi despachado para nos recolher. O comandante do barco de assalto cuidou de nós e nos levou para casa.

Essa foi uma das poucas vezes que fiquei contente por estar a bordo de um barco ou navio. Em geral, quando eu estava no mar, me entediava. O medo de ser designado para servir no mar foi um grande motivador durante o BUD/S.

Submarinos são o pior. Mesmo os maiores parecem apertados. Da última vez que estive a bordo de um, não tínhamos permissão sequer para malhar. Em relação ao alojamento, a academia era localizada no outro lado do reator nuclear, e não tínhamos autorização para cruzar a área do reator e chegar lá.

Porta-aviões são bem maiores, mas conseguem ser tão chatos quanto submarinos. Ao menos eles têm salas onde a pessoa pode jogar videogame, e não há restrições para malhar e desestressar.

Na verdade, em certa ocasião, recebemos um pedido específico do comandante para ir à academia.

Estávamos no *Kitty Hawk* e, alguns marinheiros arruaceiros, que eram integrantes de gangues, estavam causando um problema de disciplina a bordo do navio. O comandante da embarcação nos chamou num canto e informou quando os caras usavam a academia.

Então, nós descemos para malhar, trancamos a porta ao entrar e demos um jeito na encrenca.

DURANTE ESSA PREPARAÇÃO, PERDI UMA SESSÃO DE MERGULHO PORQUE fiquei doente. Era como se uma luz tivesse se apagado na minha cabeça. Daquele instante em diante, quase sempre que aparecia uma sessão de mergulho no cronograma de treinos, eu pegava uma doença muito ruim. Ou descobria uma viagem de treinamento de atirador de elite que *precisava* ser feita naquele momento.

O resto do pessoal me provocava, dizendo que eu fazia um truque ninja de desaparecimento melhor do que ninguém.

E quem sou eu para discutir?

FIZ A PRIMEIRA TATUAGEM POR VOLTA DESSA ÉPOCA. EU QUERIA HOMEnagear os Seals. No entanto, não achava que tivesse feito por merecer uma tatuagem do Tridente. (O emblema oficial dos Seals tem uma águia empoleirada de vigília num tridente que forma o cepo de uma âncora, e uma pistola de pederneira fica em frente a ela. A insígnia é conhecida como Tridente ou, informalmente, "Budweiser", uma referência ao BUD/S... Ou à cerveja, dependendo de para quem você pergunta.)

Então, em vez disso, fiz um "osso de sapo", uma tatuagem que parece um esqueleto de sapo. Esse também é um símbolo tradicional dos Seals e dos UDTs — nesse caso, uma homenagem aos nossos colegas mortos. Tenho a tatuagem nas costas, espiando sobre o meu ombro — como se aqueles que vieram antes de mim estivessem me vigiando e oferecessem alguma proteção.

NASCIMENTO

Além de Seal, eu também era um marido. E, depois de voltar para casa, Taya e eu decidimos tentar começar uma família.

As coisas foram bem. Ela ficou grávida mais ou menos na primeira vez que fizemos sem camisinha. E a gravidez foi quase perfeita. Foi o parto que complicou.

Por algum motivo, minha esposa teve um problema de contagem baixa de plaquetas. Infelizmente, ele só foi descoberto tarde demais, e por isso Taya não pôde receber uma anestesia epidural ou qualquer outro analgésico quando chegou a hora de dar à luz. Então, ela teve um parto natural sem qualquer treinamento ou preparativos.

Nosso filho nasceu com 3,5 quilos, não exatamente um bebê pequeno.

Você aprende muito sobre uma mulher quando ela está sob pressão. Fui xingado até não poder mais. (Ela diz que não, mas eu sei a verdade. E em quem você acreditaria? Num Seal? Ou na esposa de um Seal?)

Taya ficou em trabalho de parto por dezesseis horas. Quando estava próximo do fim, os médicos decidiram que podiam dar gás do riso para ela, a fim de amenizar a dor. Mas, antes de fazerem isso, eles me alertaram sobre tudo o que poderia acontecer com meu filho, por mais remota que fosse a possibilidade.

Não achei que tivesse muita escolha. Ela estava com uma dor tremenda. Precisava do alívio. Eu disse para os médicos irem em frente, embora estivesse preocupado que meu garoto fosse prejudicado.

Então, o médico me falou que meu filho era tão grande que não conseguiria se espremer pelo canal vaginal. Eles queriam colocar um troço que fazia sucção na cabeça do bebê para ajudá-lo a sair. Enquanto isso, Taya desmaiava entre as contrações.

— Ok — concordei, sem de fato compreender.

O médico me encarou.

— Ele pode sair com a cabeça em forma de cone.

Ah, que beleza, pensei. *Meu filho não só ficará ferrado por causa do gás, mas vai ter um cone no lugar da cabeça.*

— Porra, tire logo ele de lá — falei. — O senhor está matando a minha mulher. Vamos!

Meu garoto saiu perfeitamente bem. Mas, tenho que admitir, foi uma situação difícil o tempo inteiro. A sensação mais desesperadora do mundo era ver minha esposa em dor excruciante e não poder fazer nada.

Fiquei muito mais nervoso ao vê-la dar à luz do que jamais estive em combate.

TAYA:

Foi um período de muitas emoções, com vários altos e baixos. Nossas famílias estavam na cidade para o nascimento. Estávamos todos muito felizes e, no entanto, ao mesmo tempo, sabíamos que Chris iria embora para o Iraque em breve.

Essa parte foi uma merda.

De início, Chris teve problemas para aturar o choro do bebê, e esse fato também me deixou estressada — você consegue encarar uma guerra, mas não é capaz de encarar alguns dias de choradeira?

A maioria das pessoas não lida bem com isso. Chris certamente não era uma das exceções.

Eu sabia que a responsabilidade de cuidar do nosso filho seria minha nos próximos meses em que ele estivesse ausente. Mais importante: eu sabia que toda a novidade e magia também ficariam só comigo. Estava nervosa por pensar em como lidaria com isso, e triste porque todas as lembranças do nosso lindo filho seriam apenas minhas, em vez de memórias compartilhadas das quais poderíamos nos recordar juntos.

Ao mesmo tempo, eu estava furiosa porque Chris ia embora e com medo de que ele não voltasse. Eu também o amava loucamente.

ESCOLA DE ORIENTAÇÃO

Além da escola de atirador de elite, meu sargento me indicou como "voluntário" para a escola de orientação. Eu fui, relutante.

Orientação é uma habilidade importante em combate — sem um navegador, a pessoa não sabe como chegar à batalha, quanto mais como sair quando tudo tiver acabado. Num cenário de ação direta (DA), o navegador calcula o melhor caminho até o alvo, oferece alternativas, depois guia a esquadra de tiro para um lugar seguro quando ela termina.

O problema é que os navegadores dos Seals normalmente não têm a oportunidade de lutar para valer na DA que orientam. Do jeito que fazemos as coisas, em geral eles são destacados para ficar no veículo enquanto o resto da unidade invade uma casa ou seja lá o que for. Assim, estão prontos caso precisemos ir embora rápido.

Ficar sentado no banco do carona computando números não era exatamente o que eu queria fazer. Mas o sargento desejava alguém em quem confiasse para planejar as rotas, e quando o sargento pede que você faça alguma coisa você faz.

Passei a primeira semana inteira da escola de orientação sentado a uma mesa, olhando feio para um laptop Toughbook, aprendendo as funções do computador, como conectá-lo a um GPS e como manipular imagens de satélite e mapas. Também aprendi a pegar as imagens e colá-las no PowerPoint para preleções e coisas do gênero.

Sim, até os Seals usam PowerPoint.

A segunda semana foi um pouco mais interessante. Dirigimos pela cidade — estávamos em San Diego —, traçando e seguindo rotas diferentes. Porém, não vou fingir que foi legal: importante, sim, mas não muito empolgante.

No fim das contas, foram minhas habilidades como navegador que me levaram ao Iraque, mais do que qualquer outra coisa.

6

DISTRIBUINDO MORTE

DE VOLTA À GUERRA

NO FIM DA PREPARAÇÃO, DESCOBRIMOS QUE ESTAVA SENDO MONTADA uma nova unidade em Bagdá para direcionar incursões contra supostos terroristas e líderes da resistência. Ela era comandada pelo Grom, a unidade polonesa de operações especiais. Embora cuidassem da maior parte do trabalho pesado, os polacos precisavam de alguns complementos — ou seja, atiradores de elite e navegadores. E assim, em setembro de 2004, fui retirado do meu pelotão e enviado ao Iraque para ajudar o Grom como navegador. O restante do pelotão iria para o estrangeiro no mês seguinte, e eu os encontraria lá.

Eu me senti mal por abandonar Taya. Ela ainda estava se recuperando do parto. Mas, ao mesmo tempo, eu acreditava que meu dever como Seal era mais importante. Eu queria voltar à ativa. Queria ir à guerra.

ÀQUELA ALTURA, EMBORA AMASSE MEU FILHO, EU AINDA NÃO HAVIA ME apegado a ele. Nunca fui daquele tipo de pai que gosta de passar a mão na barriga da esposa quando o bebê chuta. Em geral, preciso conhecer bem uma pessoa, mesmo que seja da família, para me apegar.

Isso mudou com o tempo, mas, naquele momento, eu ainda não havia vivenciado de fato o que significava ser pai.

EM GERAL, OS SEALS VÃO OU VOLTAM DE UM DESDOBRAMENTO DE FORMA muito discreta — essa é a natureza das operações especiais. Normalmente, há poucas pessoas por perto, a não ser os familiares mais próximos; e às vezes nem eles. Nesse caso, devido à época da minha partida, acabei passando por um pequeno grupo de manifestantes contra a guerra. Eles exibiam cartazes sobre matadores de bebês, assassinos e qualquer coisa assim e protestavam contra os soldados que iam lutar.

Eles se manifestavam contra as pessoas erradas. Nós não votamos no Congresso — não fomos nós que votamos a favor da guerra.

Eu me alistei para proteger meu país. Não escolho as guerras. Por acaso, eu adoro lutar. Mas não escolho a quais batalhas vou. O povo me manda para elas.

Fiquei imaginando por que essas pessoas não foram protestar nas assembleias locais ou em Washington. Mas protestar contra quem recebeu ordens para protegê-las... digamos que isso me deixou indignado.

Sei que nem todo mundo pensava daquela forma. Vi em algumas casas cartazes de apoio às tropas, dizendo "Nós amamos vocês" e coisas do gênero. Houve muitas despedidas e recepções emocionadas e respeitosas, algumas até na TV. Mas era dos manifestantes ignorantes que eu me recordava, anos e anos depois.

E, que fique claro, não me incomoda que os Seals não tenham grandes despedidas ou recepções pomposas. Somos profissionais silenciosos — somos operadores secretos, e chamar a imprensa para o aeroporto não faz parte do nosso programa.

Ainda assim, é legal receber gratidão de vez em quando pelo cumprimento do dever.

IRAQUE

Muita coisa tinha acontecido no Iraque desde que eu fora embora, no início de 2003. Com a queda de Bagdá em 9 de abril daquele ano, o país havia sido libertado de Saddam Hussein e seu exército. No entanto, diversas forças terroristas continuaram ou começaram a lutar depois que Saddam foi deposto. Elas combatiam tanto outros iraquianos quanto as forças americanas que tentavam ajudar o país a recuperar a estabilidade. Alguns terroristas eram antigos integrantes do exército de Saddam e do Baath,

partido que ele liderava. Havia os *fedayin*, membros de um grupo parami-
litar de resistência que o ditador reunira antes da guerra. E havia grupos
pequenos e desorganizados de guerrilheiros iraquianos, também chamados
de *fedayin* — apesar de, em tese, não terem ligação com a organização de
Saddam. Embora quase todos fossem muçulmanos, o motivo principal e a
regra estrutural geralmente eram o nacionalismo, e não a religião.

Existiam grupos organizados sobretudo em torno de crenças religiosas.
Identificavam-se como *mujahidin*, que basicamente quer dizer "combatentes
em *jihad*" — ou assassinos em nome de Deus — e se dedicavam a matar
americanos e muçulmanos que não acreditassem no tipo de islamismo que
eles mesmos seguiam.

Também havia a al-Qaeda no Iraque, um grupo acima de tudo estrangeiro que encarava a guerra como uma oportunidade para matar americanos.
Eles eram muçulmanos sunitas radicais e leais a Osama bin Laden, o líder
terrorista que dispensa apresentações — que foi caçado pelos Seals e recebeu
deles um fim merecido em 2011.

Além disso, havia iranianos e a Guarda Republicana, que lutava — às
vezes de forma direta, embora geralmente através de representantes — tanto
para matar americanos quanto para ganhar poder na política iraquiana.

Tenho certeza de que existia uma porrada de outros grupos no que ficou
conhecido pela mídia como "a insurgência". Todos eles eram o inimigo.

Nunca me preocupei muito com quem exatamente estava apontando
uma arma para mim ou plantando um explosivo improvisado. O fato de que
eles queriam me matar era tudo o que eu precisava saber.

SADDAM FOI CAPTURADO EM DEZEMBRO DE 2003.

Em 2004, os Estados Unidos entregaram formalmente a autoridade para
o governo interino e devolveram o controle do país para os iraquianos, ao
menos em teoria. Mas a insurgência cresceu demais no mesmo ano. Muitas
batalhas no começo do ano foram tão intensas quanto as travadas durante
a invasão inicial.

Em Bagdá, Moqtada al-Sadr, um sacerdote xiita linha-dura, organizou
um exército de seguidores fanáticos e encorajou-os a atacar americanos.
Sadr era especialmente forte numa parte de Bagdá conhecida como Cidade

Sadr, um bairro pobre batizado em homenagem a seu pai, Mohammad Mohammad Sadeq al-Sadr, um grande aiatolá e opositor do regime de Saddam durante os anos 1990. Extremamente pobre mesmo para os padrões iraquianos, a área ficava a nordeste da Zona Verde de Bagdá, do outro lado do canal Army e da rua Imam Ali.

Vários lugares onde vivem iraquianos comuns, até pessoas que lá são consideradas de classe média, parecem favelas aos olhos de um americano. Décadas sob o governo de Saddam transformaram o que poderia ter sido um país bem rico, devido às reservas de petróleo, num país muito pobre. Mesmo nas melhores partes das cidades, inúmeras ruas não são pavimentadas e os prédios são bem decrépitos.

A Cidade Sadr é de fato um bairro miserável, mesmo para o Iraque. Começou como uma área residencial para os pobres e, no início da guerra, já era um refúgio para os xiitas, que eram discriminados pelo governo de Saddam, de maioria sunita. Após o começo da guerra, ainda mais xiitas se mudaram para a área. Vi relatórios que estimavam que mais de dois milhões de pessoas moravam em mais ou menos vinte quilômetros quadrados.

Dispostas num padrão de malha, as ruas têm cinquenta ou cem metros de comprimento. A maior parte das áreas tem prédios de dois ou três andares abarrotados de gente. A mão de obra das construções que eu vi era horrível — até nos prédios mais luxuosos, a decoração de um lado não combinava com a do outro. Muitas ruas tinham esgoto a céu aberto, com dejetos por toda parte.

Moqtada al-Sadr lançou uma ofensiva contra as forças americanas no início de 2004. Seus seguidores conseguiram matar vários soldados americanos e uma quantidade ainda maior de iraquianos até o sacerdote fanático decretar cessar-fogo em junho. Em termos militares, o ataque falhou, mas os insurgentes permaneceram fortes na Cidade Sadr.

Enquanto isso, insurgentes de maioria sunita tomaram a província de al--Anbar, uma grande área do país a oeste de Bagdá. Eles eram especialmente fortes nas cidades dessa região, incluindo Ramadi e Falluja.

Aquela primavera foi o período em que os americanos ficaram chocados com a imagem dos corpos de quatro seguranças, que prestavam serviços militares, profanados e pendurados numa ponte em Falluja. Era um sinal de que o pior estava por vir. Os fuzileiros navais invadiram a cidade logo depois, mas as operações foram canceladas após um combate intenso. Calculou-se que, naquele momento, eles controlavam 25% da cidade.

Como parte da retirada, uma força iraquiana entrou na cidade para tomar o controle. Na teoria, eles deveriam ter mantido os insurgentes fora. A realidade foi bem diferente. Naquele outono, praticamente as únicas pessoas que viviam em Falluja eram insurgentes. Ficou ainda mais perigoso para os americanos do que na primavera.

Quando fui para o Iraque em setembro de 2004, minha unidade havia começado a treinar para se juntar a uma nova operação a fim de tomar Falluja de uma vez por todas. Mas, em vez disso, eu fui trabalhar com os polacos em Bagdá.

COM O GROM

— KYLE, O SENHOR VEM.

O suboficial polonês que fazia a preleção alisou a barba farta ao apontar para mim. Eu não entendia muito polonês, e ele não falava um bom inglês, mas o que ele disse pareceu bem claro: o Grom queria que eu entrasse na casa com eles durante a operação.

— Isso aí, porra — respondi.

Ele sorriu. Algumas expressões são universais.

Após uma semana de serviço, eu havia sido promovido de navegador a integrante da equipe de assalto. Não podia estar mais feliz.

Eu ainda tinha que orientar. O trabalho era calcular uma rota segura de entrada e saída da casa-alvo. Embora os insurgentes estivessem ativos na área de Bagdá, o combate diminuíra e ainda não havia a grande ameaça de explosivos improvisados e emboscadas que se viam por toda parte. Ainda assim, aquilo podia mudar num instante, e eu tomei cuidado ao traçar as rotas.

Entramos nos Hummers e partimos. Fiquei no banco da frente, ao lado do piloto. Eu tinha aprendido polonês suficiente para indicar o caminho — *Prawo kolei*: "vire à direita" — e guiá-lo pelas ruas. O computador estava no meu colo, e à direita havia um braço móvel para a metralhadora. Havíamos retirado as portas do carro para facilitar entradas, saídas e disparos. Além dos reparos no meu lado e atrás, tínhamos uma .50 numa torre na traseira.

Chegamos ao alvo e saltamos da caminhonete. Eu estava eufórico por finalmente entrar em combate.

Os polacos me colocaram no sexto ou sétimo lugar da fila para entrar. Isso foi um pouco decepcionante — assim, tão lá atrás no comboio, eu dificilmente entraria em ação. Mas não iria reclamar.

O Grom invade casas da mesma forma que os Seals. Há algumas diferenças aqui e ali: a forma como fazem as curvas, por exemplo, e como cobrem os companheiros durante uma operação. Mas, de maneira geral, é tudo uma ação violenta. Surpreenda o alvo, ataque com força e rapidez, tome o controle.

Uma diferença de que eu particularmente gosto é a versão polonesa das granadas de luz e som. Os modelos americanos explodem com um clarão de luz e um estrondo enorme. As polonesas, por outro lado, disparam uma série de explosões. Nós as chamávamos de sete estouros. Elas soam como um tiroteio muito alto. Tentei pegar o máximo possível dessas granadas com o Grom quando chegou a hora de ir embora.

Entramos em ação no momento em que a granada começou a disparar. Passei pela porta e vi o suboficial orientando a equipe. Ele fez um gesto para que eu seguisse em frente, em silêncio, e corri para averiguar e tomar o cômodo.

O local estava vazio.

Tudo livre.

Voltei para o andar de baixo. Alguns dos outros encontraram o cara que procurávamos e já o estavam colocando num dos Hummers. Os iraquianos restantes na casa ficaram em volta, parecendo mortos de medo.

Fora da casa, entrei no Hummer e comecei a orientar a equipe de volta para a base. A missão foi tranquila, mas, no que dizia respeito ao Grom, eu tinha perdido o cabaço — daquele momento em diante, eu era um integrante pleno da equipe.

VODCA DE MIJO DE BISÃO

Prosseguimos com ações diretas por mais duas semanas e meia, mas só em uma tivemos encrenca de verdade. Um sujeito quis lutar enquanto entrávamos. Infelizmente para ele, o cara só tinha as próprias mãos. Lá estava ele, encarando um esquadrão de soldados, todos armados até os dentes e protegidos por uniformes à prova de balas. O sujeito era idiota ou corajoso, ou talvez as duas coisas.

O Grom tomou conta dele rápido. Menos um babaca na lista de procurados.

Nós recolhemos um grande número de suspeitos — financiadores da al--Qaeda, fabricantes de bombas, insurgentes, iraquianos e estrangeiros. Certa vez, chegamos a encher um caminhão de gente.

Os Groms eram bem parecidos com os Seals: muito profissionais no serviço e festeiros radicais depois do expediente. Todos tinham vodca polonesa e gostavam especialmente de uma marca chamada Żubrówka.

A Żubrówka existe há séculos, embora eu nunca a tenha visto nos Estados Unidos. Há uma folha de capim em cada garrafa, e todas as folhas vêm do mesmo campo na Polônia. Esse capim teoricamente tem propriedades medicinais, mas a história que meus amigos do Grom contaram é um pouco mais pitoresca — ou talvez picaresca. De acordo com eles, o bisão-europeu pasta e mija nesse campo. As destilarias colocam as folhas na vodca para dar um sabor extra. (Na verdade, durante o processo, certos ingredientes do capim são neutralizados com segurança, de maneira que apenas o sabor permanece. Mas meus amigos não falaram isso — talvez fosse muito difícil traduzir.)

Fiquei meio na dúvida, mas a bebida provou ser ao mesmo tempo suave e potente. Com certeza, ela confirmou o argumento dos Groms de que os russos não entendem nada de vodca e que os polacos fazem melhor.

SENDO AMERICANO, OFICIALMENTE EU NÃO DEVERIA ESTAR BEBENDO. (E, *oficialmente*, eu não bebi.)

Essa regra estúpida só se aplica aos soldados americanos. Não podíamos sequer comprar uma cerveja. Qualquer outro integrante da coalizão, fosse ele polonês ou sei lá o quê, podia.

Felizmente, os Groms gostavam de compartilhar. Eles também apreciavam ir ao *free shop* do aeroporto de Bagdá e comprar cerveja, uísque ou qualquer coisa desejada pelos americanos que serviam com eles.

FIZ AMIZADE COM UM DOS ATIRADORES DE ELITE DO GROM, CHAMAdo Matthew (todos eles usavam nomes falsos, por motivo de segurança geral). Passamos muito tempo conversando sobre diferentes rifles e cenários. Trocamos ideias a respeito de como eles executavam as coisas, as armas que usavam. Mais tarde, consegui fazer alguns exercícios com eles e contei um pouco como os Seals operavam. Ensinei como montávamos esconderijos dentro de casas e mostrei alguns exercícios diferentes para que eles treinassem em casa. Trabalhávamos muito com *snaps* — alvos que se levantam — e *movers* — alvos que se movem da esquerda para a direita e vice-versa.

O que sempre me pareceu interessante era como nos comunicávamos bem sem usar palavras, mesmo durante uma operação. Eles giravam o corpo e acenavam para eu subir ou recuar. Se você é profissional, não precisa que lhe digam o que fazer. Você percebe pela atitude do outro e reage.

EQUIPAMENTOS

AS PESSOAS SEMPRE ME PERGUNTAM QUE TIPO DE EQUIPAMENTO EU LEvava no Iraque. A resposta é: sempre dependia. A cada desdobramento, eu mudava um pouco. Em geral, era assim que eu saía:

PISTOLAS

A pistola-padrão dos Seals era uma SIG Sauer P226, com câmara para munição nove milímetros. Apesar de ela ser excelente, eu achava que precisava de mais poder de parada do que aquele calibre podia oferecer e, mais tarde, passei a portar uma arma pessoal no lugar da P226. Sejamos francos — se você está usando uma pistola em combate é porque já deu merda. Você pode não ter tempo para dar o tiro perfeito. As balas maiores talvez não matem seu inimigo, mas têm mais chances de derrubá-lo ao atingi-lo.

Em 2004, consegui uma Springfield TRP Operator, que usava bala .45. A arma tinha o corpo ao estilo da 1911, com punho personalizado e um sistema de trilho que me permitiu instalar um combo de lanterna e laser. Preta, a Springfield TRP Operator tinha um cano pesado forjado e era uma arma excelente — até levar um tiro no meu lugar em Falluja.

Eu consegui consertá-la — essas Springfields são cascudas. Ainda assim, sem querer brincar com a sorte, eu a troquei por uma SIG P220, que se parecia muito com uma P226, mas tinha câmara para calibre .45.

CARREGANDO A PISTOLA

Nos dois primeiros desdobramentos, usei um coldre Robocop. (Ele fica na coxa, de fácil acesso para a mão da pistola.) O problema desse tipo de coldre é que ele tende a se mexer. Durante o combate, ou mesmo se a pessoa está apenas correndo, escorrega pela perna. Então, depois, passei a usar um coldre de cintura. Dessa maneira, a arma está sempre onde espero que esteja.

EQUIPAMENTO MÉDICO

Todo mundo sempre carregava seu próprio "kit de primeiros socorros", um pequeno conjunto de suprimentos médicos. Sempre se levava o mínimo necessário para cuidar de um ferimento de bala: bandagens para ferimentos diferentes, seringa, medicação coagulante. Ele tinha que estar prontamente acessível, assim a pessoa que fosse socorrer não precisava procurá-lo. Eu colocava o meu no bolso da perna direita da calça, embaixo do coldre. Se eu levasse um tiro, os companheiros cortariam o fundo do bolso e tirariam o kit. A maioria fazia a mesma coisa.

Quando você cuida de alguém no campo antes de o enfermeiro ou um médico chegar lá, sempre usa o kit da pessoa ferida. Se usar o seu, quem pode garantir que você terá um quando o próximo soldado — ou você — precisar?

COLETES À PROVA DE BALAS

Durante o primeiro desdobramento, meu colete à prova de balas Seal tinha o sistema Molle preso a ele. Molle quer dizer *modular lightweight load-carrying equipment*, equipamento modular leve de carga, um acrônimo metido a besta para um sistema em que é possível prender bolsos e equipamentos diferentes, permitindo que você personalize sua própria rede de correias. A palavra "Molle" é uma marca registrada para o sistema desenvolvido e fabricado pela Natick Labs. No entanto, muitas pessoas a usam para descrever qualquer outro similar.)

Nos desdobramentos que se seguiram, eu tinha um colete à prova de balas individual com um colete rodesiano separado, um modelo que permite que a pessoa monte um colete Molle ou tipo Molle. Novamente, o princípio geral é que seja possível personalizar a forma como você carrega suas coisas.

Ter um colete separado me permitia retirar o equipamento e colocá-lo no chão enquanto ainda permanecia com as placas balísticas. Assim ficava mais confortável me deitar e ainda era possível pegar tudo de que eu precisava. Quando eu fosse ficar no rifle de precisão, deitado atrás dele e olhando pela luneta, soltaria a correia e abriria o colete. Isso deixava a munição, que eu levava nos bolsos, mais acessível. Enquanto isso, o colete continuava preso aos ombros, e ele viria comigo e ficaria no lugar quando eu me levantasse.

(Um comentário sobre o colete à prova de balas — os fornecidos pela Marinha eram conhecidos por cair aos pedaços. Levando isso em conta, meus sogros foram muito generosos ao comprarem para mim um Dragon Skin depois do meu terceiro desdobramento. É muito pesado, mas de ótima qualidade: a melhor proteção que se pode ter.)

Eu trazia um GPS no pulso, um de reserva no colete e até uma bússola das antigas. Experimentei alguns óculos de proteção a cada desdobramento. Eles tinham ventiladores em miniatura no interior para manter o ar circulando e evitar que embaçassem. E, claro, eu possuía um canivete — ganhei um Microtech após me formar no BUD/S — e facas Emerson e Benchmade, dependendo do desdobramento.

Entre os outros equipamentos que levávamos, havia um quadrado de painel VS-17, usado para alertar pilotos sobre posições amigas, para que não atirassem em nós. Na teoria, pelo menos.

No início, tentei manter tudo fora da cintura. Até cheguei ao ponto de colocar os carregadores sobressalentes da pistola num coldre Robocop do outro lado. (Eu o prendi bem em cima, de maneira que ainda tivesse acesso ao bolso da perna esquerda.)

Nunca usei proteção auricular no Iraque. A que tínhamos possuía circuitos de isolamento acústico. Embora fosse possível ouvir os disparos feitos pelo inimigo, o microfone que captava esses sons era onidirecional — ou seja, não dava para dizer de onde vinham os tiros.

E, ao contrário do que minha esposa pensa, eu usei o capacete de vez em quando. Confesso que não com frequência. Era um capacete-padrão das forças armadas americanas, desconfortável e de mínima serventia contra tudo, a não ser os tiros mais fracos e estilhaços. Para evitar que ficasse balançando na minha cabeça, eu o prendia com enchimentos da Pro-Tec, mas ainda assim incomodava se fosse usado por muito tempo. Ele deixava a cabeça muito pesada enquanto eu estava na arma, o que dificultava ainda mais a concentração durante a vigília.

Eu já havia visto que balas, até mesmo de pistolas, atravessavam facilmente um capacete, portanto não tinha por que aguentar aquele desconforto. A exceção geral era à noite: eu o utilizava para ter um lugar onde prender o equipamento de visão noturna.

Fora isso, eu geralmente usava um boné do pelotão com um símbolo da Cadillac adaptado como o símbolo da nossa unidade. (Embora oficialmente fôssemos o pelotão Charlie, em geral usávamos nomes alternativos com a mesma letra ou som inicial.)

Por que um boné?

Porque 90% de *ser* um cara descolado é ter uma aparência descolada. E a pessoa fica bem mais descolada usando um boné.

Eu tinha outro boné preferido — era do Lions Den, um quartel histórico dos bombeiros de Nova York que perdera alguns de seus homens durante o 11 de Setembro. Meu pai o havia visitado depois dos atentados. Lá ele conheceu alguns integrantes do famoso grupo Engine 23. Quando os bombeiros souberam que o filho dele iria para a guerra, insistiram que meu pai levasse o boné.

— Diga a ele para ir à forra.

Se eles estiverem lendo isto aqui, espero que saibam que fui à forra.

No pulso, eu usava um relógio G-Shock, preto com pulseira de borracha, que substituiu os Rolex Submariners como equipamento-padrão dos Seals. (Um amigo meu, que lamentava que a tradição tivesse morrido, recentemente me deu um Submariner. Ainda me sinto um pouco estranho com um Rolex, mas é uma recordação dos homens-rã que vieram antes de mim.)

No tempo mais gelado, eu levava um casaco meu — da North Face — porque, acredite se quiser, tive dificuldade em convencer a máfia das provisões a me fornecer uma roupa de frio. Mas essa é outra história.

Eu enfiava a M-4 e dez carregadores (trezentos projéteis) nos compartimentos da frente do colete, assim como o rádio, algumas lanternas e o estroboscópio, que pode ser usado à noite para encontrar outras unidades ou aeronaves, navios, botes, qualquer coisa, e para identificar forças amigas.

Se estava com um dos meus rifles de precisão, eu levava uns duzentos projéteis na mochila. Quando usava o Mk-11 em vez da Win Mag ou da .338, eu nem perdia tempo carregando a M-4. Nesse caso, as balas de tiro de precisão estariam no colete, mais à mão. Para completar a munição, havia três carregadores para a pistola.

Eu usava botas Merrell de cano longo para caminhada. Elas eram confortáveis e aguentavam todo o desdobramento.

LEVANTE-SE, KYLE

Depois de mais ou menos um mês no meu período com o Grom, fui acordado por um sacolejo no ombro.

Dei um pulo e fiquei sentado na cama, pronto para dar um soco em quem tivesse entrado de mansinho no meu alojamento.

— Ei, ei, está tudo bem — falou o capitão de corveta que me acordara. Ele era um Seal, e meu chefe. — Preciso que o senhor se vista e venha ao meu gabinete.

— Sim, senhor — murmurei.

Coloquei bermuda e chinelos e desci o corredor.

Achei que estava em apuros, embora não soubesse o motivo. Eu me comportei bem ao trabalhar com os polacos, sem brigas dignas de atenção. Revirei a memória enquanto ia até o gabinete, tentando preparar uma defesa. A mente estava em branco quando cheguei lá.

— Kyle, preciso que o senhor pegue seu rifle de precisão e recolha todo o equipamento — disse o capitão de corveta. — O senhor vai para Falluja.

Ele começou a me contar sobre alguns dos preparativos e me passou alguns detalhes da operação. Os fuzileiros planejavam uma grande investida e precisavam de atiradores de elite para ajudar.

Cara, isso vai ser bom, pensei. *Vamos matar uma porrada de bandidos. E eu vou estar bem no meio disso.*

UM ACAMPAMENTO ARMADO

Do ponto de vista histórico, houve duas batalhas por Falluja. A primeira aconteceu no início do ano, como falei antes. Fatores políticos, em grande parte provocados por noticiários completamente deturpados e muita propaganda árabe, fizeram os fuzileiros abrir mão da ofensiva assim que ela começou — e muito antes de alcançarem o objetivo de expulsar os insurgentes da cidade. No lugar dos fuzileiros, iraquianos leais ao governo interino deveriam ter tomado o controle e governado a cidade.

Isso não funcionou. Basicamente, no momento em que os fuzileiros recuaram, os insurgentes tomaram Falluja por completo. Civis que não eram ligados à insurgência foram assassinados ou fugiram da cidade. Qualquer um que quisesse paz — qualquer pessoa com um mínimo de bom senso — foi embora assim que possível ou acabou morto.

A província de al-Anabar, região onde ficava Falluja, estava coalhada de insurgentes de vários tipos. Muitos eram *mujahidin* iraquianos, mas também havia vários estrangeiros integrantes da "al-Qaeda no Iraque" ou de outros grupos radicais. O comandante da al-Qaeda no Iraque, o xeque Abdullah al-Janabi, mantinha seu quartel-general na cidade. Ele era um jordaniano que lutara ao lado de Osama bin Laden no Afeganistão e estava empenhado em matar americanos. (Apesar de vários relatórios que dizem o contrário, até onde se sabe o xeque escapou de Falluja e continua foragido.)

Os insurgentes eram compostos por grupos terroristas e gangues criminosas. Eles plantavam explosivos improvisados, sequestravam autoridades e suas famílias, atacavam comboios americanos, matavam iraquianos que não compartilhavam da mesma fé ou linha política — faziam tudo que conseguissem imaginar. Falluja havia se tornado o porto seguro dos insurgentes, uma anticapital do Iraque, dedicada a derrubar o governo interino e evitar as eleições livres.

A província de al-Anabar — mais especificamente, a área geral em torno de Falluja — ficou conhecida, por meio da mídia, como Triângulo Sunita. Esse é um nome bem incorreto, considerando tanto o formato da região — que ficava entre Bagdá, Ramadi e Baqubah — quanto a composição étnica.

(Um pouco de contexto sobre o islamismo no Iraque: havia dois grupos principais de muçulmanos no Iraque, os sunitas e os xiitas. Antes da guerra, os xiitas viviam em sua maioria no sul e no leste, digamos, de Bagdá até as fronteiras, e os sunitas dominavam o entorno de Bagdá e o noroeste. Os dois grupos coexistiam, mas em geral se odiavam. Embora os xiitas fossem a maioria, durante a época de Saddam eles foram discriminados e não tinham permissão para ocupar cargos importantes. Mais ao norte, as áreas eram dominadas pelos curdos, que, embora sejam de maioria sunita, têm tradições distintas e normalmente não se consideram parte do Iraque. Saddam os via como inferiores. Durante uma ação de repressão política, ele ordenou o uso de armas químicas e executou uma campanha desprezível de limpeza étnica.)

ENQUANTO USAVAM FALLUJA COMO BASE PARA ATACAR O ENTORNO DE Bagdá, os insurgentes passaram um tempo considerável preparando a cidade para outro possível ataque. Estocaram munição e armas, armaram explosivos e fortificaram casas. Plantaram minas e fecharam estradas para usá-las em emboscadas. "Buracos de rato" foram abertos nas paredes de complexos residenciais para permitir que os insurgentes passassem por dentro das casas e evitassem as ruas. Muitas das duzentas mesquitas da cidade, se não todas, tornaram-se *bunkers* fortificados, pois os insurgentes sabiam que os americanos respeitavam casas religiosas como locais sagrados e, portanto, relutariam em atacá-las. Um hospital foi convertido em quartel-general dos insurgentes e usado como base de operações para a máquina de propaganda. Em suma, a cidade era uma fortaleza terrorista no meio de 2004.

Na verdade, os insurgentes tinham tanta confiança que lançavam foguetes sobre as bases americanas da região com regularidade e emboscavam comboios que circulavam pelas estradas principais. Por fim, o comando dos Estados Unidos acabou decidindo que aquilo já era demais — Falluja teria que ser retomada.

O plano que eles bolaram foi chamado de Operação Fúria Fantasma. A cidade seria isolada para que as provisões e os reforços inimigos não pudessem entrar mais. Os insurgentes de Falluja seriam arrancados pela raiz e destruídos.

Embora os homens da Primeira Divisão de Fuzileiros constituíssem a espinha dorsal do ataque, todas as outras forças armadas contribuíram com peças-chave. Atiradores de elite dos Seals foram integrados a pequenos grupos de assalto dos fuzileiros para realizar vigílias e missões típicas.

Os fuzileiros passaram muitas semanas se preparando para a ofensiva e lançaram várias operações para desorientar os insurgentes. Os inimigos sabiam que estávamos chegando — só não sabiam por onde e quando. A zona leste era bastante fortificada, e os insurgentes provavelmente pensaram que o ataque seria iniciado por lá.

Em vez disso, o ataque viria do noroeste e desceria até o coração da cidade. E era para lá que eu me dirigia.

CHEGANDO LÁ

Dispensado pelo capitão de corveta, recolhi meu equipamento imediatamente e me dirigi até uma picape que esperava para me levar ao helicóptero. Um 60 — um Black Hawk H-60 — aguardava por mim e por outro cara que tinha trabalhado com o Grom, um especialista em comunicação chamado Adam. Nós nos entreolhamos e sorrimos. Estávamos empolgados porque íamos entrar numa batalha de verdade.

Seals espalhados por todo o Iraque faziam viagens parecidas, a caminho da grande base dos fuzileiros ao sul da cidade, no acampamento em Falluja. Quando cheguei, eles já haviam estabelecido uma pequena base própria dentro do acampamento. Passei pelos corredores estreitos do prédio, apelidado de Álamo, tentando não esbarrar em nada. As paredes estavam repletas de equipamentos, caixas de armas e pastas de metal, caixas de papelão e engradados de refrigerantes aqui e ali. Poderíamos ser uma banda de rock em turnê, montando um espetáculo num estádio.

Só que nosso show tinha efeitos pirotécnicos para valer.

Além dos atiradores de elite da equipe 3, eles haviam chamado homens da 5 e da 8 para se juntar ao ataque. Eu já conhecia a maioria dos caras da Costa Oeste, e os outros eu passei a respeitar no decorrer das semanas seguintes.

O nível de energia era grande. Todo mundo estava ansioso para entrar em ação e ajudar os fuzileiros.

NO LAR

Conforme a batalha se aproximava, eu pensava na minha esposa e no meu filho. Meu menininho estava crescendo. Taya havia começado a me mandar fotos e até vídeos que mostravam o progresso. Também me enviou fotos por e-mail.

Consigo ver alguns desses vídeos agora em minha mente — meu filho deitado de costas, balançando as mãos e os pés como se fosse correr, com um sorrisão no rosto.

Ele era um menino hiperativo. Igual ao papai.

Dia de Ação de Graças, Natal — no Iraque, essas datas não significavam muita coisa para mim. Mas deixar de ver meu filho nesse período era um pouco diferente. Quanto mais eu estava ausente e via o menino crescer, mais eu queria ajudá-lo a crescer — fazer as coisas que um pai faz com um filho e por um filho.

Liguei para Taya enquanto esperava o ataque começar.

Foi uma conversa breve.

— Olha, amor, não posso dizer para onde vou, mas ficarei ausente por um tempo — falei. — Assista ao noticiário, e você vai entender. Não sei quando conseguirei ligar de novo.

Foi o que deu para fazer.

COMEÇOU

Na noite de 7 de novembro, eu me enfiei num carro anfíbio com uma dúzia de fuzileiros e alguns Seals, todos ansiosos pela batalha. O grande veículo roncou ao ser ligado e foi devagar para a vanguarda de uma enorme procissão de blindados que saía do acampamento ao norte da cidade rumo ao deserto aberto.

Ficamos sentados bem juntinhos, em bancos de frente uns para os outros. Uma terceira fileira foi enfiada no meio do compartimento. O AAV-7A1 não era exatamente uma limusine — você tenta não espremer os outros caras dos dois lados, mas há um limite. Apertado não era bem a palavra. Por sorte quase todo mundo que estava comigo lá dentro tinha tomado banho recentemente.

De início, estava frio — era novembro e, para um garoto do Texas, parecia o meio do inverno —, mas depois de alguns minutos o aquecedor começou a nos sufocar, e tivemos que pedir para que diminuíssem. Coloquei a mochila no chão. Com a Mk-11 em pé entre as pernas e o capacete na coronha, eu tinha um travesseiro improvisado. Tentei cochilar enquanto viajávamos. Feche os olhos e o tempo anda mais rápido.

Não consegui dormir muito. De vez em quando dava uma olhadela pelas viseiras da porta traseira, mas não conseguia enxergar atrás dos caras sentados ali. Não perdi muita coisa — tudo o que eles conseguiam ver era o resto da procissão, uma nuvem de poeira e alguns trechos de deserto vazio. Já vínhamos treinando com os fuzileiros fazia uma semana, revisando tudo: desde como entrar e sair dos veículos usados por eles a como definir quais tipos de explosivos poderíamos usar para abrir buracos em prédios para os atiradores de elite. Entre uma coisa e outra, trabalhamos na comunicação de rádio e na estratégia geral, trocamos ideias sobre a melhor forma de dar cobertura para os esquadrões que acompanharíamos e discutimos uma dúzia de prováveis decisões táticas, como escolher se em geral seria melhor atirar do último andar ou do penúltimo.

Agora estávamos prontos, mas, como costuma acontecer nas forças armadas, em modo "corra e espere". Os carros sobre lagartas nos levaram até o norte de Falluja e depois paramos.

Ficamos sentados lá durante o que pareceram horas. Eu sentia cãibras em todos os músculos do corpo. Finalmente, alguém decidiu que podíamos descer a rampa e esticar um pouco as pernas. Eu me espreguicei ao levantar do banco e saí para conversar com alguns Seals ali perto.

Enfim, um pouco antes do nascer do dia, voltamos aos carros e começamos a seguir na direção do limite da cidade. A adrenalina estava no auge dentro daquela lata sobre lagartas. Estávamos prontos para cair em cima.

O destino era um conjunto de edifícios residenciais voltado para a extremidade noroeste de Falluja. A mais ou menos setecentos metros dos limites da cidade, os prédios tinham uma vista perfeita da área onde nossos fuzileiros começariam o ataque — uma localização excelente para atiradores de elite. Só precisávamos tomá-los.

— Cinco minutos! — berrou um dos suboficiais.

Passei o braço pelas alças da mochila e segurei firme na arma.

O carro anfíbio estremeceu e parou. A porta traseira desceu e bateu no solo, e eu pulei fora com os demais, correndo na direção de um pequeno bosque, onde havia algumas árvores e rochas para dar cobertura. Andei rápido — não tanto por medo de levar um tiro, mas temendo ser atropelado por um dos blindados que nos levaram até lá. Aqueles veículos imensos davam a impressão de que não parariam por ninguém.

Eu me joguei no chão, coloquei a mochila ao meu lado e comecei a vasculhar o prédio à procura de algo suspeito. Passei os olhos pelas janelas e cercanias, o tempo todo esperando levar um tiro. Enquanto isso, os fuzileiros saíam aos borbotões dos carros anfíbios de transporte de tropas, Hummers, tanques e dezenas de veículos de apoio. Chegavam sem parar e se espalhavam pelo complexo.

Eles começaram a derrubar as portas com chutes. Não consegui ouvir muita coisa, apenas os ecos altos de escopetas usadas para arrebentar fechaduras. Os fuzileiros detiveram algumas mulheres que estavam do lado de fora, mas, fora isso, o pátio em volta do prédio estava vazio.

Meus olhos não paravam de se mexer. Eu vasculhava sem parar, tentando achar alguma coisa.

Nosso homem do rádio chegou e se instalou ali perto. Monitorava o avanço dos fuzileiros enquanto eles subiam pelo prédio, tomando os apartamentos. Os poucos moradores que encontraram lá dentro foram levados para fora e removidos para um lugar seguro. Não houve resistência no interior — se havia insurgentes, ou eles saíram quando nos viram chegar ou agora fingiam que eram iraquianos amigos e leais aos Estados Unidos.

Os fuzileiros acabaram removendo cerca de 250 civis do complexo — apenas parte do que disseram que seria o esperado. Todos foram interrogados antes. Após verificarem que os moradores não haviam disparado uma arma recentemente (os fuzileiros fizeram testes de pólvora), não estavam numa lista de procurados ou não eram suspeitos de alguma forma, o chefe de cada família recebeu 300 dólares e uma ordem para ir embora. De acordo com um oficial dos fuzileiros, os civis tiveram permissão para retornar aos apartamentos, pegar o que fosse necessário e partir.

(Alguns insurgentes conhecidos foram capturados e detidos na operação.)

Enquanto estávamos na berma vigiando a cidade, também vasculhávamos com cautela à procura de um atirador de elite iraquiano conhecido como Mustafa. Pelos relatórios que ouvimos, ele era um atirador olímpico que usava suas habilidades contra americanos e também contra soldados e policiais iraquianos. Fizeram e postaram vários vídeos que exaltavam seu talento.

Eu nunca o vi. No entanto, outros atiradores de elite mataram, mais tarde, um atirador iraquiano que achamos ser ele.

AOS APARTAMENTOS

— Muito bem — informou o homem do rádio, enfim. — Eles querem que a gente entre.

Corri das árvores para o conjunto de apartamentos, onde um tenente dos Seals organizava as vigílias. Ele tinha um mapa da cidade e nos mostrou onde ocorreria o ataque no dia seguinte:

— Precisamos cobrir estas áreas aqui, aqui e aqui. Todos os senhores: entrem e achem um cômodo para fazer isso.

Ele nos mandou para um prédio, e lá fomos nós. Fui colocado como par de Ray, um atirador de elite que conheci durante o BUD/S. (Usei o apelido para proteger a identidade.)

Ray é um grande aficionado por armas. Não sei se atira bem, mas ele provavelmente esqueceu mais do que eu sei sobre rifles.

Não nos víamos havia anos, mas, pelo que eu me lembrava do BUD/S, imaginei que nos daríamos bem. Você quer ter certeza de que pode contar com a pessoa que vai trabalhar ao seu lado — afinal de contas, você está literalmente confiando sua vida a ele.

Um ranger que nós chamávamos de ranger Molloy havia transportado nossos rifles e alguns equipamentos num Hummer. Ele surgiu e me entregou a .300 Win Mag. O alcance dela, maior que o da Mk-11, cairia bem assim que eu encontrasse um bom esconderijo de onde atirar.

Enquanto subia as escadas correndo, eu me decidi. Eu sabia em que lado do prédio queria estar e tinha uma noção do ponto onde gostaria de ficar. Quando cheguei ao último andar — eu havia resolvido que desejava atirar de um cômodo, e não do telhado —, comecei a caminhar pelo corredor em busca de um apartamento que tivesse a vista certa.

Para mim, a casa onde eu me encontrava era apenas mais uma parte do campo de batalha. Os apartamentos e tudo dentro deles eram apenas coisas a serem utilizadas para cumprir o objetivo: limpar a cidade.

Atiradores de elite precisam passar muito tempo deitados ou sentados — portanto, eu tinha que achar uma mobília que me permitisse fazer isso da maneira mais confortável possível. Também é preciso ter algo para apoiar o rifle. Nesse caso, eu iria atirar das janelas. Logo, seria necessário estar elevado. Ao vasculhar o apartamento, descobri um quarto com um berço dentro. Era um achado raro, e eu faria bom uso dele.

Ray e eu o pegamos e o viramos de lado. Isso nos deu uma base. Depois, arrancamos a porta do quarto das dobradiças e a colocamos em cima. Agora, tínhamos uma plataforma estável onde trabalhar.

A maioria dos iraquianos não dorme em camas. Eles usam colchonetes, tapetes grossos ou mantas que são colocadas diretamente no chão. Encontramos alguns e os pusemos na porta. Isso criou uma cama meio confortável e elevada para nos apoiarmos ao operar a arma. Um tapete enrolado funcionou como apoio para a ponta dos rifles.

Abrimos a janela e estávamos prontos para atirar.

Decidimos que faríamos turnos alternados de três horas. Ray ficou com a primeira vigília.

Comecei a fuçar o prédio para ser se encontrava algo legal — dinheiro, armas ou explosivos. A única coisa que valia a pena era um *minigame* do Tiger Woods.

Não que eu estivesse autorizado a pegá-lo, ou mesmo que eu tenha pegado oficialmente. Se eu *tivesse* pegado, teria jogado pelo resto do desdobramento. E, se tivesse feito isso, talvez ficasse explicado por que sou tão bom no jogo agora.

Se eu tivesse pegado.

FIQUEI NA .300 WIN MAG NO FIM DA TARDE. A CIDADE QUE EU OBSERVAVA era parda e cinzenta, quase como se tudo fosse banhado em sépia, como numa fotografia antiga. Muitos prédios — não todos — eram feitos de tijolos ou cobertos com estuque da mesma cor. As pedras e estradas eram cinza. Uma fina camada de poeira do deserto parecia pairar sobre as casas. Havia árvores e outras formas de vegetação, mas a paisagem geral parecia uma coleção de caixas pintadas em cores sem vida.

A maior parte das construções eram de dois andares, às vezes com três ou quatro. Minaretes ou torres de oração se projetavam do ambiente cinza em intervalos irregulares. Havia domos de mesquitas esparsos — de um lado um ovo verde ladeado por uma dezena de ovinhos menores; de outro um nabo branco que reluzia sob o pôr do sol.

Os prédios se aglomeravam e a malha das ruas era praticamente geométrica. Havia muralhas por toda parte. A cidade já estava em guerra havia algum tempo, tomada por entulho, não apenas nos limites, mas também nas passagens principais. Logo na minha frente, mas fora do alcance de visão, estava a famosa ponte onde os insurgentes tinham profanado os corpos dos seguranças da Blackwater, seis meses antes. A ponte cruzava o Eufrates, que fluía na cidade num V invertido, logo ao sul da minha posição.

Minha preocupação imediata era com a estrada de ferro a cerca de setecentos metros do prédio. Havia uma berma e uma ponte férrea na estrada ao sul da minha posição. Ao leste, à esquerda de onde eu olhava pela janela, a ferrovia levava para um pátio de manobras e uma estação do lado de fora da parte central da cidade.

O ataque dos fuzileiros passaria pela ferrovia e entraria por uma área que ia do Eufrates até uma estrada na extremidade leste da cidade, marcada por um trevo. A área tinha pouco mais de cinco quilômetros de largura. O plano era penetrar por 2,5 quilômetros e chegar à Rota 10 até o dia 10 de novembro, em um pouco menos de três dias. Pode não parecer muita coisa — a maioria dos fuzileiros provavelmente consegue andar essa distância em meia hora —, mas o caminho passava por um ninho de ratos de ruas cheias de armadilhas e casas fortemente armadas. Os fuzileiros não apenas esperavam lutar a cada casa ou quarteirão, mas também se deram conta de que as coisas deviam piorar conforme avançassem. A pessoa expulsa os ratos de um buraco, e eles se reúnem em outro. Mas, cedo ou tarde, eles ficam sem ter para onde fugir.

Olhando pela janela, eu estava ansioso para a batalha começar. Eu queria um alvo. Desejava atirar em alguém.

Não precisei esperar tanto assim.

Do prédio, eu tinha uma visão privilegiada da ferrovia e da berma, assim como da cidade atrás delas.

Comecei a matar assim que assumi a arma. A maioria das mortes foi lá, na área no entorno de Falluja. Insurgentes entravam no espaço e tentavam se posicionar para atacar ou talvez espionar os fuzileiros. Eles se encontravam a cerca de oitocentos metros de distância, do outro lado da linha férrea e embaixo da berma, então deviam achar que não podiam ser vistos e que estariam a salvo.

Estavam terrivelmente enganados.

Já descrevi como foi a sensação do meu primeiro disparo como atirador de elite. Pode ter havido alguma hesitação no fundo da minha mente, uma pergunta quase inconsciente: *Será que consigo matar aquela pessoa?*

Porém, as regras de engajamento eram claras, e não havia dúvida de que o homem na minha luneta era um inimigo. Não era apenas o fato de que ele estava armado e ia na direção dos fuzileiros, embora essas fossem questões importantes para as regras de engajamento. Os civis foram avisados para não ficar na cidade, e, embora fosse óbvio que nem todo mundo havia conseguido escapar, poucos inocentes permaneceram. Homens em idade de combate e de mente sã dentro dos limites de Falluja eram quase todos inimigos. Eles pensavam que iriam nos expulsar, assim como supostamente tinham expulsado os fuzileiros em abril.

Depois da primeira morte, as outras são fáceis. Não tenho que me preparar psicologicamente nem fazer nenhum esforço mental em especial — eu olho pela luneta, coloco o alvo na retícula e mato o inimigo antes que ele assassine um dos meus homens.

Matei três naquele dia. Ray pegou dois.

Eu mantinha os dois olhos abertos enquanto estava na luneta. Com o olho direito mirando, o esquerdo ainda podia ver o resto da cidade. Isso me dava uma noção melhor da situação.

COM A KILO

QUANDO OS FUZILEIROS ENTRARAM NA CIDADE, EM POUCO TEMPO CHEgaram a uma posição onde não conseguíamos mais cobri-los a partir dos prédios. Descemos, prontos para a próxima fase: trabalhar dentro da cidade.

Fui designado para a Companhia Kilo, a fim de ajudar as unidades dos fuzileiros no lado oeste da cidade. Eles foram a primeira onda do ataque e varreram quarteirão atrás de quarteirão. Outra companhia viria atrás da Kilo para tomar a área e garantir que nenhum insurgente aparecesse de mansinho atrás deles. A ideia era expulsá-los de Falluja a cada quarteirão.

As propriedades nessa região, como em muitas cidades iraquianas, eram separadas dos vizinhos por grossos muros de tijolo e estuque. Sempre havia esconderijos para os insurgentes se enfiarem. Os quintais, geralmente de terra batida ou mesmo de cimento, eram labirintos retangulares. Um lugar seco e poeirento, mesmo com um rio tão próximo. A maioria das casas não tinha água encanada, e a caixa d'água ficava no telhado.

Trabalhei com atiradores de elite dos fuzileiros por vários dias, mais ou menos durante a primeira semana daquela fase do ataque. Na maior parte do tempo, fiquei com dois deles e um Seal que podia pedir ataques aéreos. Também havia um pessoal de apoio: fuzileiros que faziam a segurança e, de vez em quando, ajudavam com várias tarefas. Esses eram fuzileiros que queriam ser atiradores de elite. Depois do desdobramento, tinham a esperança de ser enviados para a escola de atiradores de elite dos Fuzileiros Navais.

Toda manhã começávamos com cerca de vinte minutos do que chamávamos de "fogos" — morteiros, artilharia, bombas, mísseis, foguetes —, que formavam uma tremenda quantidade de material bélico sendo jogada em posições-chave do inimigo. O fogo destruía depósitos de munição ou amaciava locais onde pensávamos que encontraríamos muita resistência. Colunas de fumaça negra subiam ao longe — eram depósitos atingidos pelos bombardeios. O solo tremia e o ar ribombava com explosões secundárias.

No início, ficávamos atrás do avanço dos fuzileiros. Mas não levou muito tempo para eu perceber que poderíamos fazer um trabalho melhor indo à frente do esquadrão que estava no solo. Isso nos daria uma posição melhor e permitiria surpreender qualquer insurgente que tentasse se reunir contra a unidade terrestre.

Isso também nos rendeu muito mais ação. Então começamos a entrar nas casas para usá-las como esconderijos.

Assim que o térreo estivesse seguro, eu subia as escadas do último andar e surgia no barraco que costumava proteger a entrada do telhado. Certo de que o local estava seguro, eu ia até o muro na beirada, me orientava e me instalava numa posição. Em geral, havia alguma coisa no telhado que eu podia usar — uma cadeira ou tapetes — para tornar tudo mais confortável. Caso contrário, sempre achava algo nos andares de baixo. Voltei a utilizar a Mk-11, pois percebia que a maioria dos tiros seria relativamente de perto, por causa da distribuição da cidade. A arma era mais conveniente do que a Win Mag e igualmente mortal a essas distâncias.

Enquanto isso, os fuzileiros no solo seguiam pela rua, em geral dos dois lados, tomando as casas. Assim que eles chegavam a um ponto onde não podíamos mais cobri-los, nós avançávamos para tomar um novo ponto, e todo o processo recomeçava.

NORMALMENTE, ATIRÁVAMOS DOS TELHADOS. ELES TINHAM A MELHOR vista e costumavam já estar equipados com cadeiras e coisas do gênero. A maior parte das casas da cidade era cercada por muros baixos que serviam de proteção quando o inimigo atirava de volta. Além disso, usar os telhados nos permitia agir rápido — o ataque não esperaria até nos posicionarmos.

Se o telhado não prestasse, nós atirávamos do último andar, geralmente de uma janela. De vez em quando, tínhamos que abrir um buraco na parede para preparar uma posição de tiro. No entanto, isso era raro. Não queríamos chamar atenção para a nossa posição com uma explosão, mesmo que fosse pequena. (Os buracos eram tampados depois que saíamos.)

Certo dia, nós nos instalamos em um pequeno prédio comercial que tinha sido esvaziado algum tempo antes. Puxamos as mesas que ficavam junto às janelas e nos sentamos no fundo da sala. As sombras naturais formadas na parede do lado de fora ajudavam a esconder a nossa posição.

OS BANDIDOS

Os inimigos que combatíamos eram selvagens e estavam bem armados. Em apenas uma casa num longo quarteirão, os fuzileiros encontraram mais de vinte armas, incluindo metralhadoras e rifles de precisão, além de suportes improvisados para foguetes e uma placa-base de morteiro.

Era uma residência bonita, na verdade — tinha ar-condicionado, lustres elaborados e uma mobília ocidental luxuosa. Foi um bom lugar para descansar enquanto demos uma parada, certa tarde.

Todas as casas foram vasculhadas cuidadosamente, mas em geral as armas eram muito fáceis de achar. Os fuzileiros entravam e viam um lança-rojão apoiado numa cristaleira — com foguetes empilhados ao lado das xícaras de chá, logo embaixo. Numa das residências, os fuzileiros acharam cilindros de mergulho — aparentemente, o insurgente que vivia ali usava os cilindros para cruzar o rio despercebido e atacar.

Equipamentos russos também eram comuns, a maioria bem antiga — havia granadas de rifle que talvez tenham sido fabricadas durante a Segunda Guerra. Achamos binóculos com emblemas comunistas de foice e martelo. E encontrávamos explosivos improvisados por toda parte, inclusive alguns cimentados nas paredes.

Muitas pessoas que escreveram sobre as batalhas em Falluja mencionam como os insurgentes eram fanáticos. Eles *eram* fanáticos, mas não apenas a religião os movia. Muitos estavam bem drogados.

Mais adiante na campanha, tomamos um hospital que os insurgentes tinham usado na periferia da cidade. Lá, encontramos colheres queimadas, diferentes tipos de drogas e outras provas de como eles se preparavam. Não sou especialista, mas me pareceu que os inimigos eram capazes de aquecer heroína e injetá-la antes de um combate. Outras coisas que ouvi dizer era que eles usavam remédios controlados e basicamente qualquer coisa que pudesse ajudá-los a ganhar coragem.

Dava para perceber isso ao atirar neles. Alguns pareciam levar várias balas sem sentir. Eles eram movidos por algo mais do que apenas religião e adrenalina, até mais do que sede de sangue. Já estavam a meio caminho do paraíso, ao menos na cabeça deles.

SOB OS ESCOMBROS

Um dia, desci de um telhado para descansar um pouco e fui para o quintal da casa com outro atirador dos Seals. Abri o bipé do rifle e pousei a arma no chão.

De repente, houve uma explosão bem à nossa frente, talvez a três metros de distância. Eu me joguei no chão, me virei e vi o muro de cimento desmoronar. Logo atrás dele, havia dois insurgentes com AKs penduradas no ombro. Pareciam tão espantados quanto nós: os dois também estavam descansando quando um foguete perdido caiu ou alguma bomba caseira disparou.

Aquilo pareceu um antigo duelo de faroeste — quem pegasse a pistola mais rápido sobreviveria.

Eu peguei a minha. Meu companheiro fez o mesmo.

Nós acertamos os dois, mas as balas não os detiveram. Os insurgentes fizeram a curva e atravessaram correndo a casa, depois foram para a rua.

Assim que saíram, foram abatidos pelos fuzileiros que faziam a segurança da rua.

NUM DADO MOMENTO NO INÍCIO DA BATALHA, UM ROJÃO ATINGIU A casa onde eu estava.

Foi numa tarde em que eu tinha me instalado numa janela do último andar. Os fuzileiros no solo estavam levando tiros vindos da rua em frente. Comecei a cobri-los, abatendo alvos um a um. Os iraquianos começaram a atirar em mim, mas felizmente sem muita precisão, que era como eles costumavam atirar.

Então, um rojão acertou a lateral da casa. A parede aguentou o grosso da explosão, o que teve um lado bom e um lado ruim. O bom foi que aquilo me salvou de ir pelos ares, mas a explosão também derrubou um belo pedaço da parede. Os escombros caíram sobre as minhas pernas, pressionaram meus joelhos contra o concreto e me prenderam ali por um instante.

Doeu pra cacete. Chutei um pouco os destroços e continuei disparando nos desgraçados no fim do quarteirão.

— Todo mundo bem? — berrou um dos homens com quem eu estava.

— Estou bem, estou bem! — gritei de volta. Mas as pernas berravam o oposto. Elas doíam pra caralho.

Os insurgentes recuaram, mas depois a situação voltou a se acirrar. Era assim que as coisas aconteciam — uma calmaria, seguida por uma intensa troca de tiros, e então outra calmaria.

Quando o tiroteio enfim parou, eu me levantei e desci do quarto. No térreo, um dos homens apontou para as minhas pernas.

— Você está mancando — disse ele.

— A porra da parede caiu em cima de mim.

O cara olhou para cima. Havia um belo buraco na casa bem no local onde a parede ficava. Até aquele momento, ninguém tinha se dado conta de que eu estava no quarto que o rojão acertara.

EU MANQUEI POR UM TEMPO DEPOIS DAQUILO. UM BOM TEMPO. NO FIM das contas, precisei operar os dois joelhos, embora tenha adiado por alguns anos.

Não procurei um médico. Quem procura um médico é afastado. E eu sabia que dava para ir levando.

NÃO ME FRITEM

VOCÊ NÃO PODE TER MEDO DE ATIRAR. QUANDO VÊ ALGUÉM COM UM explosivo improvisado ou um fuzil se aproximando de seus homens, você tem pleno motivo para disparar. (O fato de um iraquiano portar uma arma não significava necessariamente que ele podia levar um tiro.) As regras de engajamento eram bastante específicas, e, na maioria dos casos, o perigo era óbvio.

Mas algumas situações não eram *exatamente* óbvias: apesar de ser quase certo que a pessoa era um insurgente e provavelmente estava fazendo algo ruim, ainda havia alguma dúvida por causa das circunstâncias ou das imediações — por exemplo, o caminho que ele tomava não levava a uma área onde as tropas se encontravam. Muitas vezes, um cara parecia estar tirando onda com os amigos, completamente alheio ao fato de que eu o observava ou de que havia tropas americanas por perto.

Esses tiros eu não dava.

Eu não podia — era preciso se preocupar com o próprio pescoço. Dê um tiro sem justificativa e você pode ser acusado de assassinato.

Em geral, eu ficava ali sentado, pensando: "Sei que esse filho da puta é mau. Outro dia, eu o vi fazer isso e aquilo na rua, mas aqui ele não está fazendo nada, e se atirar nele não vou conseguir justificar para os advogados. E estarei frito." Existe papelada para tudo. Toda morte confirmada tinha documentação, prova corroborante e uma testemunha.

Então eu não atirava.

Não houve muitos casos assim, sobretudo em Falluja, mas eu sempre estive bastante ciente de que poderia ter que justificar cada morte para os advogados.

Minha postura era: se a justificativa era que eu *pensei* que o alvo estivesse para fazer algo ruim, eu não tinha justificativa. Ele precisava estar *fazendo* algo ruim.

Mesmo seguindo esse padrão, havia muitos alvos. Eu matava uma média de dois a três por dia, às vezes menos, às vezes muito mais, sem perspectiva de acabar.

Uma torre de água surgia acima dos telhados, a poucos quarteirões de onde eu estava empoleirado. Parecia um grande tomate amarelo.

Já a havíamos deixado para trás a alguns quarteirões de distância quando um fuzileiro decidiu subir e retirar a bandeira do Iraque que tremulava dos suportes. Enquanto ele escalava, os insurgentes, que haviam ficado quietos mais cedo durante o ataque, começaram a atirar. Em poucos segundos, o fuzileiro estava ferido e encurralado.

Refizemos nosso caminho, passando por ruas e prédios até encontrarmos os homens que atiravam nele. Quando limpamos a área, mandamos um dos nossos recuperar a bandeira. Depois de retirá-la, nós a enviamos para o fuzileiro no hospital.

FUJÃO MOSTRA QUEM REALMENTE É

Não muito tempo depois, eu e um cara que vou chamar de Fujão estávamos na rua quando tivemos contato com insurgentes iraquianos. Nós nos encolhemos num recuo no muro junto à rua, esperando que a chuva de balas diminuísse.

— Vamos voltar — falei para Fujão. — Você primeiro, eu cubro.

— Beleza.

Coloquei o corpo para fora e disparei fogo de cobertura, o que obrigou os iraquianos a recuar. Esperei alguns segundos para Fujão ficar em posição de me cobrir. Quando achei que tinha se passado tempo suficiente, pulei para fora e comecei a correr.

Balas começaram a voar por todos os lados, mas nenhuma vinha do Fujão. Todas eram dos iraquianos, que tentavam escrever seus nomes nas minhas costas a tiros.

Eu me joguei contra a parede e me esgueirei até o portão. Por um momento, fiquei desorientado: onde estava Fujão?

Ele deveria estar próximo, me esperando, abrigado, para que pudéssemos recuar. Mas Fujão havia sumido. Será que passara por ele na rua?

Não. O filho da puta estava ocupado fazendo por merecer o apelido.

Fiquei encurralado, travado pelos insurgentes e sem meu amigo misteriosamente desaparecido.

O tiroteio iraquiano ficou tão intenso que acabei tendo que chamar reforços. Os fuzileiros mandaram um par de Hummers, e, com o poder de fogo deles como apoio, enfim consegui sair.

Naquele momento, eu já tinha percebido o que acontecera. Quando encontrei Fujão pouco tempo depois, quase o estrangulei — provavelmente teria estrangulado não fosse a presença de um oficial.

— Por que diabo você fugiu? — exigi saber. — Você correu pelo quarteirão sem me cobrir.

— Pensei que você estava vindo atrás.

— Mentira.

Era a segunda vez naquela semana que Fujão fugia de mim sob fogo. A primeira eu deixei passar e quis acreditar que ele estivesse dizendo a verdade. Mas agora não havia dúvida de que ele era um covarde. Assim que Fujão ficava sob fogo, ele simplesmente arregava.

O comando nos separou. Foi uma decisão sábia.

"NÓS SÓ VAMOS ATIRAR"

UM POUCO DEPOIS DA AVENTURA EMPOLGANTE COM FUJÃO, EU ESTAVA descendo da minha posição num dos telhados quando escutei uma porrada de tiros serem disparados por perto. Corri para fora, mas não consegui ver o tiroteio. Então ouvi um chamado no rádio dizendo que havia homens abatidos.

Eu e um colega que chamarei de Águia corremos pelo quarteirão até esbarrarmos com um grupo de fuzileiros que havia recuado após levar tiros a um quarteirão dali. Eles nos informaram que um bando de insurgentes tinha encurralado outros fuzileiros não muito longe dali, e decidimos tentar ajudá-los.

Tentamos achar um ângulo a partir de uma casa próxima, mas ela não era alta o suficiente. Águia e eu nos aproximamos e experimentamos outro lugar. Lá encontramos quatro fuzileiros no telhado, dois deles feridos. As histórias que eles contaram eram confusas, e também não conseguíamos atirar dali. Decidimos retirá-los para que os feridos pudessem ser tratados. O garoto que eu carreguei até embaixo tinha levado um tiro na barriga.

Na rua, recebemos informações melhores dos dois fuzileiros que não haviam sido atingidos e finalmente percebemos que estávamos mirando a casa errada. Começamos a percorrer um beco na direção dos insurgentes, mas após uma pequena distância nos deparamos com obstáculos intransponíveis e tivemos que voltar. Assim que dobrei a esquina e retornei para a rua principal, houve uma explosão atrás de mim — um insurgente nos vira e jogara uma granada.

Um dos fuzileiros que me seguiam caiu. Além de atirador de elite, Águia também era enfermeiro e, após puxarmos o garoto ferido para longe do beco, começou a cuidar dele. Enquanto isso, chamei os outros fuzileiros e continuamos pela rua, na direção da fortaleza dos insurgentes.

Encontramos um segundo grupo de fuzileiros encolhido numa esquina próxima, encurralado pelos tiros que vinham da casa. Eles haviam sido enviados para resgatar o primeiro grupo. Reuni todo mundo e falei que um pequeno grupo nosso avançaria correndo pela rua enquanto os demais dariam fogo de cobertura. Os fuzileiros encurralados estavam a mais ou menos 45 metros, cerca de um quarteirão inteiro.

— Não importa se os senhores conseguem vê-los ou não — expliquei para os fuzileiros. — Nós todos só vamos atirar.

Eu me levantei para ir. Um terrorista pulou no meio da rua e começou a mandar brasa, disparando com uma arma alimentada por fita. Atirando de volta da melhor maneira possível, nós nos abrigamos. Todo mundo se examinou à procura de buracos, mas, por milagre, ninguém tinha levado tiro.

Àquela altura, havia entre quinze e vinte fuzileiros ali comigo.

— Muito bem — falei para eles. — Vamos tentar de novo. Desta vez, a gente consegue.

Saí da esquina com um pulo e corri disparando a arma. O metralhador iraquiano fora baleado e tinha morrido no tiroteio anterior, mas ainda havia muitos inimigos mais adiante na rua.

Eu tinha dado apenas alguns passos quando me dei conta de que nenhum dos fuzileiros me seguira.

Merda. Continuei correndo.

Os insurgentes começaram a concentrar fogo em mim. Enfiei a Mk-11 embaixo do braço e atirei de volta enquanto corria. A semiautomática é uma ótima arma, é versátil, mas, naquela situação em especial, o carregador de vinte projéteis pareceu terrivelmente pequeno. Esvaziei um, apertei o retém, enfiei um segundo e continuei atirando.

Encontrei quatro homens encolhidos perto de um muro, não muito longe da casa. Dois deles eram repórteres integrados aos fuzileiros, e eles tinham uma visão bem melhor da batalha do que acharam que teriam.

— Vou cobrir vocês! — berrei. — Saiam daqui, cacete.

Fiquei de pé e atirei enquanto eles corriam. Um dos fuzileiros me deu um tapinha no ombro ao passar, sinalizando que era o último homem a sair. Pronto para segui-los, dei uma olhadela à direita para verificar o flanco.

Pelo canto do olho, vi um corpo esparramado no chão. Tinha camuflagem dos fuzileiros.

De onde ele veio, se estava lá quando cheguei ou se ele se arrastou até ali de outro lugar, eu não fazia ideia. Corri até o fuzileiro e vi que ele havia sido baleado nas duas pernas. Meti um novo carregador na arma, depois peguei a parte traseira do colete do fuzileiro e o puxei comigo ao recuar.

Em dado momento, enquanto eu corria, um dos insurgentes jogou uma granada de fragmentação. Ela explodiu em algum ponto próximo. Pedaços do muro atingiram a lateral do meu corpo, da nádega até o joelho. Por sorte, o maior fragmento bateu na pistola. Foi pura sorte — poderia ter aberto um belo buraco na minha perna.

Minha bunda ficou dolorida por um tempo, mas ainda parece funcionar direitinho.

Voltamos até onde estavam os outros fuzileiros sem sermos acertados de novo.

Nunca descobri quem era o ferido. Soube que era um segundo-tenente, mas nunca tive a chance de procurá-lo.

Os outros Fuzileiros dizem que eu salvei a vida dele. Mas não fui só eu. Levar todos aqueles caras para um local seguro foi um esforço em conjunto, e todo mundo trabalhou.

O Corpo de Fuzileiros Navais ficou agradecido por eu ter ajudado a resgatar seus homens, e um dos oficiais me indicou para ganhar uma medalha Estrela de Prata.

De acordo com a história que ouvi, os generais decidiram, detrás das mesas, que, como nenhum fuzileiro ganhara uma Estrela de Prata durante o ataque, eles não dariam uma para um Seal. No lugar, eu recebi uma Estrela de Bronze com um B (por bravura em combate).

Só de pensar nisso, tenho vontade de rir.

Medalhas são bacanas, mas têm muito a ver com política, e eu não sou fã de política.

Ao todo, ganhei como Seal duas Estrelas de Prata e cinco Estrelas de Bronze, todas com bravura. Tenho orgulho do tempo de serviço, mas com certeza não fiz aquilo pelas medalhas. Elas não me tornam melhor nem pior do que qualquer outro cara que serviu. Medalhas nunca contam a história completa. E, como eu disse, no fim das contas elas se tornaram mais políticas. Vi homens que mereciam bem mais e homens que mereciam muito menos serem recompensados por superiores que negociavam em nome de qualquer causa pública que defendessem no momento. Por todos esses motivos, não deixo as medalhas à vista em casa ou no trabalho.

Minha esposa sempre me encoraja a organizar ou emoldurar a papelada sobre as medalhas e exibi-las. Políticas ou não, ela ainda acha que são parte da minha história no serviço militar.

Talvez algum dia eu mude de ideia.

Mas é mais provável que não.

MEU UNIFORME FICOU COBERTO POR TANTO SANGUE DO ATAQUE QUE OS fuzileiros arrumaram um uniforme deles para mim. Daquele momento em diante, passei a parecer um fuzileiro em camuflagem digital.

Foi meio esquisito usar o uniforme de outra pessoa. No entanto, também foi uma honra ser considerado integrante da equipe a ponto de vestir a roupa deles. Melhor ainda, os fuzileiros me deram um casaco e um gorro de lã — fazia frio por lá.

TAYA:

Após um desdobramento, estávamos no carro e Chris disse, do nada:

— Você sabia que, quando alguém morre de determinada forma, exala um cheiro específico?

E eu respondi:

— Não, eu não sabia.

Aos poucos, eu soube da história:

Foi bem macabra.

As histórias surgiam assim. Muitas vezes, ele me contava as coisas para ver o que eu poderia suportar. Eu disse que realmente não me importava com o que ele fizera durante a guerra, de verdade. Chris tinha meu apoio incondicional. Ainda assim, ele precisava ir devagar, preparar o terreno. Acho que Chris desejava saber se eu não iria encará-lo de maneira diferente, e, talvez, mais do que isso, ele sabia que haveria um novo desdobramento e não queria me assustar.

Na minha opinião, qualquer um que tenha um problema com o que os homens fazem lá é incapaz de sentir empatia. As pessoas querem que os Estados Unidos mantenham uma imagem quando lutamos. No entanto, acho que elas não ficariam tão preocupadas em bancar as boazinhas se estivessem sendo alvejadas e precisassem proteger seus familiares enquanto se feriam lutando contra um inimigo que se esconde atrás de crianças, se finge de morto apenas para jogar uma granada e não tem problemas em matar o próprio filho com uma granada cujo pino eles mesmos puxaram.

Chris obedecia às regras de engajamento porque era obrigado. Algumas das mais abrangentes são boas. O problema das que cobrem minúcias é que, na verdade, os terroristas estão pouco se fodendo para a Convenção de Genebra. Portanto, dissecar cada ação de um soldado contra um inimigo sombrio e perverso que não segue regras é mais do que ridículo — é desprezível.

Eu quero que meu marido e outros americanos voltem para casa vivos. Logo, a não ser pela minha preocupação com a segurança de Chris, eu não tinha medo de ouvir qualquer coisa que ele quisesse compartilhar. Mesmo antes de escutar as histórias, *jamais tive a ilusão de que a guerra era uma coisa bonita ou bacana.*

Quando ele me contou que matara alguém de perto, tudo o que pensei foi: Graças a Deus, Chris está bem.

E depois: Você é meio sinistro. Uau.

Na maior parte do tempo, não conversávamos sobre mortes ou guerra, mas às vezes o assunto surgia.

Porém, nem sempre era de um jeito ruim: certo dia, Chris estava trocando o óleo num posto da vizinhança. Alguns homens estavam na entrada com ele. O atendente o chamou. Ele pagou a conta e se sentou outra vez.

Um cara que aguardava o próprio carro olhou para ele e perguntou:

— Você é Chris Kyle?

— Sim.

— Você esteve em Falluja?

— Sim.

— Puta que o pariu, você foi o cara que salvou a nossa pele.

O pai do sujeito estava lá e chegou perto para agradecer e cumprimentar Chris. Todos eles diziam coisas como "Você foi demais. Você matou mais gente do que qualquer outro."

Chris ficou envergonhado e respondeu, com muita humildade:

— Todos vocês salvaram a minha pele também.

E foi isso.

7

NO MEIO DO CAOS

NA RUA

O GAROTO ME OLHOU COM UMA MISTURA DE EMPOLGAÇÃO E INCREDU-lidade. Ele era um jovem fuzileiro, ansioso, porém endurecido pelo combate que havíamos travado na semana anterior.

— O senhor quer ser um atirador de elite? — perguntei. — Agora mesmo?

— Sim, porra! — respondeu ele, enfim.

— Ótimo — comentei ao passar a Mk-11 para o moleque. — Me dê a sua M-16. Fique com meu rifle. Vou entrar pela porta da frente.

E, dito isso, fui até o esquadrão que vinha trabalhando com a gente e disse que iria ajudá-los a atacar as casas.

No DECORRER DOS ÚLTIMOS DIAS, OS INSURGENTES TINHAM PARADO DE sair para lutar conosco. O índice de mortes das vigílias caíra. Os bandidos estavam ficando dentro de casa porque sabiam que, se saíssem, atiraríamos neles.

Eles não desistiram. Em vez disso, resistiam no interior das construções, onde emboscavam e lutavam contra os fuzileiros nos cômodos pequenos e corredores apertados. Eu via muitos dos nossos homens sendo levados para fora, tratados e evacuados.

Já havia algum tempo, eu andava com a ideia de ir à rua, até que enfim decidi levá-la a cabo. Escolhi um dos soldados que ajudavam a equipe de atiradores de elite. Ele parecia ser um bom garoto, com muito potencial.

Parte do motivo para ir à rua foi que eu estava entediado. Mas a principal razão era que eu achava que poderia proteger melhor os fuzileiros se estivesse junto.

Eles estavam entrando pela porta da frente daqueles prédios e sendo mortos. Eu via os fuzileiros entrarem, ouvia tiros, e no instante seguinte eles retiravam alguém de maca porque o cara tinha acabado de levar um tiro. Aquilo me deixava puto.

Adoro os fuzileiros, mas a verdade é que esses caras nunca foram ensinados a tomar um cômodo como eu fui. Não é a especialidade deles. Todos eram guerreiros cascudos, mas tinham muito o que aprender sobre conflito urbano. A maioria era coisa simples: como segurar o fuzil ao entrar num cômodo para dificultar que alguém pegue a arma; para onde se dirigir lá dentro; como combater em 360 graus dentro de uma cidade — coisas que os Seals aprendem tão bem que podemos fazer com o pé nas costas.

O esquadrão não tinha um oficial. O graduado de maior patente era um segundo-sargento dos Fuzileiros Navais. Eu era um terceiro-sargento, logo abaixo da patente dele, mas o sujeito não teve problema em me deixar controlar as abordagens. Vínhamos trabalhando juntos havia algum tempo, e acho que eu já ganhara certo respeito. Além disso, ele também não queria que seus homens levassem tiros.

— Olha, eu sou um Seal, e os senhores são Fuzileiros Navais — falei para os caras. — Não sou melhor do que os senhores. A única diferença entre nós é que eu passei mais tempo me especializando e treinando neste tipo de coisa. Deixem-me ajudá-los.

Treinamos um pouco durante o descanso. Dei alguns dos meus explosivos para um dos integrantes do esquadrão que tinha experiência com o material. Fizemos um pequeno ensaio sobre como arrancar fechaduras. Até aquele momento, os fuzileiros possuíam tão poucos explosivos que, na maior parte do tempo, só derrubavam as portas, o que, obviamente, levava tempo e os deixava mais vulneráveis.

Com o fim do descanso, começamos a invadir.

NO INTERIOR

Eu fui na frente.

Enquanto esperava do lado de fora da primeira casa, pensei nos caras que vira sendo retirados.

Eu não queria ser um deles.

No entanto, eu poderia ser.

Foi difícil tirar isso da cabeça. Eu também sabia que estaria numa en-rascada fodida se fosse ferido — descer às ruas não era o que eu deveria fazer, ao menos não do ponto de vista de um oficial. Sem dúvida, era a coisa certa — o que eu sentia que *precisava* fazer —, porém deixaria o comando muitíssimo puto.

Mas esse seria o menor dos problemas se eu levasse um tiro, não é?

— Vamos lá — falei.

Explodimos a porta. Eu fui na frente, guiado pelo treinamento e pelos instintos. Liberei o primeiro cômodo, fui para o lado e comecei a organizar o tráfego. O ritmo era rápido, automático. Assim que tudo começou e eu entrei na casa, algo tomou conta de mim. Não me preocupei mais com bai-xas. Não pensei em nada além da porta, da casa, do cômodo — tudo isso era suficiente.

AO ENTRAR NUMA CASA, VOCÊ NUNCA SABE O QUE VAI ENCONTRAR. MES-mo que libere o térreo sem problemas, não dá para ignorar o resto do local. Ao subir para o segundo andar, é possível ter a sensação de que os cômodos estão vazios ou de que não haverá problemas lá em cima, mas ela é perigosa. Nunca se sabe realmente o que há nos lugares. Cada cômodo tinha que ser liberado, e, mesmo assim, era preciso se manter em guarda. Muitas vezes, após tomarmos uma casa, nos atacavam com tiros e granadas.

Embora muitas residências fossem pequenas e apertadas, também avan-çamos para uma área próspera da cidade conforme a batalha foi progredin-do. Lá as ruas eram pavimentadas, e, do lado de fora, os prédios pareciam palácios em miniatura. Contudo, assim que você passava da fachada e via os cômodos, a maioria estava em ruínas. Qualquer iraquiano que tivesse tanto dinheiro assim havia fugido ou sido morto.

DURANTE OS INTERVALOS, EU LEVAVA OS FUZILEIROS PARA PASSAR ALGU-mas instruções. Enquanto outras unidades almoçavam, eu ensinava para eles tudo o que aprendera sobre liberar um cômodo.

— Vejam bem, não quero perder ninguém! — gritei para eles.

Eu não queria ouvir discussão. Dei uma canseira neles, tirei o couro dos caras enquanto deveriam estar descansando. Mas é assim que os fuzileiros são — você dá uma surra e eles voltam pedindo mais.

INVADIMOS UMA CASA COM UMA GRANDE SALA DE ESTAR. SURPREENDE-mos completamente os moradores.

Mas eu também fiquei surpreso — ao irromper pela porta, vi um monte de caras ali usando camuflagem da Tempestade no Deserto, na primeira Guerra do Golfo, aquela coisa antiga e marrom que lembrava um cookie com gotas de chocolate. Estavam equipados, e todos eram caucasianos, um ou dois com cabelos louros, e obviamente não eram iraquianos ou árabes.

Que porra é essa?

Nós nos entreolhamos. Algo deu um estalo no meu cérebro, apertei o gatilho da M-16 e metralhei os caras.

Meio segundo de hesitação a mais, e teria sido eu sangrando no chão. Eles eram chechenos, muçulmanos aparentemente recrutados para uma guerra santa contra o Ocidente. (Descobrimos os passaportes após vasculhar a casa.)

VELHO

NÃO FAÇO IDEIA DE QUANTOS QUARTEIRÕES, MUITO MENOS QUANTAS casas, nós abordamos. Os fuzileiros seguiram um plano meticuloso — tínhamos que estar em determinado local a cada horário de almoço, depois alcançar outro objetivo ao cair da noite. Toda a força de invasão cruzava a cidade de maneira coreografada, garantindo que não houvesse buracos ou pontos fracos por onde os insurgentes pudessem vir por trás e atacar.

De vez em quando, encontrávamos um prédio ainda ocupado por famílias, mas na maior parte dos casos as únicas pessoas que víamos eram insurgentes.

Fazíamos uma varredura completa em cada casa. Numa delas, ouvimos gemidos fracos ao descermos para o porão. Havia dois homens pendurados em correntes na parede. Um estava morto, e o outro, quase. Ambos tinham sido severamente torturados com choques elétricos e Deus sabe o que mais. Eram iraquianos, aparentemente retardados mentais — os insurgentes quiseram garantir que eles não falariam conosco, mas decidiram se divertir um pouco com eles primeiro.

O segundo homem morreu enquanto o enfermeiro cuidava dele.

Havia um estandarte negro no chão, do tipo que os fanáticos gostam de exibir nos vídeos em que decapitam ocidentais. Havia braços e pernas amputados, e mais sangue do que se possa imaginar.

O lugar tinha um cheiro horrível.

Após alguns dias, um dos atiradores de elite dos fuzileiros decidiu descer comigo, e nós dois começamos a liderar as ações diretas.

Tomávamos uma casa no lado direito da rua, depois atravessávamos e tomávamos a casa do outro lado. Indo e voltando, indo e voltando. Tudo isso levou bastante tempo. Tínhamos que contornar portões, chegar às portas, explodi-las, entrar correndo. A escória no interior tinha tempo de sobra para se preparar. Sem falar que, mesmo com a quantidade que eu arrumei, os explosivos estavam no fim.

Um carro blindado dos fuzileiros trabalhava conosco, seguindo no meio da rua conforme avançávamos. Ele só possuía uma calibre .50 como arma, mas sua grande vantagem era o tamanho. Nenhum muro iraquiano ficava de pé quando o blindado engrenava.

Fui até o comandante.

— Olha, isso é o que eu quero que o senhor faça. Estamos ficando sem explosivos. Atravesse o muro em frente à casa e meta uns cinco tiros com a .50 na porta da frente. Depois recue, e a gente cuida do resto.

Então começamos a agir daquela forma. Conseguimos poupar explosivos e avançamos muito mais rápido.

Subir e descer escadas, correr até o telhado, voltar ao térreo, atacar a próxima casa — chegou a um ponto em que tomávamos entre cinquenta e cem casas por dia.

Os fuzileiros mal se cansavam, mas eu perdi mais de dez quilos naquelas quase seis semanas em que estive em Falluja. A maior parte eu suei ali no solo. Aquele trabalho era cansativo.

Todos os fuzileiros eram bem mais jovens do que eu — alguns, praticamente adolescentes. Acho que eu ainda tinha cara de moleque, porque, quando conversávamos e, por uma razão qualquer, eu dizia a minha idade, os fuzileiros me encaravam e falavam:

— O senhor é *tão* velho assim?

Eu tinha trinta anos. Um velho em Falluja.

APENAS OUTRO DIA

Conforme o avanço dos fuzileiros se aproximava do limite da zona sul da cidade, a ação no solo na nossa seção começou a minguar. Voltei aos telhados e recomecei as vigílias, pensando que pegaria mais alvos de lá. O rumo da batalha havia mudado. Os Estados Unidos tinham arrancado dos inimigos o controle quase total da cidade, e agora era apenas questão de tempo até que a resistência entrasse em colapso. Mas, como eu estava no meio da ação, não dava para dizer com certeza.

Sabendo que, para nós, os cemitérios são sagrados, os insurgentes geralmente os usavam para esconder depósitos de armas e explosivos. Em dado momento, estávamos num esconderijo com vista para os muros de um cemitério enorme que ficava no meio de Falluja. Com mais ou menos três campos de futebol de comprimento por dois de largura, era uma cidade cimentada dos mortos, cheia de lápides e mausoléus. Nós nos instalamos num telhado perto de uma torre de oração e de uma mesquita que davam para a cidade.

O telhado onde estávamos era bem elaborado. Era cercado por uma mureta de tijolos pontuada por grades de ferro, que nos davam excelentes posições de tiro. Fiquei de cócoras, enfiei o rifle numa brecha no gradil e estudei os caminhos entre as pedras a algumas centenas de metros lá fora. Havia tanta poeira e areia no ar que fiquei com os óculos de proteção. Em Falluja, também aprendi a manter o capacete bem firme, com medo das lascas e fragmentos de cimento que voavam da alvenaria quebrada durante um tiroteio.

Notei algumas figuras andando no pátio do cemitério. Mirei em uma e atirei.

Em poucos segundos, estávamos completamente empenhados num tiroteio. Insurgentes não paravam de aparecer atrás das pedras — eu não sabia se havia um túnel, ou de onde eles saíam. A 60 cuspiu chumbo ali perto.

Estudei meus disparos enquanto os fuzileiros à minha volta cuspiam fogo. Tudo o que eles faziam ia para o segundo plano quando eu colocava cuidadosamente a luneta num alvo, estabilizava a mira no centro de massa e depois puxava o gatilho com extrema delicadeza. Quando a bala saltou do cano, foi quase uma surpresa.

O alvo caiu. Procurei outro. E mais outro. E por aí foi.

Até que, no fim, não havia mais alvos. Eu me levantei e andei um pouco até um ponto onde o muro me protegia completamente caso houvesse alguém no cemitério. Lá, tirei o capacete e me recostei. O telhado estava coalhado de cápsulas deflagradas — centenas, se não milhares.

Alguém ofereceu uma grande garrafa d'água de plástico. Um fuzileiro tirou a mochila e a usou como travesseiro para dormir um pouco. Outro desceu as escadas até a loja no térreo, que era uma tabacaria — ele voltou com caixas de cigarros aromatizados. O fuzileiro acendeu alguns, e um cheiro de cereja se misturou ao forte odor que o Iraque sempre exalava, de esgoto, suor e morte.

Apenas outro dia em Falluja.

As ruas estavam cobertas de estilhaços e entulho. A cidade, que nunca fora propriamente um cartão-postal, estava um lixo. Havia garrafas d'água amassadas no meio da rua, ao lado de pilhas de madeira e metal retorcido. Trabalhávamos num quarteirão com prédios de três andares, cujos térreos eram cheios de lojas. Cada um dos toldos estava coberto por uma camada espessa de poeira e areia, o que transformava as cores fortes dos tecidos num borrão esfumaçado. Tapumes de metal bloqueavam a maioria das fachadas — eles estavam crivados de estilhaços. Alguns tinham folhetos que mostravam insurgentes procurados pelo governo legítimo.

Tenho algumas fotos daquela época. Mesmo nas cenas mais comuns e menos dramáticas, os efeitos da guerra são óbvios. De vez em quando, há um sinal da vida normal antes da guerra, algo que não tem nada a ver com aquilo: um brinquedo de criança, por exemplo.

Guerra e paz não parecem combinar.

O MELHOR TIRO DE TODOS OS TEMPOS DE UM ATIRADOR DE ELITE

A Aeronáutica, os Fuzileiros Navais e a Marinha realizavam missões de apoio aéreo em cima de nós. Tínhamos tanta confiança neles que podíamos requisitar ataques aéreos logo ali na esquina.

Um de nossos homens de comunicação, que trabalhava na outra rua, estava com uma unidade que ficou sob fogo cerrado, disparado de um prédio repleto de insurgentes. Ele usou o rádio para contatar os fuzileiros e solicitar autorização para requisitar um ataque aéreo. Assim que o pedido foi aprovado, ele ligou para um piloto e deu a localização e os detalhes.

— Perigo próximo! — avisou o homem pelo rádio. — Abriguem-se.

Nós nos enfiamos dentro do prédio. Não tenho ideia do tamanho da bomba que o piloto lançou, mas a explosão sacudiu as paredes. Depois, meu amigo relatou que ela matara mais de trinta insurgentes — um sinal tanto da quantidade de gente que tentava nos matar quanto da importância que o apoio aéreo tinha para nós.

Preciso dizer que todos os pilotos que passavam lá em cima eram bem precisos. Em muitas situações, requisitamos que bombas e mísseis acertassem a poucas centenas de metros. Isso é perto pra cacete quando estamos falando de meia tonelada ou mais de destruição. Mas não houve incidentes, e eu também tinha muita confiança de que eles podiam dar conta do recado.

Certo dia, um grupo de fuzileiros perto de nós começou a levar tiros vindos de um minarete, numa mesquita a poucos quarteirões de distância. Podíamos ver o local de onde o atirador disparava, mas não conseguíamos acertá-lo. O sujeito tinha uma posição perfeita, capaz de controlar boa parte da cidade embaixo dele.

Embora qualquer coisa ligada a uma mesquita geralmente estivesse fora de cogitação, a presença do atirador de elite tornou o local um alvo legítimo. Requisitamos um ataque aéreo na torre, que tinha um domo alto com janelas no topo e dois conjuntos de passarelas em volta, o que a deixava um pouco parecida com uma torre de controle de tráfego aéreo. O telhado era feito de vidraças, e no alto dele havia um mastro pontudo.

Nós nos agachamos quando a aeronave chegou. A bomba voou pelo céu, bateu no topo do minarete e passou direto por uma das grandes vidraças lá de cima. Ela continuou descendo até um pátio do outro lado do beco e sofreu uma detonação imperfeita — explodiu sem um impacto muito visível.

— Merda — falei. — O piloto errou. Vamos pegar o filho da puta nós mesmos.

Corremos por alguns quarteirões e entramos na torre, subimos o que pareceu ser um lance infinito de escadas. A qualquer momento, esperávamos que a segurança do atirador de elite ou ele mesmo surgisse em cima e começasse a atirar na gente.

Ninguém apareceu. Quando chegamos ao topo, vimos o motivo. O atirador, sozinho no prédio, tinha sido decapitado quando a bomba voara pela janela.

Mas não foi só isso que ela fez. Por acaso, o beco onde a bomba caíra estava cheio de insurgentes. Achamos os corpos e as armas pouco tempo depois.

Acho que aquele foi o melhor disparo de um atirador de elite que eu vi na vida.

REDISTRIBUÍDO

Após eu passar umas duas semanas trabalhando com a Companhia Kilo, os comandantes chamaram de volta todos os atiradores de elite dos Seals para que pudessem nos redistribuir onde fôssemos necessários.

— O que você está fazendo lá fora? — perguntou um dos primeiros Seals que encontrei. — Estamos ouvindo um papo de que você está lá no solo.

— Sim, estou. Ninguém está saindo às ruas.

— Que merda você está fazendo? — perguntou ele ao me puxar para uma conversa em particular. — Sabe que, se o comandante descobrir isso, você já era.

O sujeito estava certo, mas dei de ombros. No fundo, eu sabia o que precisava fazer. Também tinha muita confiança no oficial que era meu comandante imediato. Ele era um cara sincero, dedicado a fazer o serviço que precisava ser feito.

Isso sem falar no fato de que eu estava tão distante do alto comando que teria levado muito tempo para eles descobrirem, quanto mais darem ordens para que eu fosse afastado.

Um monte de outros caras se aproximou e começou a concordar comigo: era nas ruas que precisávamos estar. Não faço ideia do que acabaram fazendo. Mas, com certeza, para todos os efeitos, eles permaneceram nos telhados, atuando como atiradores de elite.

— Bem, em vez de usar aquela M-16 de fuzileiro naval — falou um dos caras da Costa Leste —, eu trouxe minha M-4 comigo. Você pode pegar emprestada se quiser.

— Sério?

Peguei e acabei conseguindo matar um monte de gente com ela. Tanto a M-16 quanto a M-4 são boas armas. Os fuzileiros preferem o modelo mais recente da M-16 por vários motivos que têm a ver com a forma como eles lutam. Obviamente, em combate em espaços confinados, eu preferia a M-4, que tem um cano mais curto, e fiquei contente por ter pegado emprestada a arma do meu amigo pelo resto do tempo que passei em Falluja.

Fui designado para trabalhar com a Companhia Lima, que operava a alguns quarteirões de distância da Kilo. A Lima estava ajudando a tapar buracos — atacava grupos de insurgentes que tinham entrado de mansinho ou passado despercebidos. Lá havia muita ação.

Naquela noite, fui até a liderança da companhia, dentro de uma casa que eles haviam tomado mais cedo, durante o dia. O comandante dos fuzileiros já tinha ouvido que eu andara trabalhando com a Kilo e, após conversarmos um pouco, me perguntou o que eu queria fazer.

— Eu gostaria de estar na rua com todos vocês.

— Está ótimo.

A Companhia Lima se revelou outro grande grupo.

NÃO CONTE PARA A MINHA MÃE

Alguns dias depois, enquanto limpávamos um quarteirão, ouvi disparos numa rua próxima. Falei com os fuzileiros que estavam comigo para permanecerem ali e depois corri até lá para ver se podia ajudar.

Encontrei outro grupo de fuzileiros, que começara a percorrer um beco e esbarrara com fogo cerrado. Eles já haviam recuado e se abrigado quando cheguei lá.

Um garoto não tinha conseguido retroceder. Ele estava deitado a alguns metros, chorando de dor.

Comecei a cuspir fogo e corri para agarrá-lo e puxá-lo de volta. Ao chegar lá, vi que o fuzileiro estava em péssimo estado, com uma bala na barriga. Eu me abaixei, passei o braço embaixo do braço dele e comecei a arrastá-lo para trás.

De alguma forma acabei escorregando ao andar. Caí de costas, com ele em cima de mim. Àquela altura, eu estava tão cansado e sem fôlego que simplesmente fiquei ali deitado por alguns minutos, ainda na linha de fogo, com as balas passando.

O moleque tinha uns dezoito anos. Estava gravemente ferido. Notei que ele ia morrer.

— Por favor, não conte para a minha mãe que eu morri sofrendo — murmurou ele.

Porra, garoto, eu nem sei quem você é, pensei. *Não vou contar nada para sua mãe.*

— Ok, ok — respondi. — Não se preocupe. Não se preocupe. Todo mundo vai dizer que foi bacana. Bacana mesmo.

Ele morreu bem naquela hora. Nem sobreviveu o suficiente para ouvir as mentiras de que tudo acabaria bem.

Um bando de fuzileiros chegou, levantou o moleque de cima de mim e o colocou na traseira de um Hummer. Requisitamos um bombardeio e destruímos as posições de tiro de onde viera o fogo, no fim do beco.

Voltei ao meu quarteirão e continuei lutando.

DIA DE AÇÃO DE GRAÇAS

Eu pensava nas baixas que vira e no fato de que poderia ser o próximo a sair carregado. Mas eu não desistiria. Não pararia de invadir casas ou apoiá-los do telhado. Não podia decepcionar os jovens fuzileiros com quem eu estava.

Falei para mim mesmo: "Eu sou um Seal. Tenho a obrigação de ser melhor e mais cascudo. Não posso desistir deles."

Eu não me considerava mais cascudo ou melhor do que os fuzileiros, mas essa era a visão que as pessoas tinham da gente. E eu não queria decepcioná--las. Não desejava falhar aos olhos dessas pessoas — e aos meus.

Essa era a linha de raciocínio que enfiaram na nossa cabeça: "Nós somos os melhores dos melhores. Somos invencíveis."

Não sei se sou o melhor dos melhores, mas sabia que, se desistisse, eu não seria.

E, de fato, eu me sentia invencível. Só podia ser: sobrevivi a todo tipo de combate sem ser morto... Até então.

O Dia de Ação de Graças passou voando enquanto estávamos no meio da batalha.

Eu me recordo de receber a refeição do dia. Eles pararam o ataque um pouquinho — talvez por meia hora — e levaram comida para o telhado onde estávamos instalados.

Peru, purê de batatas, recheio e ervilhas para dez pessoas — tudo numa caixa grande.

Tudo junto. Sem caixas separadas, sem compartimentos. Tudo numa única pilha.

Também sem pratos, garfos, facas, colheres.

Metemos as mãos e comemos com os dedos. Isso foi o Dia de Ação de Graças.

Comparado às refeições prontas que andávamos comendo, aquilo estava maravilhoso.

ATACANDO O BREJO

Fiquei com a Companhia Lima por mais ou menos uma semana e depois voltei para a Kilo. Foi horrível saber quem levara tiro e quem morrera durante o tempo em que estivera ausente.

Com o ataque praticamente encerrado, recebemos uma nova missão: estabelecer um cordão de isolamento para garantir que nenhum insurgente conseguisse voltar. Nosso setor ficava perto do Eufrates, na zona oeste da cidade. Daquele momento em diante, voltei a ser um atirador de elite. E, como calculei que a partir de então a maioria dos tiros seria de longa distância, voltei a usar a .300 Win Mag.

Nós nos estabelecemos numa casa de dois andares que dava vista para o rio, a algumas centenas de metros da ponte Blackwater. Havia uma área pantanosa bem do outro lado do rio, tomada por ervas daninhas e tudo o mais. Ficava perto de um hospital que os insurgentes tinham transformado em quartel-general antes do ataque, e mesmo agora a região parecia atrair um monte de selvagens.

Toda noite, havia alguém tentando sondar a partir dali. Toda noite, eu dava uns tiros e abatia um ou dois, às vezes mais.

O novo exército iraquiano tinha um acampamento próximo. Os idiotas meteram na cabeça a ideia de também dar uns tiros na nossa direção. Todo dia. Penduramos o painel VS sobre a nossa posição para indicar que éramos aliados, e os tiros continuavam vindo. Falamos com o comando deles via rádio. Os tiros continuavam vindo. Ligamos de novo e xingamos o comando. Os tiros continuavam vindo. Tentamos de tudo para que eles parassem, menos requisitar um bombardeio.

O RETORNO DE FUJÃO

Fujão se juntou a mim novamente na Kilo. Àquela altura, eu havia esfriado a cabeça e tentei manter uma relação mais ou menos civilizada, embora não tivesse mudado minha opinião sobre ele.

Acho que nem o próprio Fujão. Foi ridículo.

Certa noite, ele estava no telhado conosco quando começamos a levar tiros dos insurgentes por toda parte.

Eu me abaixei atrás do muro do perímetro, que tinha meio metro de altura. Assim que o tiroteio diminuiu, dei uma olhadela por cima do telhado para ver de onde saíam as balas. No entanto, estava escuro demais, e não consegui enxergar nada.

Vieram mais tiros. Todo mundo se abaixou de novo, eu só um pouquinho, na esperança de ver um clarão de disparo no escuro. Não conseguia enxergar nada.

— Vamos — falei. — Eles não são precisos. De onde estão atirando?

Nenhuma resposta de Fujão.

— Fujão, procure o clarão de disparo — pedi.

Não ouvi resposta. Vieram mais dois ou três tiros, sem que eu conseguisse definir a origem. Enfim me virei para perguntar se ele tinha visto alguma coisa.

Fujão sumira. Ele havia descido — até onde eu sei, a única coisa que o detivera fora a porta trancada onde os fuzileiros faziam a segurança.

— Eu podia ter morrido lá em cima — disse Fujão quando o encontrei.

Eu o deixei lá embaixo e mandei que ele enviasse, em seu lugar, um dos fuzileiros que faziam a segurança. Ao menos eu sabia que o outro cara não fugiria.

COM O TEMPO, FUJÃO FOI TRANSFERIDO PARA OUTRO LUGAR, ONDE NÃO entraria mais em combate. Ele havia perdido a coragem. O próprio Fujão deveria ter pedido para sair dali. Isso teria sido vergonhoso, mas será que dava para ficar tão pior? Ele precisava ficar convencendo todo mundo de que não era frouxo, quando a prova estava lá para todos verem.

Agindo como o grande guerreiro que era, Fujão declarou para os fuzileiros que nós, Seals e atiradores de elite, estávamos sendo desperdiçados nas vigílias.

— Seals não deveriam ficar aqui. Esta não é uma missão de operações especiais — argumentou Fujão, mas o problema não era só com os Seals, como ele mesmo logo deixou claro. — Esses iraquianos vão se reagrupar e nos atropelar.

A previsão acabou sendo só um pouquinho errada. Mas veja pelo lado positivo: ele tem um futuro brilhante como estrategista militar.

O BREJO

O PROBLEMA DE VERDADE ERAM OS INSURGENTES QUE USAVAM O BREJO do outro lado do rio como cobertura. A margem era pontilhada por inúmeras ilhas pequenas, com árvores e moitas. Havia uma velha fundação ou uma pilha de terra acumulada aqui e ali, e pedras apareciam entre os arbustos.

Os insurgentes vinham da vegetação, davam tiros e voltavam de mansinho, onde não conseguíamos vê-los. O mato era tão denso que eles podiam chegar bem perto não só do rio, mas de nós — geralmente a cem metros —, sem serem vistos. Até os iraquianos conseguiam acertar alguma coisa a essa distância.

Para complicar ainda mais a situação, uma manada de búfalos-asiáticos morava no brejo, e eles passavam de vez em quando. A pessoa ouvia alguma coisa ou via a grama se mexer e não sabia se era um insurgente ou um animal.

Tentamos ser criativos e requisitamos um bombardeio de napalm no brejo para queimar a vegetação.

A ideia foi vetada.

Conforme as noites passavam, percebi que o número de insurgentes aumentava. Ficou óbvio que eu estava sendo sondado. Com o tempo, eles talvez conseguissem reunir tantos homens que eu não seria capaz de matar todos.

Não que eu não fosse me divertir tentando.

Os fuzileiros levaram um controlador avançado para requisitar apoio aéreo contra os insurgentes. O sujeito que eles enviaram era um aviador dos fuzileiros, um piloto, que trabalhava num rodízio terrestre. Ele tentou requisitar ataques aéreos algumas vezes, mas os pedidos sempre eram negados pelo alto escalão da cadeia de comando.

Na época, me disseram que tinha havido tanta devastação na cidade que eles não queriam mais danos colaterais. Eu não entendia como explodir um bando de ervas daninhas e lodo faria Falluja ficar pior do que já estava, mas, por outro lado, sou apenas um Seal e obviamente não entendo desse tipo de assunto complicado.

De qualquer forma, o piloto era um sujeito bacana. Não era metido ou arrogante — ninguém diria que era um oficial. Todos nós gostávamos dele e o respeitávamos. E, só para provar que não havia ressentimento, de vez em quando o deixávamos ficar no rifle. O cara nunca acertou nenhum tiro.

Além do controlador aéreo avançado, os fuzileiros mandaram um esquadrão de apetrechos de acompanhamento, mais atiradores de elite e, depois, atiradores de morteiro, que levaram algumas cargas de fósforo branco e as lançaram como tentativa de queimar o mato. Infelizmente, as cargas só conseguiram incendiar pequenos trechos do brejo — o fogo queimava um pouco, depois diminuía e apagava porque o terreno era úmido demais.

A tentativa seguinte foi jogar granadas de termite. Uma granada de termite é um artefato incendiário que queima a 2.200 graus e consegue atravessar meio centímetro de aço em poucos segundos. Descemos até o rio e lançamos as granadas para o outro lado.

Também não deu certo. Então começamos a fazer nossos próprios preparados caseiros. Combinando o destacamento de atiradores de elite dos fuzileiros e os atiradores de morteiro, havia uma grande quantidade de mentes criativas concentradas naquele brejo. De todos os planos, um dos meus preferidos envolveu o uso das cargas propelentes dirigidas que os atiradores de morteiro costumavam carregar. (O propelente dispara as granadas dos morteiros. A distância pode ser ajustada variando-se a quantidade de propelente usada para disparar o obus.) Enfiamos um pouco de propelente no tubo, adicionamos um monte de cordel detonante, um pouco de diesel, e colocamos uma espoleta por temporizador. Depois, carregamos a geringonça até o outro lado do rio para ver o que ia acontecer.

Conseguimos alguns belos clarões, mas nada do que bolamos funcionou muito bem.

Se ao menos tivéssemos um lança-chamas...

O BREJO PERMANECEU SENDO UM "AMBIENTE REPLETO DE ALVOS" CHEIO de insurgentes. Devo ter matado dezoito ou dezenove naquela semana. O resto do pessoal fez o total chegar a trinta ou mais naquela área.

O rio parecia ter um apelo especial para os inimigos. Enquanto buscávamos várias maneiras de queimar o brejo, eles tentavam de todas as formas cruzar o rio.

A mais bizarra envolveu bolas de praia.

BOLAS DE PRAIA E TIROS DE LONGA DISTÂNCIA

Certa tarde, eu estava de vigia num telhado quando um grupo de uns quinze insurgentes completamente armados saiu do abrigo. Estavam com coletes à prova de balas e muito equipados. (Mais tarde, descobrimos que eram tunisianos, aparentemente recrutados por um grupo militante para combater americanos no Iraque.)

Não era nada fora do comum, a não ser pelo fato de que os insurgentes também carregavam quatro bolas de praia coloridas muito grandes.

Eu não conseguia acreditar no que via — eles se separaram em grupos e entraram na água, quatro homens por bola. Depois, usaram as bolas para boiar e começaram a cruzar o rio remando com os braços.

Minha missão era não permitir que eles chegassem à outra margem, mas isso não significava necessariamente que eu precisava atirar em cada insurgente. Porra, eu tinha que guardar balas para enfrentamentos futuros.

Atirei na primeira bola. Os quatro homens começaram a se debater na direção das outras.

Pou.

Atirei na bola número dois.

Era meio divertido.

Mentira — era *muito* divertido. Os insurgentes estavam lutando entre si, pois o plano engenhoso para matar americanos se voltara contra eles.

— Vocês têm que ver isso — falei para os fuzileiros assim que atirei na bola número três.

Eles chegaram à lateral do telhado e assistiram aos insurgentes disputando entre si a última bola de praia. Os que não conseguiram se agarrar afundaram e se afogaram na hora.

Assisti à disputa por mais um tempo, depois atirei na última bola. Os fuzileiros acabaram com o sofrimento do restante dos insurgentes.

Aqueles foram meus tiros mais estranhos. O mais distante aconteceu por volta daquela época.

Certo dia, um trio de insurgentes apareceu na margem subindo o rio, bem fora de alcance, a pelo menos 1.500 metros. Alguns já haviam tentado ficar ali, sabendo que não conseguíamos atirar neles porque estavam muito longe. As regras de engajamento permitiam que nós os abatêssemos, mas a distância era tão grande que não fazia sentido disparar. Aparentemente percebendo que estavam seguros, os três debochavam de nós como um bando de delinquentes juvenis.

O controlador aéreo avançado se aproximou e começou a rir de mim enquanto eu olhava o trio pela luneta.

— Chris, você nunca vai atingi-los.

Bem, eu não disse que tentaria, mas as palavras dele quase fizeram parecer um desafio. Alguns fuzileiros apareceram e falaram mais ou menos a mesma coisa.

Sempre que alguém me diz que não consigo fazer algo, penso que sou capaz. No entanto, 1.500 metros eram tão longe que minha luneta nem calculava a distância. Então, fiz o cálculo de cabeça e ajustei a mira com a ajuda de uma árvore atrás dos insurgentes sorridentes e idiotas que debochavam de nós.

Dei o tiro.

A lua, a Terra e as estrelas se alinharam. Deus assoprou a bala, e eu acertei na barriga do mané.

Os dois companheiros do insurgente deram no pé.

— Pega, pega! — berraram os fuzileiros. — Atira neles!

Acho que, àquela altura, os fuzileiros pensavam que eu era capaz de atingir qualquer coisa sobre a face da Terra. Mas a verdade é que eu tinha dado uma sorte dos diabos de acertar o cara em quem estava mirando. Eu jamais conseguiria atingir pessoas correndo.

Aquela acabaria sendo uma das minhas mortes de maior distância confirmadas no Iraque.

IMPRESSÕES EQUIVOCADAS

As pessoas acham que atiradores de elite dão tiros incrivelmente distantes como aquele o tempo todo. Embora nós de fato atirássemos a distâncias maiores do que a maioria dos soldados no campo de batalha, os disparos provavelmente são mais próximos do que boa parte das pessoas pensa.

Nunca me importei em medir as distâncias. Ela dependia bastante da situação. Nas cidades, onde aconteceu a maioria das mortes, os alvos só estão entre duzentos e quatrocentos metros. É a essa distância que os alvos estão, então é até aí que irão os tiros.

No campo, a história é outra. Em geral os tiros lá ocorriam entre setecentos e 1.100 metros. Era aí que armas de longo alcance como a .338 vinham a calhar.

Alguém uma vez me perguntou se eu tinha uma distância favorita. A resposta foi fácil: quanto mais próximo, melhor.

Como eu mencionei antes, outra impressão equivocada que as pessoas têm sobre atiradores de elite é que nós sempre miramos na cabeça. Eu quase nunca faço isso, a não ser que tenha certeza absoluta de que irei acertar. E isso é raro no campo de batalha.

Prefiro mirar no centro de massa — atirar no meio do corpo. Tenho muito espaço para brincar. Não importa onde atinja o inimigo, ele vai cair.

DE VOLTA A BAGDÁ

Após uma semana no rio, fui retirado e troquei de lugar com outro atirador de elite dos Seals, que tinha sido ferido mais cedo na operação e estava pronto para voltar à ativa. Eu já havia tido uma dose mais do que justa de mortes como atirador de elite — era hora de deixar outra pessoa ter sua vez.

O comando me mandou de volta para o campo de Falluja por alguns dias. Foi uma das poucas folgas na guerra que eu realmente recebi com prazer. Após o ritmo da batalha na cidade, eu com certeza estava pronto para umas pequenas férias. As refeições e os banhos quentes de fato caíram muito bem.

Após relaxar por alguns dias, recebi ordens para voltar a Bagdá e trabalhar com o Grom outra vez.

Estávamos a caminho de Bagdá quando o Hummer foi atingido por um explosivo improvisado enterrado. A bomba detonou bem atrás da gente, e todo mundo no veículo surtou — a não ser eu e outro cara que estivera em Falluja desde o início do ataque. Nós nos entreolhamos, piscamos, depois fechamos os olhos e voltamos a dormir. Comparado com o mês de explosões e combate que tínhamos acabado de vivenciar, aquilo não era nada.

ENQUANTO ESTIVE NO IRAQUE, MEU PELOTÃO FOI ENVIADO ÀS FILIPINAS para treinar os militares locais a lutar contra terroristas radicais. Não foi exatamente a missão mais empolgante do mundo. Enfim, após completá-la, o pelotão foi mandado para Bagdá.

Fui com outros Seals ao aeroporto para recebê-los.

Eu esperava uma grande recepção — minha família finalmente estava chegando.

Eles saíram do avião xingando "Ei, seu merda" e coisas muito piores. Como em todas as outras coisas que eles fazem, os Seals se destacam no linguajar chulo.

Ciúme, seu nome é Seal.

Eu estava curioso por não ter recebido notícias do meu pelotão nos últimos meses. Na verdade, me perguntei por que estavam com ciúmes — até onde eu sabia, eles não tinham ouvido nada a respeito do que eu vinha fazendo.

Acabei descobrindo que o sargento deleitava o pelotão com relatórios da minha atuação como atirador de elite em Falluja. Eles passaram o tempo ajudando os filipinos e odiando a vida, enquanto eu fiquei com toda a diversão para mim.

O pelotão superou aquilo. Após um tempo, eles até me pediram para fazer uma pequena apresentação completa sobre o que fiz, com dicas e tudo o mais. Mais uma chance para usar PowerPoint.

DIVERSÃO COM OS MANDACHUVAS

AGORA QUE O PELOTÃO VOLTARA, EU ME JUNTEI A ELES E COMECEI A FAZER algumas DAs. O setor de inteligência encontrava algum fabricante de explosivos improvisados ou talvez um financiador, passava a informação, e nós íamos pegá-lo. Atacávamos de manhã bem cedo — explodíamos a porta, invadíamos correndo e pegávamos o sujeito antes mesmo de ele ter a chance de sair da cama.

Isso durou cerca de um mês. A essa altura, as DAs tinham se tornado praticamente uma velha rotina. Elas eram bem menos perigosas em Bagdá do que em Falluja.

Morávamos perto do Aeroporto Internacional de Bagdá e trabalhávamos de lá. Certo dia, o sargento apareceu e deu um sorriso típico de sargento.

— O senhor tem que se divertir um pouco, Chris. Precisa trabalhar um pouquinho com o destacamento de segurança pessoal.

Ele estava usando o sarcasmo Seal. "Destacamento de segurança pessoal" é serviço de guarda-costas. O pelotão tinha sido destacado para proteger autoridades iraquianas do alto escalão. Os insurgentes haviam começado a sequestrá-los para tentar perturbar o governo. Era um trabalho bem ingrato. Até então, eu tinha conseguido evitá-lo, mas parecia que minha fumaça ninja havia se esgotado. Saí e fui para o outro lado da cidade e da Zona Verde. (A Zona Verde era uma seção do centro de Bagdá criada como uma área segura para os aliados e o novo governo iraquiano. Era fisicamente separada do resto da cidade por muralhas de cimento e arame farpado. Só havia algumas entradas e saídas, que estavam sob controle rigoroso. A embaixada americana e as dos outros aliados estavam localizadas ali, assim como os prédios do governo do Iraque.)

Durei uma semana inteira.

As supostas autoridades iraquianas tinham fama de não informar às escoltas seus cronogramas ou detalhes sobre quem deveria acompanhá-las. Dado o nível de segurança da Zona Verde, isso foi um problema importante.

Eu agi como "vanguarda". Isso significava que eu ia à frente do comboio oficial, garantia que a rota era segura e depois permanecia no posto de controle e verificava os veículos do comboio conforme passavam. Dessa forma, os veículos iraquianos podiam passar pelos postos de controle rapidamente sem se tornar alvos.

Certo dia, atuei como vanguarda de um comboio no qual estava o vice-presidente do Iraque. Eu já havia verificado a rota e chegado ao posto de controle dos fuzileiros do lado de fora do aeroporto.

O Aeroporto Internacional de Bagdá ficava do outro lado da cidade, oposto à Zona Verde. Embora as dependências em si fossem seguras, a

Mãos ao alto, ianque...

Jovens caçadores e suas presas.
Meu irmão (*à esquerda*) ainda é
um dos meus melhores amigos.

Sou um caubói praticamente
desde que nasci. Veja as belas
botas que eu usava quando
tinha quatro anos.

Este sou eu no primeiro ano
do ensino médio, treinando
com minha escopeta Ithaca de
ação por bomba. Ironicamente,
eu nunca fui muito bom com
esse tipo de arma.

Você não é um caubói de verdade até aprender a laçar...

E finalmente eu me tornei um laçador razoável.

É uma forma dura de ganhar a vida, mas eu sempre serei um caubói de coração.

Falluja em 2004. Eu com a minha .300 Win Mag e alguns dos atiradores de elite com quem trabalhei. Um deles era um Seal, e os demais eram fuzileiros. (Você distingue as forças armadas pela camuflagem.)

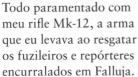

Todo paramentado com meu rifle Mk-12, a arma que eu levava ao resgatar os fuzileiros e repórteres encurralados em Falluja.

O esconderijo de atirador que nós usamos enquanto dávamos cobertura aos fuzileiros que preparavam a invasão a Falluja. Repare o berço virado de lado.

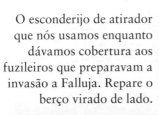

O chefe do Estado-Maior da Aeronáutica, Norton Schwartz, me entregando o Grateful Nation Award do Instituto Judaico para Assuntos de Segurança Nacional. O prêmio foi dado em 2005 em reconhecimento pelos meus feitos e serviços prestados em Falluja.

O pelotão Charlie da equipe 3 dos Seals durante o desdobramento em Ramadi. Os únicos rostos à mostra são os de Marc Lee (*esquerda*), Ryan Job (*meio*) e o meu (*direita*).

Marc Lee liderando o pelotão em patrulha em Ramadi. Com a ajuda dos fuzileiros, conseguimos usar o rio para realizar várias operações contra os insurgentes.

Nós criamos nosso próprio símbolo, inspirado no do personagem Justiceiro. Pintamos com spray nos coletes e em boa parte do equipamento. Como ele, estávamos fazendo justiça. *Fotografia de cortesia da 5.11*

Aqui estou eu com o pessoal em 2006, logo após retornar de uma operação, com o rifle Mk-11 na mão direita.

Instalado num telhado em Ramadi. A tenda proporcionava um pouco de alívio do sol.

Outra posição de atirador que usei na mesma batalha.

Em Ramadi, escolhíamos telhados que nos dessem bons pontos de observação. Porém, às vezes o serviço exigia mais do que um rifle de atirador — aquela fumaça preta ao fundo é uma posição inimiga eliminada por um tanque.

Marc Lee

Após a morte de
Marc, criamos
um emblema para
homenageá-lo.
Nós jamais o
esqueceremos.

Ryan Job

Um close da minha Lapua .338, a arma com que realizei a minha
morte mais distante. É possível ver o cartão na lateral com os ajustes
necessários para alvos de longo alcance. O tiro de 1.900 metros foi
além dos ajustes do cartão, e tive que calcular com o olho.

Quando não estava na arma, eu gostava de ajudar os outros a melhorar suas habilidades. Esta foto foi tirada durante meu último desdobramento, enquanto dava uma breve aula a alguns atiradores de elite do Exército.

Liderando uma sessão de treinamento da Craft International, a companhia que fundei após sair da Marinha. Nós fazemos as sessões mais realistas possíveis para os operadores e agentes da lei que ensinamos. *Fotografia de cortesia da 5.11*

Aqui eu estou num curso de treinamento de helicóptero da Craft. Não me importo com helicópteros — é a altura que eu não suporto.

No canto superior esquerdo, o símbolo e o slogan da companhia ("Apesar do que sua mamãezinha lhe disse, a violência resolve problemas, sim"), que honram meus irmãos Seals, especialmente os companheiros caídos. Eu jamais me esquecerei deles. *Fotografia de cortesia da 5.11*

Eu e Taya, o amor da minha vida e minha cara--metade. *Fotografia de cortesia de Heather Hurt/ Calluna Photography*

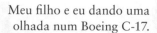

Meu filho e eu dando uma olhada num Boeing C-17.

área em volta e a estrada que levava ao portão ainda eram alvos de vez em quando. O aeroporto era um alvo principal para o terror, uma vez que os insurgentes calculavam que qualquer pessoa que entrasse ou saísse estava, de alguma forma, relacionada com os americanos ou com o novo governo iraquiano.

Mantive comunicação via rádio com um dos meus companheiros no comboio. Ele me deu detalhes de quem estava no grupo, quantos veículos tínhamos e coisas do gênero. Também me disse que havia um Hummer do Exército na frente e outro atrás — simples marcadores que eu poderia informar aos guardas.

O comboio veio em disparada, com o Hummer na frente. Contamos os veículos e vejam só, lá estava o último Hummer fechando a retaguarda.

Tudo beleza.

De repente, mais dois veículos surgiram atrás deles, em perseguição acirrada.

Os fuzileiros olharam para mim.

— Aqueles dois não são meus — informei.

— O que o senhor quer que a gente faça?

— Pare o Hummer e vire a .50 neles! — berrei enquanto sacava a M-4.

Pulei na estrada, com a arma em riste, na esperança de que isso chamasse a atenção.

Eles não pararam.

Atrás de mim, o Hummer havia parado, e o metralhador estava pronto para disparar. Ainda sem saber se estava lidando com um sequestro ou apenas alguns veículos perdidos, dei um tiro de alerta.

Os carros desviaram e fugiram na direção oposta.

Um sequestro frustrado? Homens-bomba que perderam a coragem?

Não. Acabamos descobrindo que eram dois amigos do vice-presidente, que haviam se esquecido de informar a presença deles.

Ele não ficou muito contente. O comando também não. Fui demitido do serviço de guarda-costas, o que não teria sido tão ruim assim se eu não tivesse sido obrigado a passar a semana seguinte sentado na Zona Verde sem fazer nada.

A liderança do meu pelotão tentou me chamar de volta para algumas DAs. Mas o estado-maior tinha decidido me sacanear um pouco e me manteve coçando o saco. Era a pior tortura possível para um Seal — ficar de fora da ação.

Felizmente, eles não me seguraram por muito tempo.

RUA HAIFA

Em dezembro de 2005, o Iraque se preparou para as eleições nacionais, as primeiras desde a queda de Saddam — e as primeiras livres e honestas que o país já tivera. A insurgência fazia de tudo para impedi-las. Autoridades eleitorais eram sequestradas a torto e a direito. Outras eram executadas nas ruas.

Isso é que é campanha negativa.

A rua Haifa, em Bagdá, era um local especialmente perigoso. Depois que três autoridades eleitorais foram mortas ali, o Exército bolou um plano para protegê-las na área.

A estratégia exigia vigílias feitas por atiradores de elite.

Eu era um atirador de elite. E estava disponível. Nem precisei levantar a mão.

Eu me juntei a uma unidade do Exército oriunda da Guarda Nacional do Arkansas, um grupo ótimo de rapazes caipiras, todos guerreiros.

As pessoas acostumadas com a separação tradicional entre as diferentes forças armadas podem achar que é estranho para um Seal trabalhar com o Exército ou mesmo com os Fuzileiros Navais. Mas as forças geralmente eram bem integradas durante a minha época no Iraque.

Uma unidade poderia emitir um pedido de forças. Essa solicitação seria, então, atendida pela força que estivesse disponível. Portanto, se uma unidade precisasse de atiradores de elite, como era o caso, a força que tivesse atiradores disponíveis os enviaria.

Há sempre muita implicância entre marinheiros, soldados e fuzileiros. Mas vi muito respeito entre as diferentes forças armadas, pelo menos durante o combate. Sem dúvida, eu considerava de primeira linha a maioria dos fuzileiros e soldados com quem trabalhei. Havia exceções — mas também havia na Marinha.

No primeiro dia em que me apresentei para a nova missão, pensei que precisaria de um intérprete. Algumas pessoas gostam de implicar com meu sotaque fanhoso do Texas, mas aqueles matutos... puta que o pariu. As informações importantes vinham dos superiores e oficiais, que falavam inglês normal. Porém, os soldados e homens de patentes mais baixas saídos da roça podiam estar falando chinês que eu não saberia dizer a diferença.

Começamos a trabalhar na rua Haifa, bem perto de onde as três autoridades eleitorais haviam sido mortas. A Guarda Nacional tomaria um prédio residencial para usar como esconderijo. Depois eu entraria, escolheria um apartamento e me instalaria.

A rua Haifa não era exatamente o Hollywood Boulevard, embora fosse o local ideal para um bandido. A rua tinha uns três quilômetros e ia do Portão dos Assassinos, no fim da Zona Verde, seguindo até o noroeste. Fora palco de inúmeros tiroteios e batalhas, todo tipo de ataques de explosivos improvisados, sequestros e assassinatos — tudo o que você conseguir imaginar já acontecera na Haifa. Os soldados americanos apelidaram-na de bulevar Coração Púrpura.

Os prédios que usamos para as vigílias tinham quinze ou dezesseis andares e uma vista impressionante da rua. Trocávamos de lugar o máximo possível para confundir os insurgentes. Havia incontáveis esconderijos nas construções baixas do outro lado da estrada, de uma ponta à outra da via. Os bandidos não precisavam se deslocar muito para chegar ao trabalho.

Os insurgentes dali eram uma verdadeira mistureba: alguns, *mujahidin*, antigos integrantes do Baath ou do Exército iraquiano; outros, eram leais à al-Qaeda no Iraque, a Sadeq al-Sadr ou a algum outro maluco. No início, eles vestiam preto ou, às vezes, uns cinturões verdes, mas, assim que perceberam que aquilo os destacava, passaram a usar roupas civis comuns para dificultar a identificação. Eles eram covardes, que não só se escondiam atrás de mulheres e crianças como provavelmente torciam para que nós as matássemos, pois pensavam que, ao sermos malvistos, a causa deles ganharia força.

Certa tarde, eu observava um adolescente abaixo de mim. Quando o ônibus parou, saiu um grupo de adolescentes mais velhos e jovens adultos. De repente, o moleque se virou e começou a andar muito depressa na direção oposta.

O grupo o alcançou rapidamente. Um deles puxou uma pistola e deu um mata-leão no garoto.

Assim que o cara fez isso, comecei a atirar. O moleque que eu estava protegendo fugiu. Matei dois ou três dos pretensos sequestradores. Os demais escaparam.

Os filhos das autoridades eleitorais eram um dos alvos preferidos. Os insurgentes usavam as famílias para pressioná-las a se afastar. Ou, então, simplesmente matavam os parentes como um aviso para os demais não ajudarem o governo a realizar eleições ou mesmo votar.

COISAS LIBIDINOSAS E SURREAIS

CERTA NOITE, TOMAMOS O QUE PENSÁVAMOS SER UM APARTAMENTO abandonado, pois ele estava vazio quando chegamos. Eu fazia rodízio com outro atirador de elite e, no meu descanso, fui caçar algo que pudesse usar para tornar o esconderijo mais confortável.

Na gaveta aberta de uma cômoda, vi um monte de lingerie sexy. Calcinhas com abertura, camisolas — coisas muito sugestivas.

Mas nada do meu tamanho.

Em geral havia uma mistura estranha, quase surreal, dentro dos prédios, itens que, na melhor das hipóteses, pareciam estar no lugar errado. Como os pneus que encontramos num telhado em Falluja ou o bode que descobrimos no banheiro de um apartamento na rua Haifa.

Eu via alguma coisa e depois passava o resto do dia curioso com a história. Depois de um tempo, o bizarro passou a parecer natural.

Menos surpreendentes eram as TVs e as antenas parabólicas. Estavam por toda parte. Mesmo no deserto. Muitas vezes, eu esbarrava num pequeno povoado nômade com tendas no lugar de casas e nada além de alguns animais e terreno aberto em volta. Ainda assim, estava repleto de antenas.

TELEFONANDO PARA CASA

CERTA VEZ, EU ESTAVA NA VIGÍLIA E AS COISAS ANDAVAM CALMAS. EM geral, as noites eram tranquilas em Bagdá. Insurgentes normalmente não atacavam naquele horário porque sabiam que estávamos em vantagem com a nossa tecnologia, como o equipamento de visão noturna e os sensores infravermelhos. Portanto, pensei em tirar um minuto para ligar para minha esposa em casa, apenas para dizer que pensava nela.

Peguei o telefone via satélite e liguei para casa. Na maioria das vezes, quando falava com Taya, eu afirmava que estava de volta à base, embora, na verdade, estivesse numa vigília ou em algum lugar do campo. Eu não queria preocupá-la.

Naquela noite, por algum motivo, eu disse o que estava fazendo.

— Não tem problema falar? — perguntou ela.

— Ah, não, está tudo bem. Não tem nada acontecendo.

Bem, talvez eu tenha dito mais duas ou três frases quando alguém, na rua, começou a atirar no prédio.

— O que é isso? — indagou Taya.

— Ah, nada — falei com indiferença.

Obviamente, o tiroteio ficou bem alto na hora em que as palavras saíram da boca.

— Chris?

— Bem, acho que vou nessa agora.

— Você está bem?

— Ah, sim. Tudo bem — menti. — Nada está acontecendo. Falo com você depois.

Exatamente naquele momento, um rojão acertou a parede do lado de fora, bem perto de mim. Pedaços do prédio caíram no meu rosto e me deixaram mais bonito, com algumas marcas e tatuagens temporárias. Cortesia dos insurgentes.

Larguei o telefone e comecei a devolver fogo. Vi os caras na rua e abati um ou dois. Os atiradores de elite que estavam comigo deitaram mais um monte até que o restante saiu dali.

Com o fim do combate, peguei o telefone. A bateria tinha acabado, então não pude ligar de novo.

As coisas ficaram agitadas por alguns dias, e só consegui ligar para Taya dois ou três dias depois, para ver como ela estava.

Ela começou a chorar assim que atendeu ao telefone.

Eu não tinha chegado a desligar antes de pousar o telefone. Taya ouviu o tiroteio todo, incluindo disparos e xingamentos, até que a bateria enfim acabou — o que, obviamente, aconteceu de uma hora para outra e aumentou sua ansiedade.

Tentei acalmá-la, mas duvido que Taya tenha ficado tranquila com o que falei.

Ela sempre levou na boa, sempre insistiu que eu não deveria esconder nada. Dizia que a imaginação dela era bem pior do que qualquer coisa que de fato pudesse acontecer comigo.

Disso, eu duvido.

DEI OUTROS TELEFONEMAS PARA CASA EM MOMENTOS DE CALMARIA NAS batalhas durante os desdobramentos. O ritmo geral da ação era tão intenso e contínuo que não havia muitas alternativas. Aguardar até voltar para o acampamento podia significar esperar uma semana ou mais. E, embora eu também ligasse nesses momentos se conseguisse, nem sempre era possível.

E eu me acostumei às batalhas. Levar tiro era apenas um aspecto do trabalho. Disparo de rojão? Apenas mais um dia no escritório.

Meu pai conta uma história sobre ter me ouvido trabalhando um dia, depois de eu ter passado algum tempo sem oportunidade de ligar para ele. Meu pai pegou o telefone e ficou surpreso ao ouvir minha voz.

Ele se surpreendeu ainda mais por eu estar sussurrando.

— Chris, por que sua voz está tão baixa? — perguntou ele.

— Estou numa operação, pai. Não quero que eles saibam onde estou.

— Ah — fez ele, um pouco abalado.

Duvido que eu realmente estivesse tão perto do inimigo a ponto de ser ouvido, mas meu pai jura que, alguns segundos depois, houve tiros ao fundo.

— Preciso ir — falei, antes que ele tivesse chance de descobrir o que era o som. — Ligo de volta depois.

De acordo com meu pai, telefonei dois dias depois para me desculpar por ter desligado tão abruptamente. Quando ele me perguntou se havia ouvido o começo de um tiroteio, mudei de assunto.

CONSTRUINDO MINHA REPUTAÇÃO

MEUS JOELHOS AINDA DOÍAM POR TER FICADO SOTERRADO PELOS destroços lá em Falluja. Tentei tomar injeções de cortisona, mas não pude.

Eu não quis forçar a barra: estava com medo de ser afastado por causa da contusão.

De vez em quando, eu tomava um pouco de Motrin e colocava gelo, e era só isso. Na batalha, obviamente, eu estava bem — quando a adrenalina está a mil, não se sente nada.

Mesmo com a dor, eu adorava o que fazia. Talvez a guerra não fosse realmente divertida, mas, com certeza, eu estava curtindo. Combinava comigo.

Àquela altura, eu já possuía alguma reputação como atirador de elite. E um monte de mortes confirmadas. Era uma marca muito boa para um período de tempo tão curto — ou, na verdade, para qualquer período.

A não ser pelos integrantes das equipes, as pessoas não conheciam meu nome e rosto. Os boatos circulavam, e estar presente ali aumentou a minha reputação.

Parecia que, em todo lugar que eu me instalava, arrumava um alvo. Isso começou a irritar outros atiradores de elite, que passavam turnos inteiros e até dias sem ver *ninguém*, quanto mais um insurgente.

Certo dia, Smurf, um colega Seal, começou a me seguir ao entrarmos num apartamento.

— Onde você vai se instalar? — perguntou ele.

— Bem aqui.

— Ótimo. Saia daí. Vou tomar esse lugar.

— Ei, pode ficar.

Saí para encontrar outro lugar — e imediatamente consegui uma morte ali.

Por um tempo, parecia que não importava o que eu fizesse, as coisas aconteciam na minha frente. Eu não inventava os incidentes — tinha testemunhas para todos os tiros. Talvez eu enxergasse um pouco mais adiante, talvez antecipasse problemas melhor do que as outras pessoas. Ou, mais provavelmente, eu era apenas sortudo.

Se você acha que ser um alvo para pessoas que querem matá-lo pode ser considerado sorte...

Certa vez, estávamos numa casa na rua Haifa onde havia tantos atiradores de elite que o único local possível para disparar era da janelinha em cima de uma privada. Cheguei ao ponto de ter que ficar em pé o tempo todo.

Ainda assim, consegui duas mortes.

Eu era simplesmente um filho da puta sortudo.

Um dia, recebemos informações de que os insurgentes usavam um cemitério no limite da cidade, perto do campo Independence no aeroporto, para estocar armas e lançar ataques. A única maneira de conseguir ver o lugar era subir num guindaste muito, muito alto. Ao chegar no topo, tive que ir para uma plataforma feita de uma fina tela metálica.

Não sei a que altura cheguei. Não quero saber. Alturas não são o meu forte — me dão um nó na garganta só de pensar.

O guindaste me proporcionou uma visão decente do cemitério, que estava a cerca de setecentos metros de distância.

Nunca dei um tiro de lá. Jamais vi outra coisa além de pessoas de luto e funerais, mas valeu a tentativa.

Além de procurar gente com explosivos improvisados, tínhamos que tomar cuidado com as bombas em si. Elas estavam por toda parte — às vezes, até nos prédios residenciais. Certa tarde, uma equipe escapou de uma construção pouco antes de uma detonação.

A Guarda Nacional usava Bradleys para se deslocar, veículos que se parecem um pouco com tanques, pois têm uma torre e uma arma no topo, mas na verdade são viaturas de transporte de tropas e reconhecimento, dependendo da configuração.

Acredito que sejam feitos para caberem seis pessoas no interior. Tentávamos enfiar oito ou dez. Eram quentes, úmidos e claustrofóbicos. A não ser que estivesse sentada perto da rampa, a pessoa não conseguia enxergar nada. A gente simplesmente aceitava a situação e aguardava chegar aonde quer que estivesse indo.

Um dia, o Bradley nos pegou após uma missão. Tínhamos acabado de sair da Haifa para uma das ruas laterais, e de repente — *bum*. Fomos acertados por um imenso explosivo. A lateral do veículo foi levantada e caiu. O interior se encheu de fumaça.

Vi a boca dos homens à minha frente se mexer, mas não conseguia ouvir uma palavra: a explosão tinha detonado os meus ouvidos.

No instante seguinte, o Bradley recomeçou a andar. Aquele veículo era cascudo. De volta à base, o comandante meio que deu de ombros.

— Nem arrancou os pneus — disse ele.

O sujeito quase parecia desapontado.

É CLICHÊ, MAS É VERDADE: VOCÊ FAZ AMIZADES MUITO ESTREITAS NA guerra. E aí, de repente, tudo muda. Fiquei muito amigo de dois caras na unidade da Guarda Nacional, amigo de verdade. Eu confiava minha vida a eles.

Hoje eu não saberia dizer o nome dos dois mesmo que a minha vida dependesse disso. Nem sei se sou capaz de descrevê-los de uma forma que mostre por que eles eram especiais.

Eu e os caras do Arkansas parecíamos nos dar muito bem, talvez porque todos nós éramos caipiras.

Bem, eles eram matutos. Existe o caipira comum que nem eu, e existe o matuto, que é um tipo totalmente diferente.

EM FRENTE

AS ELEIÇÕES CHEGARAM E PASSARAM.

A mídia nos Estados Unidos deu grande importância às eleições, mas, para mim, não significou nada. Eu nem sequer estava fora naquele dia. Assisti pela TV.

Nunca acreditei de verdade que os iraquianos fossem transformar o país numa democracia plena, mas, em dado momento, pensei que houvesse uma chance. Não sei se acredito nisso agora. É um lugar muito corrupto.

Mas não arrisquei a vida para levar a democracia ao Iraque. Arrisquei-a pelos meus companheiros, para proteger meus amigos e compatriotas. Fui à guerra pelo *meu* país, não pelo Iraque. Meu país me mandou lá para que aquela merda não fosse parar na nossa terra.

Nunca lutei uma única vez pelos iraquianos. Eu estava pouco me fodendo para eles.

POUCO TEMPO DEPOIS DA ELEIÇÃO, ME MANDARAM DE VOLTA PARA O meu pelotão dos Seals. Nosso tempo no Iraque estava se esgotando, e comecei a aguardar ansiosamente a volta para casa.

Estar no acampamento em Bagdá significava que eu tinha meu próprio quartinho. O equipamento pessoal enchia duas grandes caixas Stanley com rodas, várias mochilas e quatro ou cinco caixas-estojos. (Caixas-estojos são o equivalente moderno de baús; elas são à prova d'água e têm mais ou menos noventa centímetros.) Num desdobramento, a gente leva muita coisa.

Eu também tinha uma TV. Todos os filmes mais recentes estavam à venda nos camelôs de Bagdá por 5 dólares, em DVDs pirateados. Comprei uma caixa com longas de James Bond, alguns de Clint Eastwood, John Wayne — adoro John Wayne, especialmente os filmes de caubói, o que faz sentido, eu acho. *Onde começa o inferno* talvez seja o meu favorito.

Além dos filmes, eu passava tempo jogando no computador — *Command & Conquer* virou um favorito. Smurf tinha um PlayStation, e começamos a jogar *Tiger Woods*.

Eu dava uma surra nele.

AÇÕES DIRETAS, HELICÓPTEROS E ALTURAS

Como Bagdá estava ficando tranquila, ao menos por ora, o estado-maior decidiu abrir uma base Seal em Habbaniyah.

A cidade fica a vinte quilômetros a leste de Falluja, na província al-Anabar. Não exatamente o caldeirão da insurgência, como Falluja tinha sido, mas também não era San Diego. Naquela área, antes da primeira Guerra do Golfo, Saddam havia construído fábricas de produtos químicos para armas de destruição em massa, tal como gás neurotóxico. Não havia muitos partidários dos Estados Unidos por lá.

Mas havia uma base do Exército americano, controlada pelo famoso 506º Regimento — o Band of Brothers. Eles haviam acabado de chegar da Coreia e, para ser educado, não entendiam porra nenhuma de Iraque. Acho que todo mundo tem que aprender da maneira mais difícil.

Habbaniyah provou ser um verdadeiro pé no saco. Recebemos um prédio abandonado, mas nem chegava perto do que precisávamos. Tivemos que construir um comando tático de operações para abrigar todos os computadores e equipamentos de comunicação que nos ajudavam durante as missões.

O moral ficou lá embaixo. Não estávamos fazendo nada de útil pela guerra, mas apenas trabalhando como carpinteiros. É uma profissão honesta, porém não é a nossa.

Taya:

Foi nesse desdobramento que os médicos fizeram um exame e, por algum motivo, acharam que Chris tinha tuberculose. Informaram-no que, com o tempo, ele morreria da doença.

Eu me lembro de ter conversado com Chris logo após a notícia. Ele encarou a doença com fatalismo. Já havia aceitado que morreria e queria que isso acontecesse lá, não em casa, por causa de uma doença que não conseguiria combater com uma arma ou os punhos.

— Não importa — falou Chris. — Eu vou morrer, e você vai encontrar outro marido. As pessoas morrem aqui o tempo todo. As esposas seguem com suas vidas e arrumam outros.

Tentei explicar que ele era insubstituível para mim. Quando isso pareceu não abalá-lo, experimentei outro argumento igualmente válido.

— Mas você tem nosso filho — falei.

— E daí? Você vai encontrar outra pessoa, e esse cara vai criá-lo.

Acho que Chris via a morte com tanta frequência que começou a acreditar que as pessoas eram substituíveis.

Aquela atitude me magoou. Ele realmente acreditava naquilo. Eu ainda odeio pensar nisso.

Chris achava que morrer no campo de batalha era a melhor coisa. Tentei convencê-lo do contrário, mas ele não acreditava.

Os médicos refizeram os exames, e Chris foi liberado. Mas sua atitude em relação à morte permaneceu.

Assim que o campo foi instalado, começamos a fazer DAs. Recebíamos o nome e a localização de um suposto insurgente, atacávamos a casa à noite e depois colocávamos o sujeito, assim como qualquer prova que tivéssemos recolhido, nas instalações de detenção e interrogatório, uma típica prisão.

Tirávamos fotos o tempo todo. Não era turismo — estávamos limpando a nossa barra e, o mais importante, a barra dos nossos comandantes. As fotos provavam que não tínhamos dado uma surra no suspeito.

A maioria dessas operações era rotineira, sem muitos problemas e quase sempre sem resistência alguma. Certa noite, porém, um dos homens entrou numa casa onde um iraquiano um tanto quanto gordo decidiu que não iria por bem. Ele começou a brigar.

Bem, do nosso ponto de vista, parecia que o nosso irmão estava levando uma tremenda surra. De acordo com o Seal em questão, na verdade ele havia escorregado e não precisava de ajuda.

Acho que é possível interpretar da forma que você quiser. Todos entramos correndo e agarramos o gordo antes que ele fizesse muito estrago. Nosso amigo foi zoado pela "queda" por um tempo.

Na maioria das missões, tínhamos fotos da pessoa que deveríamos pegar. Nesse caso, o resto da informação costumava ser bem preciso. O cara quase sempre estava onde deveria, e as coisas geralmente seguiam o plano que havíamos bolado.

No entanto, em algumas situações, nem tudo corria tão bem. Começamos a perceber que, se não havia uma foto, a informação não era confiável. Como sabiam que os americanos capturavam suspeitos, as pessoas começaram a usar denúncias para resolver desentendimentos e brigas. Elas falavam com o Exército ou alguma outra autoridade, alegavam que tal pessoa ajudava a insurgência ou havia cometido outro crime qualquer.

Era péssimo para prisioneiro, mas eu não me preocupava tanto assim: apenas mais um exemplo de como o país estava ferrado.

POSTO EM DÚVIDA

Certo dia, o Exército requisitou um atirador de elite para vigiar um comboio do 506º que ia para a base.

Saí com uma equipe pequena e tomamos um prédio de três ou quatro andares. Eu me instalei no último andar e comecei a observar a área. Em pouco tempo, o comboio surgiu na estrada. Enquanto eu vigiava, um homem saiu de um prédio perto da estrada e pôs-se a se deslocar na direção que o comboio tomaria. Ele tinha uma AK.

Eu atirei nele. O homem desmoronou.

O comboio continuou. Um bando de iraquianos saiu e se reuniu em volta do cara em quem eu tinha atirado, mas ninguém que eu via fez algum movimento ameaçador na direção do comboio ou parecia em posição para atacá-lo, portanto não disparei.

Alguns minutos depois, ouvi no rádio que o Exército estava despachando uma unidade para investigar por que eu havia atirado no cara.

Hã?

Eu já tinha dito ao comando do Exército, via rádio, o que havia acontecido, mas peguei o aparelho novamente e repeti. Fiquei surpreso — eles não acreditaram em mim.

Um chefe de carro de combate apareceu e entrevistou a esposa do morto. Ela disse que o marido estava indo à mesquita levando um Corão.

A-hã. A história era ridícula, mas o oficial — que, creio eu, não estava no Iraque havia muito tempo — não acreditou em mim. Os soldados começaram a procurar pelo fuzil, mas, àquela altura, tanta gente estivera ali que a arma sumira fazia tempo.

O chefe de carro de combate apontou para a minha posição anterior.

— O tiro veio de lá?

— Sim, sim — respondeu a mulher, que, obviamente, não tinha ideia de onde saíra o tiro, pois não estava por perto na hora. — Eu sei que o atirador é do Exército, porque estava usando um uniforme americano.

Bem, eu estava dois cômodos atrás, com uma tela na minha frente, usando um casaco cinza sobre a camuflagem Seal. Talvez por causa do sofrimento, a mulher tenha tido alucinações, ou talvez simplesmente tenha dito qualquer coisa que ela imaginou que fosse me fazer sofrer.

Fomos chamados de volta à base e o pelotão inteiro ficou suspenso. Fui informado de que não tinha "disponibilidade operacional" — estava confinado enquanto o 506º investigava a fundo o incidente.

O coronel queria me entrevistar. Meu oficial me procurou.

Todos estávamos putos. As regras de engajamento haviam sido seguidas; eu tinha um monte de testemunhas. Foram os "investigadores" do Exército que fizeram merda.

Tive problemas para dobrar a língua. Em certo momento, falei para o coronel:

— Não atiro em gente com o Corão. Eu gostaria, mas não atiro.

Acho que eu estava com a cabeça um pouco quente.

Bem, depois de três dias e só Deus sabe o quanto mais de outras "investigações", o coronel finalmente percebeu que fora uma boa morte e esqueceu o assunto. Mas, quando o regimento pediu mais vigílias, nós mandamos que tomassem no cu.

— Sempre que eu atirar em alguém, os senhores vão tentar me executar — respondi. — Nem pensar.

De qualquer forma, voltaríamos para casa em duas semanas. Tirando algumas DAs, passei a maior parte do tempo jogando videogame, assistindo a filmes pornô e malhando.

Encerrei aquele desdobramento com um número considerável de mortes confirmadas como atirador de elite. A maioria aconteceu em Falluja.

Carlos Norman Hathcock II, o mais famoso de todos os atiradores de elite, uma verdadeira lenda e um homem que admiro, contabilizou 93 mortes confirmadas durante os três anos de serviço militar na Guerra do Vietnã.

Não digo que estou no nível dele — para mim, ele foi e sempre será o *maior* atirador de elite de todos os tempos —, mas, ao menos em números absolutos, eu estava perto o bastante para que as pessoas começassem a pensar que eu fizera um puta serviço.

8

CONFLITOS FAMILIARES

TAYA:

Fomos para a pista de aterrissagem esperar o avião quando ele pousou. Havia algumas esposas e filhos. Saí com o bebê, muito animada. Eu estava radiante.

Eu me lembro de ter me virado para uma das mulheres que estavam comigo e dizer:

— Isso não é maravilhoso? Não é empolgante? É demais para mim.

Ela respondeu, não muito animada:

— Ééé...

Pensei comigo mesma: bem, ainda é uma novidade para mim.

Mais tarde, ela e o marido, um Seal do pelotão de Chris, se divorciaram.

CRIANDO LAÇOS

EU HAVIA IDO EMBORA DOS ESTADOS UNIDOS FAZIA MAIS OU MENOS sete meses, apenas dez dias depois de meu filho ter nascido. Eu o amava, mas, como falei antes, não tivemos de fato uma chance de criar laços. Recém--nascidos são apenas um bando de necessidades — comida, limpeza, sono. Agora, ele tinha uma personalidade. Eu havia visto o bebê crescer nas fotos que Taya me mandara, mas isso era mais intenso.

Ele era meu filho.

Ficávamos no chão de pijamas e brincávamos juntos. Ele subia em mim, eu o erguia e o carregava para cá e para lá. Mesmo as coisas mais simples — como sentir o toque dele no meu rosto — eram uma alegria.

Mas a transição da guerra para casa ainda era um choque. Um dia, estávamos lutando. No outro, tínhamos cruzado o rio até a base aérea de al-Taqaddum (conhecida por nós como TQ) e tomado o rumo dos Estados Unidos.

Guerra num dia, paz no outro.

Toda vez que voltamos para casa é estranho, sobretudo na Califórnia. As coisas mais simples podem ser irritantes. O trânsito, por exemplo. Você está dirigindo pela rua, e há um engarrafamento — é uma loucura. Sua mente ainda está pensando nos explosivos, você vê um monte de lixo e desvia. Você dirige de forma agressiva em relação aos outros motoristas, porque é assim que funciona no Iraque.

Eu me trancava em casa por mais ou menos uma semana. Acho que foi aí que Taya e eu começamos a ter problemas.

COMO ÉRAMOS PAIS DE PRIMEIRA VIAGEM, TIVEMOS AS DISCUSSÕES QUE todo mundo tem a respeito dos filhos. Dormir junto, por exemplo — Taya dormia com meu filho na cama enquanto eu estava ausente. Quando voltei para casa, eu quis mudar isso. Nós dois discordamos um pouco sobre essa questão. Eu achava que ele deveria ficar no próprio berço, no seu quarto. Taya pensava que isso limitaria sua intimidade com o bebê. Ela achava que deveríamos fazer uma transição gradual.

Não era a maneira como eu via as coisas. Para mim, as crianças deveriam dormir nas próprias camas e nos próprios quartos.

Agora sei que problemas como esse são comuns, mas havia uma tensão a mais. Taya havia criado meu filho completamente sozinha por meses, e eu estava me intrometendo na rotina dela e em sua maneira de fazer as coisas. Os dois eram muito próximos, o que eu achava ótimo. Mas eu queria estar com eles também. Não estava tentando ficar no meio, apenas desejava fazer parte da família outra vez.

No fim das contas, nada disso teve muita importância para o meu filho. Ele dormiu perfeitamente bem. E ainda tem um relacionamento muito especial com a mãe.

A VIDA EM CASA TINHA MOMENTOS INTERESSANTES, EMBORA O DRAMA fosse bem diferente. Nossos vizinhos e amigos íntimos respeitaram a minha necessidade de um tempo para me livrar da tensão. E, assim que aquilo acabou, organizaram um pequeno churrasco de boas-vindas.

Todos foram bem bacanas na minha ausência. Os vizinhos da frente arrumaram alguém para cortar a nossa grama, o que foi importantíssimo para nós em termos financeiros e ajudou Taya com o fardo pesado que ela carregou enquanto estive fora. Parecia uma coisa pequena, mas foi grande para mim.

Agora que eu estava em casa, claro que era minha obrigação cuidar dessas coisas. Tínhamos um quintal minúsculo — só levava cinco minutos para cortar a grama. Num lado do quintal, cresciam rosas que subiam havia frutas-de-lobo que tínhamos. Os arbustos davam pequenas flores roxas o ano inteiro.

A combinação era muito bonita, mas elas tinham espinhos capazes de furar um colete à prova de balas. Toda vez que eu aparava a grama do quintal e passava por aquele canto, os espinhos me pegavam.

Certo dia, aquelas rosas foram longe demais e abriram um corte na lateral do meu corpo. Decidi dar um jeito nelas de uma vez por todas: ergui o cortador de grama na altura do peito e podei as desgraçadas (as rosas e as frutas-de-lobo).

— O quê?! Você está de brincadeira comigo? — berrou Taya. — Você está podando os arbustos com um cortador de grama?

Bem, funcionou. Eles nunca me pegaram de novo.

Eu de fato fiz coisas genuinamente idiotas. Sempre gostei de me divertir e fazer as outras pessoas rirem e gargalharem. Um dia, ao ver a vizinha de quintal pela janela da cozinha, subi numa cadeira e bati na janela para chamar a atenção. Depois, mostrei a bunda para ela. (Por acaso, o marido da vizinha era um piloto da Marinha, então tenho certeza de que ela estava acostumada com coisas assim.)

Taya revirou os olhos. Ela achou graça, eu acho, embora não admitisse.

— Quem faz uma coisa dessas? — perguntou.

— Ela riu, não foi?

— Você tem trinta anos. Quem faz uma coisa dessas?

Eu tenho um lado que adora pregar peças nas pessoas e fazê-las rir. Não consigo fazer coisas normais — quero que as pessoas se divirtam. Que gargalhem.

Quanto mais exagerada a pegadinha, melhor. O 1º de abril é um dia especialmente difícil para meus amigos e minha família, embora seja mais por causa das peças de Taya do que das minhas. Acho que nós dois gostamos de dar uma boa risada.

POR OUTRO LADO, EU ERA ESQUENTADO DEMAIS. SEMPRE TIVE GÊNIO ruim, mesmo antes de me tornar um Seal. Mas o temperamento se tornou mais explosivo. Se alguém me fechava no trânsito — o que não era raro na Califórnia —, eu ficava doido. Era capaz de tentar tirar o cara da rua ou até mesmo parar e lhe dar uma surra.

Tive que me esforçar para me acalmar.

OBVIAMENTE, UMA REPUTAÇÃO DE SEAL TEM SUAS VANTAGENS.

No casamento da minha cunhada, eu e a pastora começamos a conversar. Em dado momento, ela notou uma saliência no meu terno.

— O senhor está armado? — perguntou ela.

— Sim, estou — respondi e expliquei que era militar.

Ela podia ou não saber que eu era um Seal — não contei, mas a notícia costuma se espalhar —, porém, quando a pastora estava prestes a começar a cerimônia e não conseguia que ninguém se calasse e tomasse seus lugares, ela veio até mim, deu um tapinha nas minhas costas e pediu:

— O senhor pode mandar todo mundo se sentar?

— Sim, posso — respondi.

Mal tive que erguer o tom de voz para dar continuidade à pequena cerimônia.

TAYA:

As pessoas falam sobre amor físico e carência quando alguém volta para casa após uma longa ausência: "Quero arrancar suas roupas." Coisas do gênero.

Eu me senti assim na teoria, mas a realidade é sempre um pouco diferente.

Eu precisava conhecê-lo de novo. Foi estranho. É muita ansiedade. Você sente tanta saudade quando eles estão num des-

*dobramento e quer que eles voltem para casa, mas, aí, quando
voltam, as coisas não são perfeitas. E você tem a impressão de
que elas deveriam ser perfeitas. Dependendo do desdobramento
e do que eu tinha vivido, eu também sentia emoções que iam da
tristeza à ansiedade e à raiva.*

*Quando Chris retornou após aquele desdobramento, me sen-
ti quase tímida. Eu era uma mãe recente e vinha cuidando sozinha
de tudo por meses. Ambos estávamos mudando e amadurecendo
em mundos diferentes em tudo. Ele não sabia nada diretamente
sobre mim, e eu não sabia nada diretamente sobre ele.*

*Também me senti mal por Chris. Ele queria saber o que
estava errado. Havia uma distância entre nós que nenhum dos
dois conseguia consertar ou sequer de falar a respeito.*

ARROMBAMENTO

Tivemos uma grande folga da guerra, mas ficamos o tempo todo
ocupados, treinando mais e, em alguns casos, aprendendo novas habilidades.
Fui para um curso dado por agentes do FBI, da CIA e da Agência de Segurança Nacional (NSA). Eles me ensinaram a fazer coisas como arrombar
fechaduras e roubar carros. Eu adorei. O fato de ter sido em Nova Orleans
também não era ruim.

Enquanto aprendia a me mesclar ao ambiente e ser um agente infiltra-
do, dei vazão ao meu lado músico de jazz e deixei crescer um cavanhaque.
Arrombar fechaduras foi uma revelação. Trabalhamos em várias, e no fim
do curso eu acreditava que não havia uma fechadura que me impedisse
de entrar em algum lugar, ou que impedisse qualquer outra pessoa da
turma. Roubar carros foi um pouco mais difícil, porém também fiquei
muito bom nisso.

Fomos treinados para usar câmeras e outros aparelhos de espionagem
sem sermos flagrados. Para provar que isso era possível, tínhamos que entrar
com eles num clube de striptease e voltar com provas (em vídeo) de que havíamos estado lá.

Os sacrifícios que a pessoa faz pelo seu país...

Roubei um carro na rua Bourbon como parte da prova final. (Tive que devolver assim que acabamos e, até onde eu sei, o dono nunca tomou conhecimento.) Infelizmente, todas essas são habilidades perecíveis — eu ainda consigo arrombar uma fechadura, mas levo mais tempo agora. Terei que me atualizar se algum dia decidir virar criminoso.

ENTRE OS NOSSOS RODÍZIOS MAIS NORMAIS ESTAVA O CURSO PARA RENOvação do certificado de paraquedismo.

Saltar de aviões — ou, melhor dizendo, *pousar em segurança* após saltar de aviões — é uma habilidade importante, porém perigosa. Porra, eu ouvi dizer que o Exército considera que, se eles conseguem fazer com que 70% dos homens de uma unidade pousem em segurança para se reagrupar e lutar durante um combate, eles estão bem.

Pense nisso. De mil homens, trezentos não sobrevivem. Nada de mais para o Exército.

Então *tá*.

Fui ao Forte Benning treinar com o Exército logo após me tornar um Seal. Acho que devia ter percebido o que me esperava quando, no primeiro dia do curso, o soldado logo à minha frente se recusou a pular. Todos ficamos ali esperando — e pensando — enquanto os instrutores cuidavam do cara.

Eu já tenho medo de altura, e aquilo não aumentou minha confiança. *Puta que o pariu*, pensei. *O que ele está vendo que eu não vejo?*

Como um Seal, eu tinha que dar bom exemplo — ou, ao menos, não parecer um frouxo. Assim que o sujeito foi levado embora, fechei os olhos e mergulhei.

Foi num daqueles primeiros saltos com abertura automática (saltos em que a corda é puxada automaticamente, em geral um procedimento usado por iniciantes) que cometi o erro de olhar para cima a fim de verificar o meu velame ao sair do avião.

Eles mandam você não fazer isso. Fiquei imaginando o motivo quando o paraquedas se abriu. O imenso alívio por ter um velame e não morrer foi amenizado pelas queimaduras provocadas pela corda em ambos os lados do rosto.

O motivo de eles mandarem não olhar para cima é evitar que você seja atingido pelos tirantes quando eles passam voando pela sua cabeça no momento em que o paraquedas se abre. Só se aprende algumas coisas do jeito mais difícil.

E ainda havia os saltos noturnos. Não dá para ver o solo se aproximando. Você sabe que tem que fazer um rolamento, mas quando?

Eu disse para mim mesmo que, na hora em que sentisse algo, rolaria. Na... hora... *na h-o-r-a*...!!

Acho que bati com a cabeça todas as vezes que saltei à noite.

Eu diria que prefiro queda livre a salto com abertura automática. Não digo que *adoro*, apenas que gosto muito mais. Tipo escolher ser fuzilado em vez de enforcado.

Numa queda livre, a pessoa cai bem mais devagar e tem muito mais controle. Sei que existem todos esses vídeos de gente fazendo acrobacias, truques e se divertindo à beça durante saltos de grande altitude e baixa abertura. Mas não há nenhum vídeo meu. Fico de olho no altímetro de pulso o tempo todo. Aquela corda é puxada na fração de segundo em que atinjo a altitude correta.

No meu último salto com o Exército, outro paraquedista surgiu bem embaixo de mim ao cairmos. Quando isso acontece, o velame mais baixo pode "roubar" o ar embaixo de você. O resultado é... Você cai mais rápido do que estava caindo.

As consequências podem ser bem terríveis, dependendo das circunstâncias. Nesse caso, eu estava a vinte metros do solo. Acabei caindo dali e levei uma surra de alguns galhos e do chão. Saí com alguns hematomas e costelas quebradas.

Felizmente, aquele foi o último salto do curso. As costelas e eu seguimos em frente, felizes por tudo ter acabado.

É claro que, por pior que o paraquedismo seja, é melhor do que rapel de helicóptero. Pode parecer maneiro, mas um passo em falso e você pode girar e parar no México. Ou no Canadá. Ou talvez até na China.

Estranhamente, porém, eu gosto de helicópteros. Durante esse exercício, meu pelotão trabalhou com MH-6 Little Birds, modelos de reconhecimento e ataque muito pequenos e velozes, adaptados para missões de Operações Especiais. Nossas versões tinham bancos nos dois lados, onde três Seals podiam se sentar em cada um.

Eu adorava os Little Birds.

Sinceramente, eu morria de medo de entrar naquela joça. No entanto, assim que o piloto decolava e estávamos no ar, eu me sentia conquistado. Era uma tremenda onda de adrenalina — você voa baixo e rápido. É fantástico. A inércia da aeronave mantém a pessoa no lugar; nem dá para sentir o vento batendo.

E, se você cair, não vai sentir nada.

OS PILOTOS QUE COMANDAVAM ESSAS AERONAVES ESTÃO ENTRE OS MElhores do mundo. Todos são integrantes do 160º Regimento Aéreo de Operações Especiais, escolhidos a dedo para trabalhar com pessoal de guerra especial. Há uma diferença notável.

Quando se faz rapel de helicóptero com um piloto "normal", você pode acabar na altura errada, alto demais para que a corda chegue ao solo. Nesse momento, é tarde demais para fazer qualquer coisa, a não ser gemer ou grunhir ao cair no chão. Muitos pilotos também têm dificuldades em manter a posição — ficar quieto por tempo suficiente para que você chegue ao ponto certo no solo.

Não é assim com os caras do Regimento Aéreo. Lugar certo, de primeira, todas as vezes. Quando aquela corda desce, ela desce no local que deveria.

MARCUS

O DIA DA INDEPENDÊNCIA DE 2005 FOI UM LINDO DIA CALIFORNIANO: tempo perfeito, sem uma nuvem no céu. Minha esposa e eu pegamos nosso filho e fomos de carro até a casa de um amigo que ficava nas encostas fora da cidade. Lá, abrimos uma manta e nos reunimos na traseira do meu Yukon para observar os fogos de artifício armados numa reserva indígena no vale.

Era um lugar perfeito — podíamos ver de cima os fogos subirem até nós, e o efeito era espetacular.

Sempre amei comemorar o Dia da Independência. Adoro o simbolismo, o significado da data e, claro, os fogos de artifício e os churrascos. É uma ocasião maravilhosa.

Mas, naquele dia, quando me recostei para assistir às centelhas verme-lhas, brancas e azuis, a tristeza se espalhou por mim de repente. Caí num buraco negro profundo.

— Que merda — murmurei enquanto os fogos estouravam.

Eu não estava criticando o espetáculo. Havia acabado de me dar conta de que talvez nunca mais fosse ver meu amigo Marcus Luttrell outra vez. Eu odiava não ser capaz de fazer alguma coisa para ajudar meu amigo, que estava encarando Deus sabe lá que tipo de problema.

Havia poucos dias, tínhamos recebido a notícia de que ele estava desapa-recido. Eu também soube pela boataria entre os Seals que os três caras que o acompanhavam estavam mortos. Eles haviam sido emboscados pelos talibãs no Afeganistão; cercados por centenas de guerreiros, lutaram furiosamente. Outros dezesseis homens num destacamento de resgate tinham sido mortos quando o Chinook em que voavam fora abatido. (Você pode e deve ler os detalhes no livro de Marcus, *O grande herói*.)

ATÉ AQUELE MOMENTO, PERDER UM AMIGO EM COMBATE PARECIA, SE não impossível, pelo menos distante e improvável. Pode parecer estranho dizer isto, dado tudo o que eu passei, mas, àquela altura, estávamos muito confiantes. Convencidos, talvez. Você simplesmente chega ao ponto de pen-sar que é um guerreiro tão superior que não pode ser ferido.

Nosso pelotão havia passado pela guerra sem ferimentos graves. Em cer-tos aspectos, o treinamento pareceu mais perigoso.

Houve acidentes no treinamento. Pouco tempo antes, estávamos fazendo abordagens quando um integrante do pelotão despencou para fora do navio. Ele caiu em cima de dois outros caras no bote. Os três precisaram ir para o hospital; um dos homens sobre quem ele caiu quebrou o pescoço.

Não nos concentramos nos perigos. As famílias, porém, são outra his-tória. Elas sempre estão cientes dos perigos. As esposas e namoradas geralmente se revezam no hospital, sentadas com as famílias dos feridos. É claro que elas se dão conta de que poderiam estar sentadas ali por causa dos próprios maridos e namorados.

Continuei arrasado por causa de Marcus durante o resto da noite, num buraco negro particular. Permaneci ali por alguns dias.

O trabalho, obviamente, continuou. Certo dia, o sargento colocou a cabeça na sala e fez um sinal para eu me juntar a ele lá fora.

— Ei, eles encontraram Marcus — disse o comandante assim que ficamos sozinhos.

— Ótimo.

— Ele está todo ferrado.

— E daí? Ele vai sobreviver.

Quem conhecia Marcus sabia que era verdade. É impossível derrubar aquele cara.

— Sim, você tem razão — falou o sargento. — Mas ele está bem ferido, todo machucado. Vai ser difícil.

Foi difícil, mas Marcus estava preparado. Na verdade, apesar de problemas de saúde que continuaram a atazaná-lo, ele foi para mais um desdobramento, não muito tempo depois de sair do hospital.

UM SUPOSTO ESPECIALISTA

Por causa do que eu fizera em Falluja, fui chamado algumas vezes para conversar com umas figuras do estado-maior sobre como eu achava que atiradores de elite deveriam ser empregados. Agora eu era um especialista no tema.

Eu odiava aquilo.

Algumas pessoas podem achar lisonjeiro falar com um bando de oficiais do alto escalão, mas eu só queria fazer meu serviço. Era uma tortura ficar sentado na sala, tentando explicar como era a guerra.

Eles me perguntavam coisas do tipo: "Que tipo de equipamento devemos ter?" Nada absurdo, creio, mas tudo em que eu conseguia pensar era: "Meu

Deus, vocês todos são bem estúpidos. Isso é uma coisa básica, que vocês já deviam ter sacado há muito tempo."

Eu falava o que achava, como deveríamos treinar e usar os atiradores de elite. Sugeri mais treinamento sobre vigílias urbanas e sobre criação de esconderijos em prédios, coisas que aprendi mais ou menos na prática. Dei ideias sobre enviar atiradores para a área antes do ataque, de maneira que pudessem passar informações para as equipes de assalto antes de elas chegarem. Sugeri que atiradores de elite dessem tiros por cima de uma equipe de assalto durante o treinamento, para que elas pudessem se acostumar a trabalhar com eles.

Falei com os oficiais sobre os problemas com equipamentos — a tampa da janela de ejeção da Mk-11, por exemplo, e abafadores que sacudiam na ponta do cano, o que prejudicava a precisão do rifle.

Tudo isso era extremamente óbvio para mim, mas não para eles.

Se pedissem a minha opinião, eu dava. Mas, na maioria das vezes, os oficiais não a queriam *de verdade*. Eles desejavam que eu validasse alguma decisão que já tinham tomado ou alguma ideia que já haviam tido. Eu falava a respeito de determinado equipamento que achava que deveríamos ter; eles respondiam que já haviam comprado milhares de unidades de outra coisa. Eu oferecia uma estratégia que usara com sucesso em Falluja; eles citavam trechos de manuais para explicar por que aquilo não daria certo.

TAYA:

Tivemos muitas discussões enquanto Chris estava em casa. O alistamento se aproximava, e eu não queria que ele voltasse para lá.

Eu considerava que Chris já tinha cumprido com o dever para o país mais do que qualquer pessoa poderia pedir. E achava que eu e nosso filho precisávamos dele.

Sempre acreditei que a responsabilidade de uma pessoa é com Deus, a família e o país — nessa ordem. Ele discordava: colocava o país na frente da família.

E, no entanto, Chris não era completamente obstinado. Sempre falou que, se eu dissesse para não se realistar, ele não o faria.

Mas eu não podia fazer isso. Disse a Chris:

— Eu não posso lhe dizer o que fazer. Você só vai me odiar e guardar rancor pelo resto da vida. Mas eu lhe digo uma coisa: se você se realistar, saberei exatamente em que pé nós estamos. Isso mudará as coisas. Eu não quero que isso aconteça, mas no fundo sei que as coisas mudarão.

Quando ele se realistou mesmo assim, pensei: "Ok, agora eu sei. Ser um Seal é mais importante para ele do que ser pai ou marido."

NOVATOS

Enquanto treinávamos para o desdobramento seguinte, o pelotão recebeu um grupo de novatos. Alguns se destacaram — Dauber e Tommy, por exemplo, que eram ao mesmo tempo atiradores de elite e enfermeiros. Mas acho que o novato que causou a melhor impressão foi Ryan Job. E o motivo foi porque ele não se parecia com um Seal; ao contrário, Ryan parecia uma bola.

Fiquei arrasado por terem deixado esse cara entrar na equipe. Lá estávamos todos nós, saradões, em ótima forma. E lá estava aquele sujeito redondo, com aparência molenga.

Fui até Ryan e falei na cara dele:

— Qual é o seu problema, seu gordo de merda? Você acha que é um *Seal*?

Todos nós infernizamos o cara. Um dos oficiais — vamos chamá-lo de LT — conhecia Ryan do BUD/S e ficou do lado dele, mas o próprio LT também era novato, então o gesto não teve muita importância. Como Ryan era novato, nós o teríamos infernizado de qualquer forma, mas o peso piorou a situação para ele. Nós de fato tentamos fazê-lo desistir.

Mas Ryan não desistia com facilidade. Não dá para comparar a determinação dele com a de qualquer outra pessoa. O moleque começou a malhar como um louco. Ele perdeu peso e entrou em forma.

Mais importante: qualquer coisa que mandávamos Ryan fazer, ele fazia. Trabalhava tão arduamente, com tanta sinceridade, e era tão engraçado, que em dado momento nós apenas dissemos: "Eu te amo, você é o cara." Porque não importava a aparência, ele de fato *era* um Seal. E dos bons, diabos.

Nós o testamos, acredite. Encontramos o maior cara do pelotão e forçamos Ryan a carregá-lo. Ele deu conta. Mandamos que ele pegasse os piores serviços no treinamento; ele executou tudo sem reclamar. E, enquanto isso, fazia a gente morrer de rir com uma careta ótima: apontava o lábio superior, revirava os olhos e depois torcia a boca de um jeito que você perdia o controle.

Naturalmente, essa habilidade rendeu uma boa diversão. Para nós, pelo menos.

Certa vez, mandamos Ryan fazer a careta para nosso sargento.

— M-mas... — gaguejou ele.

— Obedeça — ordenei. — Faça na cara dele. Você é o novato. Obedeça.

Ele obedeceu. O sargento achou que Ryan estava sendo babaca, pegou-o pelo pescoço e o jogou no chão.

Aquilo apenas nos encorajou. Ele teve que fazer a careta muitas vezes. Toda vez, ele ia lá e apanhava. Por fim, mandamos Ryan se exibir na frente de um dos nossos oficiais — um cara enorme, definitivamente uma pessoa com quem não se deveria brincar, nem mesmo sendo outro Seal.

— Faça a careta para ele — disse um de nós.

— Ai, meu Deus, não — reclamou Ryan.

— Se você não fizer agora, nós vamos estrangulá-lo — ameacei.

— Dá para vocês simplesmente me estrangularem agora?

— Vá lá fazer — dissemos todos nós.

Ele foi lá e fez a careta para o oficial, que reagiu como era esperado. Ryan tentou arregar.

— Aqui ninguém entrega os pontos — rosnou o oficial, continuando a socá-lo.

Ryan sobreviveu, mas foi a última vez que o obrigamos a fazer a careta.

Todo mundo levava trote quando entrava para o pelotão. Éramos implicantes democráticos — o trote dos oficiais era tão ruim quanto o dos soldados.

Naquela época, os novatos não recebiam os Tridentes — portanto, não eram Seals por completo — até que passassem por uma série de testes com a equipe. Tínhamos um pequeno ritual próprio que envolvia uma luta de boxe de mentirinha contra todo o pelotão. Cada novato precisava durar três rounds — assim que ele fosse derrubado, acabava um round — antes de receber formalmente o emblema e ser incluído na irmandade.

Eu era o oficial de segurança de Ryan e iria garantir que ele não apanhasse muito. Ele usava um protetor de cabeça e todo mundo lutava com luvas de boxe, mas o trote podia esquentar, e o oficial de segurança está lá para garantir que a coisa não fuja ao controle.

Ryan não estava satisfeito com os três rounds. Ele queria mais. Creio que achava que, se lutasse por tempo suficiente, venceria todo mundo.

Não que Ryan tenha durado muito tempo. Eu avisara que era seu oficial de segurança e que, não importava o que ele fizesse, não podia me acertar. No meio daquela confusão em que a cabeça de Ryan quicava entre as luvas, ele deu um soco e me acertou.

Fiz o que tinha que fazer.

MARC LEE

Com o desdobramento se aproximando rapidamente, aumentaram nosso pelotão. O comando trouxe um jovem Seal chamado Marc Lee de outra unidade para ajudar a completar a nossa. Ele se enturmou na hora.

Marc era um cara atlético, de certa forma exatamente do tipo físico que se espera de um Seal. Antes de entrar para a Marinha, ele jogava futebol americano bem o suficiente para ter feito teste num time profissional e poderia ter seguido carreira se uma contusão na perna não houvesse encerrado cedo seus planos.

Mas Marc ia muito além da simples capacidade física. Ele estudara para ser sacerdote e, embora tivesse saído por causa da hipocrisia que considerou ter visto entre os seminaristas, ainda era muito religioso. Mais tarde, durante o desdobramento, coordenava a oração com um pequeno grupo antes de cada operação. Como era de se esperar, tinha muito conhecimento sobre a Bíblia e religiões em geral. Marc não forçava ninguém a participar, mas, se a pessoa precisasse ou quisesse falar sobre fé e Deus, ele sempre estava à disposição.

Não que Marc fosse um santo, ou mesmo avesso às brincadeiras brutas que fazem parte de ser um Seal.

Assim que ele chegou ao pelotão, fomos treinar em Nevada. No fim do dia, um grupo entrou numa caminhonete de quatro portas e tomou o rumo da base para dormir. Marc estava no banco de trás comigo e com um Seal que chamaremos de Bob. Por algum motivo, Bob e eu começamos a conversar sobre estrangulamentos.

Com entusiasmo de novato — e talvez inocência —, Marc revelou:

— Eu nunca fui estrangulado.

— Como é que é? — falei, ao me inclinar à frente para ver melhor aquele virgem.

Ser estrangulado é um serviço obrigatório dos Seals.

Marc me encarou. Eu o encarei.

— Cai dentro — disse ele.

No momento em que Bob se inclinou para a frente, pulei e estrangulei Marc. Feito o trabalho, eu me sentei.

— Seu filho da mãe — xingou Bob ao ajeitar o corpo. — Eu queria ter feito isso.

— Eu achei que você tinha se inclinado para me deixar pegá-lo — expliquei.

— Claro que não, cacete. Eu só estava entregando meu relógio ali na frente para que não quebrasse.

— Bem, ok — falei. — Ele vai acordar, e aí você o pega.

Foi o que ele fez. Acho que metade do pelotão estrangulou Marc antes de a noite acabar. Ele encarou numa boa. Claro que, sendo o novato, Marc não tinha escolha.

COMANDO

Eu adorava o nosso novo comandante. Era um cara fora de série, e não pegava no nosso pé. Não apenas conhecia todo mundo por nome e rosto, como conhecia as esposas e namoradas. Ele sofria quando perdia gente, mas, ao mesmo tempo, era capaz de se manter agressivo. Nunca nos poupava nos exercícios e, na verdade, aprovava treinamento adicional para os atiradores de elite.

Meu suboficial, a quem chamarei de Primo, era outro comandante de primeira linha. Ele estava pouco se fodendo para promoções, aparências ou tirar o cu da reta: só se importava com missões bem-sucedidas e o dever cumprido. E ele era texano — como se pode ver, sou um pouco parcial —, o que significava que era sinistro.

As preleções sempre começavam da mesma maneira:

— O que os senhores estão fazendo, seus filhos da puta? — rosnava ele.

— Os senhores vão lá detonar?

O importante para Primo era entrar em combate. Ele sabia o que os Seals deveriam fazer e queria que fizéssemos.

Ele também era um caipira fora do campo de batalha.

Sempre há integrantes da equipe que se envolvem em confusão durante as folgas e o treinamento. Brigas de bar são um grande problema. Lembro que ele nos chamou para uma conversa ao chegar.

— Vejam bem, sei que os senhores vão se envolver em brigas — disse Primo. — Então, é assim que os senhores vão fazer. Batam rápido e para valer e depois corram. Se os senhores não forem presos, eu não me importo. Porque quando os senhores são presos é que eu tenho que me envolver.

Levei o conselho a sério, embora nem sempre tenha sido possível segui-lo.

Talvez porque ele fosse do Texas, ou talvez porque o próprio Primo tivesse a alma de um brigão, ele foi com a minha cara e com a de outro texano, que chamávamos de Pimenta. Nós dois nos tornamos seus favoritos; ele tirava o nosso da reta sempre que arrumávamos encrenca. Houve vezes em que eu talvez tenha dito o que não devia para um ou outro oficial; Primo cuidava da situação. Ele até me dava uma bronca, mas sempre colocava panos quentes com o estado-maior. Por outro lado, sabia que podia contar comigo e com Pimenta para fazer o serviço que precisasse ser feito.

TATUAGENS

QUANDO EU ESTAVA EM CASA, FIZ UM PAR DE TATUAGENS NO BRAÇO. Uma era um Tridente. Agora, que me sentia como um Seal de verdade, achei que tinha feito por merecer. Fiz na parte de dentro do braço, onde nem todo mundo conseguia ver, mas eu sabia que estava lá. Não queria que a tatuagem ficasse na parte de fora contando vantagem.

Na parte externa do braço, fiz uma cruz de Jerusalém. Queria que todo mundo soubesse que eu era cristão. Fiz em vermelho, a cor do sangue. Eu odiava os selvagens malditos contra quem lutava. Sempre odiarei. Eles tiraram muita coisa de mim.

ATÉ AS TATUAGENS VIRARAM MOTIVO DE ESTRESSE ENTRE MIM E MINHA esposa. Taya não gostava de tatuagens de modo geral, e a maneira como foram feitas — fiquei até tarde na rua enquanto ela me esperava em casa e a surpreendi com as tatuagens — piorou a tensão.

Taya encarou as tatuagens como mais um sinal de que eu estava mudando, de que me tornava alguém que ela não conhecia.

Não vi a situação daquela forma, embora admita que soubesse que Taya não gostaria. Mas é melhor pedir perdão do que permissão.

Na verdade, eu queria tatuar o braço todo, então, do meu ponto de vista, foi uma concessão.

PREPARATIVOS PARA PARTIR

ENQUANTO EU ESTAVA EM CASA, TAYA FICOU GRÁVIDA DE NOSSO SEGUN-do filho. Novamente, a gestação foi muito estressante para minha esposa.

Meu pai disse a Taya que, assim que eu visse meu primeiro filho e passasse tempo com ele, não iria querer me realistar ou voltar para a guerra.

Mas, embora tenhamos conversado muito a respeito disso tudo, no fim das contas eu sentia muitas dúvidas sobre o que fazer. Eu era um Seal. Fora treinado para a guerra. Fora feito para isso. Meu país estava em guerra e precisava de mim.

E eu sentia saudades. Sentia falta da empolgação e da emoção. Eu adorava matar bandidos.

— Se você morrer, vai destruir as nossas vidas — disse Taya. — Eu fico puta porque você não só arrisca a sua vida de bom grado, mas a nossa também.

Concordamos que não haveria como concordarmos.

QUANDO CHEGOU A HORA DO DESDOBRAMENTO, NOSSO RELACIONAMEN-to ficou mais distante. Taya me afastava emocionalmente, como se colocasse uma armadura para os meses seguintes. Talvez eu tenha feito a mesma coisa.

— Não é intencional — disse ela, num dos raros momentos em que ambos nos demos conta do que acontecia e de fato conversamos a respeito.

Nós ainda nos amávamos. Pode parecer estranho — éramos íntimos e não éramos íntimos, precisávamos um do outro e, no entanto, precisávamos de distância entre nós. Tínhamos que fazer outras coisas. Pelo menos no meu caso.

Eu estava ansioso para partir. Estava empolgado para fazer meu trabalho de novo.

DANDO À LUZ

ALGUNS DIAS ANTES DA DATA DO DESDOBRAMENTO, FUI AO MÉDICO para cuidar da remoção de um cisto no pescoço. Dentro da sala de exame, ele deixou a área dormente com uma anestesia local, depois enfiou uma agulha no pescoço para retirar o material.

É o que eu acho. Na verdade, não sei, porque, assim que a agulha entrou, eu desmaiei com uma convulsão. Quando recobrei a consciência, estava deitado na mesa de exame, com os pés onde a cabeça deveria estar.

Não tive outros efeitos colaterais. Ninguém conseguiu desvendar por que reagi daquela maneira. Até onde qualquer um sabia, eu estava bem.

Mas havia um problema: uma convulsão é motivo para afastamento da Marinha. Felizmente, havia na sala um enfermeiro com quem servira. Ele persuadiu o médico a não incluí-la no relatório ou a relatar o que acontecera de um modo que não afetasse o desdobramento ou a minha carreira. (Não tenho certeza do que foi.) Nunca mais ouvi coisa alguma sobre o assunto.

MAS O QUE A CONVULSÃO REALMENTE FEZ FOI ME IMPEDIR DE VER TAYA. Enquanto eu estava desmaiado, ela foi fazer um exame de gravidez de rotina. Faltavam cerca de três semanas para a minha filha nascer e dias para o desdobramento. O exame envolvia um ultrassom, e, quando o técnico tirou os olhos da tela, minha esposa se deu conta de que algo estava errado.

— Acho que a senhora vai ter esse bebê imediatamente — foi o máximo que o técnico disse antes de se levantar para chamar o médico.

Além do cordão umbilical em volta do pescoço, nossa filha estava sentada dentro do útero, e a quantidade de líquido amniótico — que alimenta e protege o bebê em desenvolvimento — era pequena.

— Faremos uma cesariana — avisou o médico. — Não se preocupe. Vamos tirar esse bebê amanhã. Você ficará bem.

Taya me ligou várias vezes. Quando recobrei a consciência, ela já estava no hospital.

Passamos uma noite tensa juntos. Na manhã seguinte, os médicos fizeram a cesariana. Enquanto trabalhavam, acertaram alguma artéria e espirrou sangue para todo lado. Morri de medo pela minha esposa. Medo real. Pior do que isso.

TALVEZ TENHA SIDO UMA PITADA DO QUE ELA HAVIA PASSADO A CADA momento do meu desdobramento. Era um desespero e uma desesperança terríveis.

Algo difícil de admitir, quanto mais de encarar.

NOSSA FILHA ESTAVA BEM. EU A SEGUREI. EU TINHA MANTIDO DISTÂNCIA dela, como fizera com nosso filho antes de ele nascer, mas agora, com ela nos braços, comecei a sentir afeto e amor reais.

Taya olhou estranho para mim quando tentei passar o bebê para ela.

— Você não quer segurá-la? — perguntei.

— Não.

"Meu Deus", pensei, "Taya está rejeitando a nossa filha. Eu tenho que partir e ela nem está criando laços".

Alguns momentos depois, Taya esticou os braços e pegou-a.

Graças a Deus.

Dois dias depois, fui para o desdobramento.

9

OS JUSTICEIROS

"ESTOU AQUI PARA PEGAR AQUELES MORTEIROS"

Você imagina que um exército que planeja uma grande ofensiva tenha uma forma de levar os guerreiros diretamente à zona de combate.

Você está errado.

Por causa da condição médica do cisto e do nascimento da minha filha, acabei saindo dos Estados Unidos cerca de uma semana depois do resto do pelotão. Quando pousei em Bagdá em abril de 2006, os demais haviam sido despachados para o oeste, para a área de Ramadi. Ninguém em Bagdá parecia saber como me levar até lá. Coube a mim a responsabilidade de chegar aos meus companheiros.

Um voo direto para Ramadi era impossível — a situação estava bem quente lá. Então tive que bolar uma solução. Esbarrei com um ranger do Exército que também ia para lá. Nós nos unimos e juntamos os recursos criativos enquanto procurávamos uma carona para o Aeroporto Internacional de Bagdá.

Em dado momento, entreouvi um oficial falando de problemas que o Exército estava tendo com alguns atiradores de morteiro numa base a oeste. Por coincidência, ouvimos falar de um voo que ia para esse lugar. O ranger e eu corremos para tentar pegar o helicóptero.

Um coronel nos deteve assim que estávamos prestes a entrar a bordo.

— O helicóptero está cheio — rosnou ele para o ranger. — Por que vocês precisam estar nele?

— Bem, senhor, somos atiradores de elite e viemos para cuidar do seu problema com morteiros — falei enquanto erguia o estojo da arma.

— Ah, sim! — berrou o coronel para a tripulação. — Esses rapazes precisam estar no próximo voo. Levem os dois imediatamente.

Embarcamos e, com isso, tiramos dois caras.

QUANDO CHEGAMOS À BASE, JÁ TINHAM DADO CONTA DOS MORTEIROS. Porém, ainda existia um problema: não havia voos para Ramadi, e as esperanças de surgir um comboio eram menores do que a chance de ver neve em Dallas no meio do verão.

Mas eu tive uma ideia. Levei o ranger até o hospital da base e achei um enfermeiro. Como Seal, eu já havia trabalhado com vários enfermeiros, e, pela minha experiência, o pessoal de apoio ao quadro médico da Marinha sempre sabia contornar problemas.

Tirei uma moeda de desafio dos Seals, coloquei na mão e passei para ele quando nos cumprimentamos. (Moedas de desafio são símbolos especiais, criados para homenagear integrantes de uma equipe por bravura ou outros feitos especiais. Uma moeda de desafio dos Seals é muito valorizada, tanto pela raridade quanto pelo simbolismo. Passar escondido uma para alguém da Marinha era como dar um aperto de mão secreto.)

— Escute — falei para o enfermeiro. — Preciso de um favor sério. Sou um Seal, um atirador de elite. Minha unidade está em Ramadi. Preciso ir para lá, e ele vai comigo.

Gesticulei para o ranger.

— Ok — respondeu o enfermeiro, com uma voz que era quase um sussurro. — Entre no meu gabinete.

Fomos ao gabinete. Ele pegou um carimbo, marcou nossas mãos e depois escreveu alguma coisa perto da marca.

Era um código de triagem.

O enfermeiro nos removeu para Ramadi. Fomos as primeiras, e provavelmente as únicas, pessoas a serem removidas para uma batalha, e não para fora dela.

E eu que pensei que apenas os Seals fossem criativos a *esse* ponto.

Não faço ideia do motivo de a ideia ter funcionado, mas deu certo. Ninguém no helicóptero para onde fomos levados questionou a direção do voo, quanto mais a natureza de nossos "ferimentos".

BASE SHARK

Ramadi ficava em al-Anbar, a mesma província de Falluja, cerca de cinquenta quilômetros mais a oeste. Diziam que muitos dos insurgentes expulsos de Falluja tinham se entocado lá. Havia provas suficientes: os ataques aumentaram desde quando Falluja fora pacificada. Em 2006, Ramadi era considerada a cidade mais perigosa do Iraque — uma distinção e tanto.

Meu pelotão tinha sido despachado para o campo Ramadi, uma base americana às margens do rio Eufrates, do lado de fora da cidade. Nosso complexo, chamado de base Shark, havia sido estabelecido por uma força-tarefa anterior e ficava junto à cerca da base.

Quando finalmente cheguei, meus colegas tinham sido despachados para trabalhar a leste de Ramadi. Arrumar um transporte que cruzasse a cidade foi impossível. Fiquei puto — pensei que já estava tarde demais para me juntar à ação.

À procura de algo para fazer enquanto calculava como me reunir ao resto do pelotão, perguntei ao comando se poderia me instalar nas torres das guaritas. Insurgentes andavam testando o perímetro — chegavam o mais perto que a coragem permitia e atiravam na base com as AKs.

— Claro, vá em frente — responderam.

Saí e peguei o rifle. Quase assim que me posicionei, vi dois caras dando a volta ao longe à procura de um lugar para atirar.

Esperei até que surgissem de trás do abrigo.

Bang.

Peguei o primeiro. O amigo deu meia-volta e começou a correr.

Bang.

Eu o peguei também.

SETE ANDARES

Eu ainda esperava por uma oportunidade para me juntar ao resto do pelotão quando uma unidade dos fuzileiros no extremo norte de Ramadi requisitou atiradores de elite para ajudar na vigília em cima de um prédio de sete andares, perto do posto avançado.

O estado-maior me pediu para acompanhar uma equipe. Havia apenas dois outros atiradores de elite na base. Um se recuperava de ferimentos e estava doidão de morfina; o outro era um sargento que parecia relutante em ir. Requisitei o cara da morfina, mas recebi o sargento.

Encontramos dois metralhadores de 60, entre eles Ryan Job, para acrescentar um pouco de força, e saímos com um oficial para ajudar os fuzileiros.

Sete Andares era um prédio alto e caindo aos pedaços, a mais ou menos duzentos metros do posto avançado dos fuzileiros. Feito de cimento bege e localizado perto do que tinha sido uma rua principal antes da guerra, quase parecia um edifício comercial moderno, ou teria parecido não fossem a ausência de janelas e os buracos enormes onde ele fora atingido por foguetes e projéteis. Era a coisa mais alta por ali e tinha uma vista perfeita da cidade.

Saímos no início da noite com vários fuzileiros e *jundis* locais como seguranças. Os *jundis* eram milicianos leais ou soldados iraquianos que estavam sendo treinados. Existiam vários grupos, cada um com seu nível de especialidade e eficiência — ou, na maioria dos casos, o oposto das duas coisas.

Enquanto ainda havia luz, efetuamos alguns disparos aqui e ali, todos em insurgentes isolados. A área em volta do prédio era bem decrépita, e um muro caiado com um portão luxuoso de ferro separava dois terrenos baldios cheio de areia.

A noite caiu, e de repente estávamos no meio de uma enxurrada de inimigos. Eles iam atacar o posto avançado dos fuzileiros, e por acaso nós estávamos na rota. Havia um monte deles.

De início, eles não se deram conta da nossa presença, e a temporada de caça foi aberta. Então vi três caras com lança-rojões mirando a gente a um quarteirão de distância. Atirei em cada um, um atrás do outro, e evitei o transtorno de termos que nos abaixar por causa dos rojões.

O tiroteio logo se voltou contra nós. Os fuzileiros nos chamaram pelo rádio e mandaram que retornássemos para lá.

O posto avançado ficava a algumas centenas de metros traiçoeiros. Enquanto um dos metralhadores da 60, o oficial e eu dávamos fogo de cobertura, o resto do grupo desceu e foi para a base dos fuzileiros. A chapa esquentou tão rápido que, quando eles ficaram em segurança, nós fomos cercados. Permanecemos onde estávamos.

RYAN PERCEBEU NOSSO APURO ASSIM QUE CHEGOU AO POSTO AVANÇADO dos fuzileiros. Ele e o sargento discutiram sobre dar fogo de cobertura para nós. O sargento alegou que a missão deles era permanecer com os *jundis* iraquianos, que já estavam entrincheirados no campo, e ordenou que Ryan ficasse. Ele respondeu o que o sargento podia fazer com a ordem.

Ryan correu para o telhado do prédio dos fuzileiros, onde se juntou aos que tentavam dar fogo de cobertura para nós enquanto combatíamos os insurgentes.

OS FUZILEIROS DESPACHARAM UMA PATRULHA PARA NOS RESGATAR. Enquanto eu observava os homens vindo do posto, notei um insurgente se deslocando por trás deles.

Dei um tiro. A patrulha dos fuzileiros se jogou no chão. O iraquiano também, mas depois não se levantou.

— Tem um atirador de elite [insurgente] lá fora, e ele é bom — disse o homem do rádio dos fuzileiros. — Ele quase nos pegou.

Peguei o meu rádio.

— Aquilo fui eu, seu burro. Olhe para trás.

Eles se viraram e viram um selvagem morto no chão, com um lança-rojão.

— Meu Deus, obrigado — respondeu o fuzileiro.

— Não há de quê.

De fato, os iraquianos tinham atiradores de elite trabalhando naquela noite. Matei dois sujeitos — um estava no minarete de uma mesquita, e o outro, num prédio próximo dali. Aquela luta foi razoavelmente bem coordenada, uma das mais organizadas que encontraríamos naquela área. Foi fora do comum porque aconteceu à noite. Os bandidos geralmente não tentavam a sorte no escuro.

Enfim, o sol nasceu e o tiroteio arrefeceu. Os fuzileiros mandaram um bando de viaturas blindadas para nos dar cobertura, e nós corremos de volta para o campo.

Fui ao comandante dos fuzileiros e relatei o que acontecera. Mal tinha dito uma frase quando um fuzileiro corpulento irrompeu no gabinete.

— Quem era o atirador lá em cima no Sete Andares, porra? — vociferou o homem.

Eu me virei e respondi, preparado para levar uma bronca por alguma falta desconhecida.

— Eu quero apertar sua mão, rapaz — falou o homem enquanto retirava a luva. — Você salvou a minha vida.

Ele era o cara que eu havia chamado de burro no rádio mais cedo. Nunca vira um fuzileiro mais agradecido na vida.

"A LENDA"

MEUS COMPANHEIROS RETORNARAM DAS AVENTURAS NO LESTE POUCO tempo depois. Fui recebido com o carinho de sempre.

— Ah, nós sabemos que A Lenda está aqui — disseram eles assim que me viram. — Do nada, ouvimos que houve duas mortes no campo Ramadi. As pessoas estão morrendo no norte. Soubemos que A Lenda estava aqui. Você é o único filho da puta que já matou alguém lá fora.

Eu ri.

O apelido "A Lenda" havia começado na época de Falluja, por volta da ocasião do incidente com as bolas de praia, ou talvez quando eu dera aquele tiro bem distante. Antes disso, meu apelido era Tex.

Obviamente, não era apenas "Lenda". Havia um pouco mais de deboche junto: A LENDA. Um dos meus companheiros — acho que foi Dauber — até desvirtuou a coisa e me chamava de O MITO, para me colocar no meu lugar.

Era tudo na amizade, de certa forma uma honra maior do que uma cerimônia de entrega de medalhas com uniforme de gala.

EU GOSTAVA MUITO DE DAUBER. EMBORA FOSSE UM NOVATO, ERA UM atirador de elite, e dos bons. Ele se saía bem em tiroteios — e trocas de insultos. Eu tinha um carinho especial por Dauber e, quando chegou a hora do trote, não bati nele... tanto assim.

Mesmo que o pessoal sacaneasse, A Lenda era um dos melhores apelidos que se podia ter. Veja o exemplo de Dauber. Esse não é o nome de verdade dele (no momento, Dauber está fazendo o que chamaríamos de "trabalho para o governo"). O apelido veio de um personagem da série de TV *Coach*. Nela, Dauber era o típico atleta burro. Na vida real, era um sujeito inteligente, mas levaram isso em consideração quando puseram o apelido nele.

Contudo, Ryan Job tinha um dos melhores apelidos: Biggles.

Era um apelido bobo para um sujeito bobo. O crédito é de Dauber — a palavra, segundo ele, era uma combinação de "grande" (big) com "risadinha" (giggles) em inglês, que fora inventada para alguém da família dele.

Dauber mencionou o termo um dia ao se referir a Ryan. Outra pessoa na equipe o usou, e, em poucos segundos, ele pegou.

Biggles.

Claro que Ryan odiou, o que sem dúvida ajudou a fazer com que o apelido pegasse.

Ao longo do caminho, mais tarde alguém encontrou um pequeno hipopótamo roxo. Obviamente, ele tinha que ir para o sujeito que tinha cara de hipopótamo. E Ryan se tornou Biggles, o Hipopótamo do Deserto.

Como era típico de Ryan, ele desvirtuou o sentido. A piada não era mais *sobre* ele — passou a ser *dele*. Biggles, o Hipopótamo do Deserto, o melhor metralhador de 60 do planeta.

Ele levava aquele hipopótamo para todos os lugares, até para a batalha. Era impossível não gostar do cara.

OS JUSTICEIROS

Nosso pelotão tinha seu próprio apelido, um que ia além do Cadillac.

Nós nos chamávamos de Justiceiros.

Para quem não conhece, o Justiceiro surgiu numa série de quadrinhos da Marvel dos anos 1970. Ele é um cara sinistro que faz justiça com as próprias mãos. Um filme com o mesmo nome havia acabado de sair, e o personagem usava uma camiseta com um crânio branco estilizado.

O cara da comunicação sugeriu o apelido antes do desdobramento. Todos achávamos o Justiceiro legal: ele fazia justiça. Ele matava bandidos. Botava medo nos malfeitores.

Essa era a nossa essência. Então, adaptamos o símbolo do Justiceiro e o adotamos com algumas modificações. Nós o pintamos com spray nos Hummers e coletes, nos capacetes e em todas as armas. E o pichávamos em todo prédio ou muro sempre que possível. Queríamos que as pessoas soubessem: *nós estamos aqui e queremos foder vocês.*

Era a nossa versão das operações psicológicas.

Estão nos vendo? Somos as pessoas que estão dando uma surra em vocês. Tenham medo de nós porque vamos matar vocês, seus filhos da puta.

Vocês são maus. Nós somos piores. Somos maus pra caralho.

Nosso pelotão coirmão queria usar o modelo que usávamos para marcar nosso equipamento, mas não deixamos. Dissemos que *nós* éramos os Justiceiros. Eles tiveram que arrumar o próprio símbolo.

Pegávamos mais leve com os Hummers. Eles foram apelidados, quase sempre, com nomes dos personagens do *G.I. Joe — Comandos em Ação*, como Duke e Snake Eyes. Só porque a guerra é um inferno não quer dizer que não é possível se divertir um pouco.

Tínhamos uma boa equipe naquele desdobramento, começando pelo topo. Oficiais decentes e um sargento excelente chamado Tony.

Tony havia sido treinado como atirador de elite. Não apenas era um sujeito sinistro como era um sujeito sinistro *velho*, pelo menos para um Seal — diziam que ele estava com quarenta anos naquele desdobramento.

Os Seals não costumam permanecer no campo com essa idade. Ficamos muito detonados. Mas, de alguma forma, Tony conseguiu. Ele era um filho da puta cascudo, e nós o teríamos seguido até as portas do inferno.

Eu era o ponta — atiradores de elite normalmente são — quando saíamos em patrulha. Tony quase sempre estava logo atrás de mim. Em geral, o sargento viria na retaguarda para proteger o traseiro de todo mundo, mas, nesse caso, nosso tenente alegou que ter dois atiradores na frente do pelotão era mais eficaz.

Certa noite, logo após o pelotão inteiro ter se reunido, nós nos deslocamos por dezessete quilômetros a leste de Ramadi. A área era verde e fértil — tanto que, para nós, parecia uma selva vietnamita, comparada com o deserto em que operávamos. Nós a chamamos de Viet Ram.

Em outra noite, não muito tempo depois de a unidade se juntar, fomos largados numa área de patrulha e começamos a avançar a pé na direção de uma fortificação suspeita de abrigar insurgentes. Após um tempo, chegamos a uma ponte que atravessava uma vala enorme. Na maioria das vezes, havia armadilhas nesses lugares, e tínhamos informações de que aquele com certeza tinha. Então, subi e fiquei ali, jogando o laser, à procura de um arame de disparo.

Vasculhei a parte de cima da ponte, mas não vi nada. Abaixei um pouco e tentei outra vez. Ainda nada. Procurei em todos os cantos que conseguia pensar, mas não avistei nenhum arame de disparo, nenhum explosivo improvisado, nenhuma armadilha, nada.

No entanto, como me disseram que havia armadilhas na ponte, eu estava certo de que *precisava* haver alguma coisa ali.

Olhei outra vez. O especialista do esquadrão antibombas aguardava atrás de mim. Tudo o que eu precisava fazer era encontrar um arame de disparo ou a bomba em si, que ele desarmaria em segundos.

Mas não achei porra nenhuma. Enfim, falei com Tony:

— Vamos cruzar.

Não se engane: eu não avancei correndo pela ponte. Fiquei com o rifle numa das mãos e mantive a outra em cima dos documentos para protegê-los.

Isso não teria salvado minha vida se uma bomba explodisse, mas pelo menos eu estaria intacto para o funeral.

A ponte tinha apenas três metros de comprimento, mas devo ter levado uma hora para cruzar aquela coisa. Quando enfim cheguei ao outro lado, estava ensopado de suor. Eu me virei a fim de sinalizar um ok para os outros. Mas não havia ninguém ali. Todos tinham se abaixado atrás de algumas pedras e moitas, esperando eu explodir.

Até mesmo Tony, que, como ponta, deveria ter ficado bem atrás de mim.

— Filho da puta! — gritei. — Aonde você foi, porra?

— Não há motivo para mais de um de nós explodir — respondeu ele com naturalidade enquanto cruzava a ponte.

TERPS

Falluja tinha sido tomada por um ataque em massa, que se deslocou pela cidade de maneira muito organizada. Embora bem-sucedido, causou muitos danos, o que aparentemente prejudicou o apoio ao novo governo iraquiano.

Você pode contestar se isso é verdade ou não — eu sem dúvida contestaria —, mas o alto escalão do comando americano não queria que a mesma coisa acontecesse em Ramadi. Portanto, enquanto o Exército formulava um plano para tomá-la com o mínimo de destruição, nós fomos à guerra na área próxima.

Começamos com DAs. Tínhamos quatro intérpretes — *terps*, como chamávamos —, que nos ajudavam a interagir com os nativos. Pelo menos um nos acompanhava, mas em geral eram dois.

Um *terp* de que todos gostávamos era o Alce. Ele era sinistro. Estava trabalhando desde a invasão, em 2003. Alce era jordaniano e o único dos *terps* para quem demos uma arma. Sabíamos que ele lutaria — Alce queria tanto ser americano que teria morrido por isso. Sempre que entrávamos em combate, ele estava lá atirando.

Alce não tinha grande pontaria, mas conseguia manter o inimigo abaixado. E, o mais importante, ele sabia quando atirar ou não — o que não é uma decisão tão fácil quanto pode parecer.

Havia um pequeno vilarejo nas proximidades da base Shark que chamávamos de Gay Tway. Estava infestado de insurgentes. Abríamos os portões, saíamos e acertávamos o alvo. Numa das casas, fomos umas três ou quatro vezes. Depois da primeira, eles nem perderam tempo em recolocar a porta no lugar.

Por que eles continuavam voltando àquela casa, eu não sei. Mas nós também retornávamos e passamos a conhecer o lugar muito bem.

Não demorou muito para começarmos a ver muito combate em Gay Tway e no vilarejo de Viet Ram. Uma unidade da Guarda Nacional do Exército cobria a área, e nós passamos a trabalhar com eles.

ALVOS

Um dos primeiros trabalhos foi ajudar o Exército a retomar uma área em volta de um hospital à margem do rio no Viet Ram. O prédio de concreto com quatro andares tinha começado a ser construído e fora abandonado alguns anos depois. O Exército queria terminar a obra para os iraquianos — atendimento médico decente era uma grande necessidade lá. Mas eles não conseguiam chegar perto do hospital para fazer qualquer tipo de trabalho, porque, assim que se aproximavam, os soldados ficavam sob fogo. Então nós entramos em ação.

Nosso pelotão, com dezesseis homens, se juntou a mais ou menos vinte soldados para livrar um vilarejo próximo dos insurgentes. Ao entrarmos no local de manhã cedo, nós nos dividimos e começamos a tomar as casas.

Eu era o ponta e levava a Mk-12 — o primeiro cara a entrar nas casas. Assim que cada uma era tomada, eu subia ao telhado, dava cobertura aos homens no solo e procurava os insurgentes; esperávamos que atacassem assim que soubessem que estávamos lá. O grupo seguia adiante e liberava a área conforme avançava.

Ao contrário de na cidade grande, aquelas casas não eram coladas umas nas outras, então o procedimento demorou mais e foi mais esparso. No entanto, em pouco tempo os terroristas se deram conta de onde estávamos e do que estávamos tramando e organizaram um pequeno ataque a partir de uma mesquita. Entrincheirados atrás dos muros, começaram a cuspir fogo de AK em um esquadrão de soldados no solo.

Eu estava num telhado quando o combate começou. Em poucos instantes, começamos a atirar nos inimigos com tudo o que tínhamos: M-4s, M-60s, rifles de precisão, granadas de 40 milímetros, foguetes LAW — tudo o que tínhamos. Mandamos bala na mesquita.

O ímpeto da batalha logo virou a nosso favor. Os soldados no solo começaram a se deslocar para atacar a mesquita, na esperança de pegar os insurgentes antes que eles voltassem para o esgoto de onde haviam saído. Passamos a atirar mais para o alto e elevamos a mira acima da cabeça dos soldados para permitir que eles entrassem.

Em algum momento, no meio da batalha, um fragmento de cápsula quente proveniente de outra arma — provavelmente uma metralhadora

M-60 perto de mim — acertou a minha perna e caiu dentro da minha bota, perto do tornozelo. Ardeu pra diabo, mas eu não podia fazer nada: havia bandidos demais surgindo de trás dos muros e tentando acertar meu pessoal.

Eu estava usando botas simples de caminhada em vez de coturnos. Era o meu estilo normal — mais leves e confortáveis e, em geral, mais do que suficientes para proteger os pés. Infelizmente, não me importei em amarrá-las muito bem antes da batalha, e havia um espaço entre as calças e a bota onde, por acaso, a cápsula caiu após ser ejetada.

O que os instrutores haviam me dito no BUD/S a respeito de não ser possível pedir "tempo" na batalha?

Quando as coisas sossegaram, fiquei de pé e arranquei a cápsula. Um bom pedaço de pele veio junto.

Capturamos a mesquita, avançamos pelo resto do vilarejo e depois demos o dia por encerrado.

DIFERENTES FORMAS DE MATAR

Saímos em patrulhas com a unidade do Exército várias outras vezes para tentar diminuir a resistência na área. A ideia era simples, embora arriscada: nós nos tornaríamos visíveis e tentaríamos atrair o fogo dos insurgentes. Assim que eles se revelassem, poderíamos atirar de volta e matá-los. E, em geral, matávamos.

Expulsos do vilarejo e da mesquita, os insurgentes recuaram para o hospital. Eles adoravam prédios hospitalares, não apenas porque eram grandes e geralmente bem construídos (e, portanto, davam proteção), mas também porque sabiam que nós evitávamos atacar hospitais, mesmo após terem sido tomados por terroristas.

Levou um tempo, mas o Exército enfim decidiu atacar o edifício.

Ótimo, foi o que todos dissemos ao ouvir o plano. Vamos logo com isso.

Montamos uma vigília numa casa a duzentos ou trezentos metros do prédio do hospital, do outro lado de um campo aberto. Assim que os insurgentes nos viram, começaram a largar o dedo.

Um dos nossos homens disparou o foguete de uma Carl Gustav no topo do edifício de onde os insurgentes atiravam e abriu um buraco enorme ali. Corpos voaram para todos os lados.

O foguete ajudou a diminuir a vontade de lutar dos insurgentes, e, como a resistência enfraqueceu, o Exército invadiu e tomou o prédio. Quando chegaram às dependências, quase não houve resistência. As poucas pessoas que não tínhamos matado já haviam fugido correndo.

ERA SEMPRE DIFÍCIL DIZER QUANTOS INSURGENTES FAZIAM FRENTE A nós numa batalha como aquela. Um punhado poderia resistir bastante. Uma dúzia de homens lutando atrás de um abrigo era capaz de conter o avanço de uma unidade por bastante tempo, dependendo das circunstâncias. Porém, assim que os insurgentes eram combatidos com muita força, com certeza cerca de metade deles sairia de mansinho por trás, ou seja lá por onde, para escapar.

NÓS JÁ TÍNHAMOS A CARL GUSTAV ANTES, MAS, ATÉ ONDE EU SEI, AQUEla foi a primeira vez que matamos alguém com ela e, talvez, que uma unidade Seal havia feito aquilo. Nunca tínhamos disparado a arma contra um prédio. Claro que, assim que a notícia se espalhou, todo mundo queria utilizá-la.

Tecnicamente, a Carl Gustav fora feita para combater blindados. Contudo, como descobrimos, era muito potente contra prédios. Na verdade, foi perfeita em Ramadi — o foguete varava concreto armado e matava quem estivesse dentro. A onda de pressão da explosão varria o interior.

Tínhamos diferentes projéteis para a arma. (Lembre que na realidade ela é considerada um fuzil sem recuo em vez de um lança-foguetes.) Muitas vezes, os insurgentes se escondiam atrás de diques e outras barreiras, bem protegidos. Nesses casos, era possível mandar um tiro de arrebentamento aéreo para explodir acima deles. O arrebentamento aéreo era bem pior do que qualquer coisa que detonasse no solo.

A Gustav é relativamente fácil de operar. É preciso usar dupla proteção para os ouvidos e ter cuidado com o lugar onde fica durante o disparo, mas os resultados são sensacionais. Todo mundo no pelotão quis usá-la depois de um tempo — juro que houve brigas sobre quem iria dispará-la.

QUANDO SUA PROFISSÃO É MATAR PESSOAS, VOCÊ COMEÇA A SER CRIATIvo sobre como fazer o serviço.

Você pensa em levar o máximo de poder de fogo para a batalha. E começa a pensar em maneiras novas e inventivas de eliminar o inimigo.

Tínhamos tantos alvos no Viet Ram que começamos a nos questionar sobre quais armas *não* havíamos usado para matá-los.

Não matou de pistola ainda? Você tem que matar pelo menos um.

Usávamos armas diferentes pela experiência, para aprender as capacidades delas em combate. Mas havia momentos em que era um jogo — quando se está presente num tiroteio todo dia, você começa a buscar um pouco de variedade. Seja como for, havia muitos insurgentes e muitos tiroteios.

A GUSTAV PROVOU SER UMA DAS ARMAS MAIS EFICAZES QUE ENCONTRAmos contra insurgentes que atiravam de prédios. Tínhamos lança-foguetes LAW, que eram mais leves e fáceis de carregar, mas muitos foguetes falhavam ao explodir. E, assim que você disparava uma LAW, acabou: ela não é recarregável. A Carl Gustav era sempre um estouro — com o perdão do trocadilho.

Outra arma que usamos bastante foi o lança-granadas de 40 milímetros. Há dois tipos: um que se prende ao fuzil e outro que é autônomo. Tínhamos ambos.

Nossa granada-padrão era um modelo de fragmentação — explodia e espalhava estilhaços ou fragmentos numa área. Essa é uma arma tradicional antipessoal, testada e aprovada.

Enquanto estávamos nesse desdobramento, recebemos um novo tipo de projétil que usava um explosivo termobárico e fazia. Eles faziam um estouro bem maior — uma única granada lançada contra um atirador de elite inimigo dentro de uma estrutura pequena era capaz de destruir o prédio inteiro por causa da onda de pressão criada pela explosão. Na maioria das vezes, obviamente, disparávamos contra um prédio maior, mas o poder ainda era intenso. Os resultados eram uma explosão violenta, um incêndio, e depois não havia mais inimigos. Não tem como não gostar disso.

Atirávamos as granadas com o que chamamos de desvio Kentucky: calculávamos a distância, ajustávamos a elevação do lançador e disparávamos. Gostávamos da M-79 — a versão autônoma que foi usada pela primeira vez durante a Guerra do Vietnã — porque tinha um sistema de mira, o que a tornava um pouco mais fácil de apontar e acertar o que fosse. Mas, de um jeito ou de outro, logo pegávamos o jeito, pois usávamos a arma com muita frequência.

Nós tínhamos contato com ela sempre que saíamos.

E adorávamos aquilo.

TAYA:

Passei por um aperto com as crianças depois que Chris foi para o desdobramento. Minha mãe veio me ajudar, mas foi um período difícil.

Acho que eu não estava pronta para ter outro bebê. Estava irritada com Chris, temerosa por ele e nervosa por ter que criar, sozinha, um bebê e uma criança pequena. Meu filho tinha apenas um ano e meio. Ele se enfiava em tudo, e a recém-nascida era bem grudenta.

Eu me lembro de ter ficado sentada no sofá, de roupão, chorando por vários dias. Amamentava a menina e tentava alimentar o menino. Eu sentava ali e chorava.

A cesariana não cicatrizou bem. Ouvi mulheres dizendo: "Após a cesariana, eu estava ótima, esfregando o chão uma semana depois." Bem, seis semanas depois da minha, eu ainda sentia dor, sofria e não estava cicatrizando nada bem. Eu odiava não estar cicatrizando como aquelas mulheres. (Depois descobri que em geral é da segunda cesariana que as mulheres se recuperam bem. Ninguém me contou essa parte.)

Eu me sentia fraca. Estava irritada comigo mesma por não ser mais forte. Era simplesmente uma merda.

As distâncias a leste de Ramadi tornavam a .300 Win Mag meu rifle preferido, e comecei a levá-la regularmente nas patrulhas. Depois que o Exército tomou o hospital, continuou levando fogo e sendo atacado. Não foi preciso muito tempo até começar a levar tiros de morteiro também. Então saímos para combater os insurgentes que atiravam no Exército e procurar os homens dos morteiros.

Certo dia, nós nos instalamos num prédio de dois andares a uma curta distância do hospital. O Exército tentou usar um equipamento especial para descobrir de onde vinham os tiros de morteiro, e nós escolhemos o edifício porque era perto da área que eles identificaram. Mas, por um motivo qualquer, naquele dia os insurgentes decidiram ficar quietos.

Talvez estivessem ficando cansados de morrer.

Decidi ver se era possível atraí-los. Eu sempre levava uma bandeira americana dentro do colete à prova de balas. Eu a tirei e amarrei uma corda 550 (uma de náilon de emprego geral, às vezes chamada de *corda de paraquedas*) pelos ilhoses. Prendi o fio na borda do telhado, depois o joguei para fora de modo que a bandeira se desdobrasse pela lateral do prédio.

Em poucos minutos, meia dúzia de insurgentes saiu com metralhadoras e começou a atirar na minha bandeira.

Devolvemos fogo. Metade dos inimigos caiu. O restante deu meia-volta e saiu correndo.

Ainda tenho a bandeira. Eles arrancaram duas estrelas a tiros. Uma troca justa pela vida deles, nas minhas contas.

CONFORME AVANÇÁVAMOS, OS INSURGENTES SE AFASTAVAM MAIS E TENtavam colocar mais abrigos entre nós e eles. De vez em quando, precisávamos requisitar apoio aéreo para tirá-los de trás de muros ou bermas distantes.

Por medo de danos colaterais, o comando e os pilotos relutavam em usar bombas. Em vez disso, os jatos faziam metralhamento de objetivos no solo. Também contávamos com helicópteros de ataque, Cobras e Hueys, que utilizavam metralhadoras e foguetes.

Certo dia, quando estávamos numa vigília, o sargento e eu vimos um homem colocar um morteiro dentro do porta-malas de um carro a cerca de setecentos metros. Atirei nele. Outro homem saiu do prédio onde o sujeito estivera, e o sargento o acertou. Requisitamos um ataque aéreo. Um F/A-18 mandou um míssil no automóvel. Houve explosões secundárias enormes — os insurgentes tinham carregado o carro com explosivos antes que os víssemos.

ENTRE OS ADORMECIDOS

UMA OU DUAS NOITES DEPOIS, ME VI CRUZANDO UM VILAREJO PRÓXIMO, no escuro, andando sobre corpos — não de mortos, mas de iraquianos dormindo. No deserto quente, as famílias iraquianas geralmente dormiam do lado de fora.

Eu estava indo tomar uma posição de onde poderia vigiar uma incursão ao mercado no qual um insurgente tinha uma loja. O serviço de inteligência indicara que fora de lá que vieram as armas no carro que havíamos explodido.

Eu e outros quatro homens fomos deixados a mais ou menos seis quilômetros do resto da equipe, que montava uma incursão para a manhã seguinte. Nossa missão era chegar ao local antes deles, explorar e vigiar a área e depois protegê-los quando chegassem.

Cruzar áreas dominadas por insurgentes à noite não era tão perigoso quanto se pode imaginar. Eles quase sempre estavam dormindo. Os iraquianos viam nossos comboios chegarem durante o dia e depois irem embora quando escurecia. Portanto, os bandidos pensavam que todos nós tínhamos voltado à base. Não havia guardas postados, nenhum vigia, nenhum piquete de olho na área.

Obviamente, era preciso ter cuidado onde se pisava — um dos integrantes do pelotão quase pisou num iraquiano adormecido enquanto andávamos no escuro até a zona do objetivo. Felizmente, ele se segurou no último segundo, e nós conseguimos andar sem acordar ninguém. A fada do dente não podia nos criticar por nada.

Encontramos o mercado e nos instalamos para vigiá-lo. Era uma pequena fileira de barracas minúsculas de um andar, usadas como lojas. Não havia vitrines — a pessoa abria a porta e vendia as mercadorias do lado de fora.

Pouco depois de termos chegado ao esconderijo, recebemos uma chamada pelo rádio informando que outra unidade estava em algum ponto da área.

Após alguns minutos, vi um grupo suspeito de pessoas.

— Ei — falei pelo rádio. — Estou vendo quatro caras de AKs, de Molle, todos *mujados*. São esses os caras?

Como já falei, Molles são aquelas correias, malhas ou coletes usados para levar equipamento de combate. Os homens que eu vi pareciam *mujahidin* — com "todos *mujados*", eu queria dizer que eles estavam trajados da maneira como os insurgentes costumavam se vestir no interior, com longas túnicas e cachecóis. (Na cidade, em geral eles usavam roupas no estilo ocidental: moletons de ginástica e agasalhos estavam na moda.)

Os quatro homens vinham do rio, de onde seria de se esperar que a outra unidade viesse.

— Espere, vamos descobrir — respondeu o sujeito do outro lado da linha.

Observei o quarteto. Não iria atirar neles — nem pensar que eu me arriscaria a matar um americano.

A unidade demorou um tempão para responder ao nosso comando tático de operações, que, por sua vez, precisava se comunicar com o pessoal do meu pelotão. Observei o avanço dos homens.

— Não é nosso — veio finalmente a resposta. — Eles cancelaram.

— Ótimo. Bem, acabei de deixar quatro caras irem na sua direção.

(Tenho certeza de que, se a unidade estivesse lá fora, eu jamais teria visto. *Ninjas.*)

Todo mundo ficou puto. Meu pessoal, sentado lá nos Hummers, estava de prontidão, vigiando o deserto, à espera dos *mujs*. Voltei para a minha própria vigília, observando a área que eles deveriam atacar.

Alguns minutos depois, não é que vi os quatro insurgentes que tinham passado por mim antes?

Peguei um. Um dos outros atiradores de elite pegou outro antes que eles pudessem se abrigar.

Aí, mais seis ou sete insurgentes apareceram atrás deles.

Agora estávamos no meio de um tiroteio. Começamos a lançar granadas. O resto do pelotão ouviu os tiros e veio com tudo. Mas os guerreiros que esbarraram conosco sumiram.

Com a perda do elemento-surpresa, o pelotão foi em frente com a incursão ao mercado, no escuro mesmo. Eles encontraram um pouco de munição e algumas AKs, mas nada importante em termos de um verdadeiro depósito de armas.

Nunca descobrimos o que tramavam os insurgentes que fugiram de nós. Foi apenas mais um mistério da guerra.

A ELITE DA ELITE

Acho que todos os Seals têm o maior respeito pelos nossos irmãos da unidade antiterrorista de elite sobre os quais você já deve ter lido em casa. Eles são um grupo de elite dentro de um grupo de elite.

No Iraque, não interagimos muito com aqueles caras. A única outra vez que me envolvi com eles foi algumas semanas mais tarde, após entrarmos no território de Ramadi. Eles ouviram que estávamos lá matando uma quantidade imensa de selvagens, então enviaram um de seus atiradores de elite para dar uma olhada no que fazíamos. Acho que queriam saber o que estava dando certo.

Em retrospecto, eu me arrependo de não ter tentado entrar para lá. Na ocasião, eles não utilizavam atiradores de elite com a mesma intensidade que as outras equipes. A força de assalto fazia a maior parte do serviço, e eu não queria ser integrante dela. Eu adorava minha função. Desejava ser um atirador de elite. Estava usando o rifle e matando inimigos. Para que abrir mão disso, me mudar para a Costa Leste e me tornar um novato outra vez? E isso sem levar em conta o curso parecido com o BUD/S pelo qual teria que passar para provar que merecia estar ali.

Eu precisaria passar vários anos na força de assalto até progredir para ser um atirador de elite de novo. Por que fazer isso quando eu já estava atuando como atirador e adorando?

Mas, agora que ouvi sobre as operações deles e o que realizam, acho que eu deveria ter tentado.

Os caras de lá têm fama de serem arrogantes e um pouco cheios de si. Isso está completamente errado. Tive a chance de encontrar alguns deles após a guerra, quando apareceram num campo de treinamento que gerencio. Os sujeitos eram bastante simples, muito humildes a respeito dos seus feitos. Eu desejei mesmo voltar com eles.

CIVIS E SELVAGENS

A ofensiva em Ramadi ainda iria começar oficialmente, mas estávamos no meio de muita ação.

Certo dia, chegaram informações sobre insurgentes que plantavam IEDs numa rodovia. Fomos lá e vigiamos o local. Também atacamos as casas e demos cobertura a alguns comboios e bases americanas contra emboscadas.

É verdade que é difícil separar civis de insurgentes em determinadas situações, mas os bandidos facilitavam para nós. Drones podiam observar uma estrada, por exemplo, e, quando vissem alguém plantando uma bomba, não só eram capazes de identificar a armadilha, como podiam seguir o insurgente até a casa dele. Isso nos dava informações excelentes sobre onde estavam os inimigos.

Terroristas que iam atacar americanos se revelavam pelo deslocamento tático contra comboios que se aproximavam ou quando chegavam perto de uma base. Eles vinham de mansinho com as AKs de prontidão — era muito fácil notá-los.

Também aprenderam a nos detectar. Se tomássemos uma casa numa pequena aldeia, mantínhamos a família no interior, por questão de segurança. Assim, os vizinhos saberiam que, se os moradores não estivessem do lado de fora às nove da manhã, havia americanos lá dentro. Era como um convite geral para que qualquer insurgente na área tentasse nos matar.

Aquilo se tornou tão previsível que parecia seguir um cronograma. Por volta das nove da manhã, acontecia um tiroteio, e as coisas se acalmavam cerca de meio-dia. Depois, às três ou quatro da tarde, havia outro tiroteio. Se não fosse um jogo de vida ou morte, teria sido divertido.

E, na época, *foi* divertido, de uma forma perversa.

Não dava para saber de onde viria o ataque, mas as táticas eram quase sempre as mesmas. Os insurgentes começavam com fogo automático, davam uns tiros aqui, outros ali. Depois vinham os rojões, uma onda de fogo, e por fim eles se espalhavam e tentavam fugir.

Certo dia, nós abatemos um grupo de insurgentes perto do hospital. Não percebemos na ocasião, mas o setor de inteligência do Exército contou, mais tarde, que o comando insurgente tinha feito uma ligação por celular para requisitar mais atiradores de morteiros, porque a equipe que havia atacado o hospital acabara de ser morta.

Os substitutos jamais apareceram.

Uma pena. Nós também os teríamos matado.

AGORA TODO MUNDO CONHECE OS PREDATORS, OS DRONES QUE FORNE-ciam muitas informações para as forças americanas durante a guerra. Mas o que muitos não sabem é que nós tínhamos nossos próprios drones portá-teis — aeronaves pequenas, lançadas por um soldado, com mais ou menos o tamanho de aviões de controle remoto com que crianças de todas as idades brincam nos Estados Unidos.

Eles cabem numa mochila. Nunca cheguei a operar um, mas os drones pareciam meio maneiros. A parte mais complicada — pelo menos no meu entender — era o lançamento. Você tinha que lançar com muita força para que ele voasse. O operador acionava o motor e depois jogava a aeronave no ar. Isso exigia certa habilidade.

Como voavam baixo e tinham motores pequenos relativamente baru-lhentos, os drones portáteis podiam ser ouvidos do solo. Faziam um zum-bido característico, e em pouco tempo os iraquianos aprenderam que o barulho significava que estavam sendo observados. Os insurgentes ficavam cautelosos assim que o ouviam — o que ia contra o propósito.

AS COISAS FICAVAM TÃO INTENSAS EM DETERMINADOS MOMENTOS QUE precisávamos ajustar duas faixas de rádio: uma para se comunicar com nos-so comando tático de operações e outra para usar entre o pelotão. Havia tan-ta comunicação via rádio indo e vindo que os contatos do comando tático nos atrapalhavam durante o combate.

Quando começamos a sair, nosso comandante mandou que a vigília o acordasse sempre que nos envolvêssemos num combate. Entramos em tantos que ele reviu a ordem — só deveríamos notificá-lo se estivéssemos em com-bate por uma hora.

Depois a ordem mudou para notificá-lo apenas se alguém fosse ferido.

A BASE SHARK ERA UM REFÚGIO DURANTE AQUELE PERÍODO, UM PEQUE-
no oásis de descanso e recreação. Não que fosse muito luxuosa. Tinha chão
de pedra, e as janelas eram barricadas com sacos de areia. De início, os be-
liches ficavam praticamente colados um no outro, e o único toque caseiro
eram os baús detonados. Mas não precisávamos de muita coisa. Saíamos
por três dias e voltávamos para passar um dia. Eu dormia, às vezes jogava
videogame pelo resto do dia, ligava para casa, usava o computador. Depois,
era hora de se equipar e voltar a sair.

Era preciso tomar cuidado ao falar ao telefone. A segurança operacional
era importante. Não podíamos contar nada a ninguém que pudesse revelar
o que fazíamos, planejávamos fazer ou mesmo especificamente o que havíamos feito.

Todas as conversas provenientes da base eram gravadas. Havia um programa que procurava por palavras-chave. Se um número suficiente delas
fosse captado, eles encerravam a ligação, e você poderia se encrencar. Em
dado momento, alguém falou demais sobre uma operação, e todos nós
ficamos sem comunicação por uma semana. A pessoa se sentiu bastante
humilhada, e, claro, nós lhe demos uma senhora bronca. O cara ficou devidamente arrependido.

ÀS VEZES, OS BANDIDOS FACILITAVAM PARA NÓS.

Certo dia, saímos e nos instalamos num vilarejo próximo à estrada principal. Era um bom ponto. Conseguimos pegar alguns insurgentes que tentavam passar pela área para atacar o hospital.

De repente, uma caminhonete modelo bongo — pequeno veículo utili-
tário com uma cabine e uma plataforma traseira, que uma empresa poderia
usar para carregar equipamento — entrou derrapando na rua, na direção da
nossa casa. No lugar de equipamento, a caminhonete levava quatro homens
armados na traseira, que começaram a atirar em nós assim que o carro cru-
zou o pátio, que felizmente era largo.

Atirei no motorista, e a caminhonete derrapou até parar. O carona pulou
fora e correu para o lado do morto. Um dos meus companheiros atirou no
sujeito antes que eles pudessem ir embora. Metemos fogo no resto dos insurgentes e matamos todo mundo.

Pouco tempo depois, vi um caminhão basculante a caminho da estrada principal. Não dei muita importância para ele, até que o veículo virou na rua da casa e começou a vir na nossa direção.

Já havíamos interrogado os donos da casa e sabíamos que ninguém ali dirigia um caminhão basculante. E, pela velocidade, era bem óbvio que ele não estava lá para recolher terra.

Tony atingiu o motorista na cabeça. O veículo derrapou e bateu em outra construção próxima. Um helicóptero chegou pouco tempo depois, um míssil Hellfire passou voando e o caminhão basculante entrou em erupção: ele estava lotado de explosivos.

FINALMENTE, UM PLANO

No início de junho, o Exército formulou um plano para retomar Ramadi dos insurgentes. Em Falluja, os fuzileiros haviam trabalhado sistematicamente pela cidade, perseguindo e depois expulsando o inimigo. Ali, os insurgentes iriam até a gente.

A cidade em si estava imprensada entre cursos d'água pantanosos. O acesso pela estrada era limitado. O Eufrates e o canal Habbaniyah delimitavam Ramadi a norte e a oeste. Havia uma única ponte em ambos os lados perto da extremidade noroeste. A sul e a leste, um lago, pântanos e um canal de drenagem de águas sazonais ajudavam a formar uma barreira natural para o interior.

As forças americanas entrariam pelos perímetros da cidade, os fuzileiros pelo norte, e o Exército pelos outros três lados. Estabeleceríamos posições fortificadas em várias partes de Ramadi para demonstrar que estávamos no controle — e, essencialmente, provocar o ataque do inimigo. Quando eles enfim investissem, nós contra-atacaríamos com tudo o que tínhamos. Colocaríamos cada vez mais cabeças de ponte e aos poucos ampliaríamos o controle pela cidade inteira.

O lugar estava uma zona. Não havia governo funcional, e a situação era mais do que sem lei. Estrangeiros que entrassem em Ramadi eram alvos instantâneos de assassinatos ou sequestros, mesmo que estivessem em comboios blindados. Mas o lugar era um inferno pior para os iraquianos comuns. Relatórios calculavam que havia mais de vinte ataques insurgentes contra eles todos os dias. A maneira mais fácil de morrer na cidade era entrar para a polícia. Enquanto isso, a corrupção predominava.

O Exército analisou os grupos terroristas de Ramadi e descobriu que havia três categorias: fanáticos extremistas islâmicos, associados à al-Qaeda e a grupos semelhantes; nativos que eram um pouco menos fanáticos, embora ainda quisessem matar americanos; e gangues criminosas oportunistas que basicamente tentavam ganhar a vida com aquele caos.

O primeiro grupo tinha que ser eliminado porque jamais desistiria. Eles seriam o nosso foco principal na campanha vindoura. Os outros dois, porém, poderiam ser persuadidos a ir embora, parar de matar pessoas ou trabalhar com a liderança tribal local. Portanto, parte do plano do Exército seria trabalhar com a liderança tribal para trazer paz à área. Pelo que se dizia, os líderes tribais tinham se cansado dos insurgentes e do caos que eles causaram e queriam que fossem embora.

A situação e o plano eram bem mais complicados do que eu poderia resumir. No entanto, para nós ali no solo, tudo isso era irrelevante. Não dávamos a mínima para as nuances. O que víamos, o que sabíamos, era que muita gente queria nos matar. E nós contra-atacávamos.

OS JUNDIS

O PLANO GERAL NOS AFETAVA DE UMA FORMA ESPECÍFICA, E NÃO ERA para melhor.

A ofensiva em Ramadi não deveria incluir apenas tropas americanas. Pelo contrário: o novo Exército iraquiano teria uma participação ativa na tentativa de retomar a cidade e torná-la segura.

Os iraquianos estavam lá. Eles tiveram uma participação, sim. Mas não tão ativa quanto se pensa.

ANTES DE O ATAQUE COMEÇAR, RECEBEMOS ORDENS PARA AJUDAR A "dar uma cara iraquiana à guerra" — o termo que o comando e a mídia usaram para fingir que os iraquianos estavam de fato assumindo a iniciativa de tornar o país seguro. Nós treinamos unidades iraquianas e, quando era viável (embora não necessariamente desejável), as levamos conosco nas operações. Trabalhávamos com três grupos diferentes e chamávamos todos de *jundis*: "soldados" em árabe, embora tecnicamente alguns fossem policiais. Não importava em que força estavam, os *jundis* eram patéticos.

Tínhamos usado um pequeno grupo de batedores nas operações a leste da cidade. Já quando entramos em Ramadi, utilizamos um tipo de polícia especial. E havia um terceiro grupo de soldados iraquianos que usávamos nos vilarejos, fora da cidade. Durante a maioria das operações, nós os colocávamos no meio das colunas — americanos na vanguarda, iraquianos no centro, americanos na retaguarda. Se estivéssemos dentro de uma casa, eles ficavam no térreo, fazendo a segurança e falando com a família, se houvesse alguma ali.

Como guerreiros, os *jundis* eram uma merda. Ao que parecia, os iraquianos mais espertos em geral eram os insurgentes, que lutavam contra nós. Acho que a maioria dos nossos *jundis* tinha bom coração, mas, no que diz respeito à perícia de combate militar...

Digamos apenas que eles eram incompetentes, quando não absolutamente perigosos. Certa vez, eu e um colega Seal chamado Brad nos preparávamos para entrar numa casa. Estávamos diante da porta de entrada, com um dos *jundis* logo atrás de nós. De alguma forma, a arma do *jundi* emperrou. Sendo um idiota, ele destravou-a e apertou o gatilho, fazendo uma rajada de balas passar ao meu lado.

Pensei que os tiros tivessem vindo da casa. Brad pensou a mesma coisa. Começamos a devolver fogo e mandamos bala pela porta.

Então ouvi uma gritaria atrás de mim. Alguém estava levando embora, arrastado, um iraquiano cuja arma havia disparado. Sim, o fogo tinha vindo de nós, e não de alguém dentro da casa. Tenho certeza de que o *jundi* estava se desculpando, mas eu não tive disposição para escutar, nem naquela hora nem depois.

Brad parou de atirar, e o Seal que tinha ido à frente para abrir a porta recuou. Eu ainda estava tentando entender que diabos havia acontecido quando a porta da casa se abriu.

Um velhinho apareceu, com as mãos trêmulas.

— Entrem, entrem — disse o homem. — Não há nada aqui, nada aqui.

Duvido que o velho soubesse como isso esteve perto de ser verdade.

ALÉM DE ESPECIALMENTE INEPTOS, MUITOS *jundis* ERAM PREGUIÇOSOS. Quando você mandava que fizessem alguma coisa, eles respondiam: "*Inshallah.*"

Algumas pessoas traduziam aquilo como: "Se Deus quiser." O que de fato quer dizer é: "Não vai rolar."

A maioria dos *jundis* queria entrar para o Exército a fim de ganhar um soldo estável, mas não estava a fim de lutar, quanto mais morrer, pelo país. Pela tribo, talvez. À tribo, à família estendida eles eram realmente leais. E, para a maioria, o que acontecia em Ramadi não tinha nada a ver com a tribo.

Sei que grande parte do problema tem a ver com a cultura ferrada do Iraque. Aquele povo esteve sob uma ditadura a vida toda. Como país, o Iraque não significava nada para eles, ou pelo menos nada bom. A maioria estava contente por se livrar de Saddam Hussein, e muito feliz por ser um povo livre, mas os iraquianos não compreendiam o que isso queria dizer — as outras coisas que vêm com a liberdade.

O governo não controlaria mais a vida das pessoas, porém também não daria comida ou qualquer outra coisa. Foi um choque. E eles eram tão atrasados em termos de educação e tecnologia que, para os americanos, muitas vezes parecia que estávamos na Idade da Pedra.

Você pode sentir pena dos iraquianos, mas, por outro lado, não quer que esses caras tentem conduzir a guerra por você.

E dar as ferramentas de que eles precisavam para o progresso não era o meu trabalho. Meu trabalho era matar, não ensinar.

NÃO MEDIMOS ESFORÇOS PARA QUE OS IRAQUIANOS CAUSASSEM BOA impressão.

Em dado momento da campanha, o filho de uma autoridade local foi sequestrado. Recebemos a informação de que ele estava sendo mantido numa casa perto de uma faculdade local. Fomos lá à noite, invadimos pelos portões e tomamos um prédio grande para usar na vigília. Enquanto eu observava do telhado, alguns dos meus homens tomaram a casa e libertaram o refém sem qualquer resistência.

Bem, isso teve grande importância localmente. Então, quando chegou a hora da foto, chamamos os *jundis*. Eles levaram o crédito pelo resgate, e nós passamos despercebidos.

Profissionais silenciosos.

Esse tipo de coisa aconteceu por todo o teatro de operações. Tenho certeza de que houve um monte de reportagens nos Estados Unidos sobre o bem que os iraquianos faziam e como estavam sendo treinados por nós. Essas reportagens provavelmente vão parar nos livros de história.

Elas são papo furado. A realidade era bem diferente.

Acho que a ideia toda de dar uma cara iraquiana à guerra era uma porcaria. Se você quer ganhar uma guerra, vá lá e vença. *Aí* você pode treinar pessoas. Fazer isso no meio de uma batalha é estupidez. Foi um milagre que essa ideia não tenha fodido as coisas mais do que já estavam fodidas.

COP IRON

A POEIRA FINA DAS ESTRADAS DE TERRA SE MISTURAVA AO FEDOR DO RIO e da cidade quando entramos no vilarejo ao sul de Ramadi, em algum momento entre a noite e a manhã. Estava um breu. O alvo era um prédio de dois andares no centro, separado da parte principal da cidade por um conjunto de linhas férreas.

Entramos rápido na casa. As pessoas que moravam ali ficaram chocadas, óbvio, e claramente desconfiadas. No entanto, não pareceram muito hostis, apesar da hora. Enquanto nossos *terps* e *jundis* lidavam com eles, fui ao telhado e me instalei.

Era o dia 17 de junho, o início da ação em Ramadi. Tínhamos acabado de tomar o que se tornaria o posto de observação e comando Iron, o ponto de partida da ofensiva em Ramadi. Observei o vilarejo com cuidado. Fomos instruídos a aguardar um combate infernal, e tudo por que tínhamos passado nas semanas anteriores no leste reforçava o argumento. Eu sabia que Ramadi seria muitíssimo pior do que o interior. Eu estava tenso, mas pronto.

Com a construção e a área próxima protegidas, chamamos o Exército. Quando ouvi os tanques vindo ao longe, vasculhei com mais cuidado ainda pela luneta. Os bandidos também podiam ouvir. Eles estariam ali a qualquer momento.

O Exército chegou com o que parecia ser um milhão de tanques, tomou as casas próximas e depois começou a construir muralhas para formar um complexo em volta delas.

Nenhum insurgente apareceu. A tomada do vilarejo foi um acontecimento sem importância.

Ao olhar em volta, notei que a área que havíamos ocupado ficava no outro lado da linha do trem, e era a parte desfavorecida da cidade. Nossa área era onde as pessoas mais pobres viviam, uma afirmação e tanto se tratando do Iraque, que não era exatamente o principado de Mônaco. Os proprietários e moradores dos barracos ao redor mal conseguiam sobreviver. Não se importavam com a insurgência. Eles se importavam menos ainda com a gente.

Assim que o Exército se instalou, avançamos cerca de duzentos metros para proteger as equipes enquanto elas trabalhavam. Ainda esperávamos um combate infernal. Mas não houve muita ação, afinal de contas. O único momento interessante aconteceu de manhã, quando um moleque com problemas mentais foi flagrado andando a esmo, escrevendo num caderno. Parecia um espião, mas logo percebemos que não batia bem da cabeça e deixamos que ele e suas anotações sem sentido fossem embora.

Ficamos todos surpresos pela calmaria. Ao meio-dia, estávamos lá de braços cruzados. Não vou dizer que estávamos desapontados, mas... parecia um anticlímax depois do que nos disseram.

Aquela era a cidade mais perigosa do Iraque?

10

O DIABO DE RAMADI

ENTRANDO

ALGUMAS NOITES DEPOIS, ENTREI NUM BOTE FLUVIAL CHATO DO Corpo de Fuzileiros Navais e me abaixei no convés, atrás da amurada blindada. Os fuzileiros que manejavam as 60s perto da proa vigiavam enquanto a nossa embarcação e outra igual, com o resto do nosso grupo, seguiam de mansinho rio acima, a caminho do ponto de infiltração.

Espiões insurgentes se escondiam perto de pontes e em vários pontos da cidade. Se estivéssemos em terra firme, eles teriam acompanhado o nosso avanço. Mas na água não éramos uma ameaça imediata, e eles não davam muita atenção.

Estávamos carregados de equipamentos. A parada seguinte era perto do centro da cidade, bem no interior do território inimigo.

Os botes subiram pela margem do canal. Eu me levantei, passei pelas portinhas da proa e quase caí ao pisar no solo. Subi pela terra seca, depois parei e esperei o resto do pelotão se agrupar em volta de mim. Tínhamos levado oito iraquianos. Contando os *terps*, éramos um pouco mais de 25 pessoas.

Os fuzileiros voltaram para a água e foram embora.

Como ponta, comecei a subir a rua na direção do objetivo. Pequenas casas surgiram à frente — havia becos e ruas mais largas, um labirinto de prédios, e as sombras de estruturas maiores.

Eu não tinha chegado muito longe quando o laser do fuzil apagou. A bateria morrera. Detive o avanço.

— Que diabos está acontecendo? — perguntou o tenente, ao se aproximar depressa.

— Preciso trocar a bateria rapidinho — expliquei.

Sem o laser, eu precisaria mirar às cegas; seria quase o mesmo que não mirar.

— Não. Tire a gente daqui.

— Tudo bem.

Então recomecei a andar e levei o grupo para um cruzamento próximo. Uma figura surgiu na escuridão à frente, na margem de um canal raso de drenagem. Notei a sombra da arma e a fitei por um momento enquanto identificava os detalhes — uma AK-47, com um carregador adicional preso por fita adesiva ao que estava no fuzil.

Muj.

O inimigo. Ele estava de costas, vigiando a rua em vez da água, mas estava bem armado e pronto para uma briga.

Sem o laser, eu atiraria às cegas. Fiz um gesto para o tenente. Ele surgiu rápido, bem atrás de mim, e — *bum.*

O tenente abateu o bandido. Também quase abriu a porra de um buraco no meu tímpano ao atirar a poucos centímetros da minha cabeça.

Não houve tempo para reclamar. Corri à frente quando o iraquiano caiu, sem saber se ele estava morto ou se havia outros nas proximidades. O pelotão inteiro seguiu, se espalhou e "invadiu" as esquinas.

O cara estava morto. Peguei a AK. Subimos correndo a rua até a casa que iríamos tomar e passamos por umas casas menores pelo caminho. Estávamos a poucas centenas de metros do rio, bem ao lado das duas ruas principais que controlavam aquele canto da cidade.

Como muitas casas iraquianas, o nosso objetivo tinha um muro com aproximadamente dois metros de altura. O portão estava trancado, então pendurei a M-4 no ombro, saquei a pistola e pulei o muro, subindo com a mão livre.

Quando cheguei ao topo, vi que havia gente dormindo no pátio. Desci ao interior, com a arma apontada para os iraquianos, e esperei que um companheiro de pelotão entrasse depois de mim para abrir o portão.

Esperei.

E esperei. E esperei.

— Vamos — sussurrei. — Venham aqui.

Nada.

— *Vamos!*

Alguns dos iraquianos começaram a se mexer.

Fui de mansinho até a entrada, ciente de que estava sozinho. Lá estava eu, apontando uma pistola para uma dezena de pessoas que eram insurgentes, até onde eu sabia, e separado do resto dos homens por um muro grosso e um portão trancado.

Achei o portão e consegui arrombá-lo. O pelotão e nossos *jundis* iraquianos entraram correndo e cercaram as pessoas que dormiam no pátio. (Houve uma confusão lá fora e, por algum motivo, eles não se deram conta de que eu estava lá sozinho.)

Constatou-se que as pessoas no pátio eram apenas uma família grande normal. Alguns dos homens pegaram os iraquianos sem atirar, reuniram-nos e os levaram para uma área segura. O restante entrou, invadiu o local e tomou cada cômodo o mais rápido possível. Havia uma construção principal e um casebre ali perto. Enquanto os homens vasculhavam em busca de armas e bombas, qualquer coisa suspeita, corri para o telhado.

Um dos motivos para termos escolhido aquele lugar fora a altura — a estrutura principal tinha três andares e, portanto, me daria uma boa vista das cercanias.

Nada se movia. Até agora, tudo bem.

— O local está seguro — avisou o homem do rádio para o Exército. — Entrem.

Tínhamos acabado de tomar a casa que se tornaria o posto de observação e comando Falcon e, mais uma vez, realizamos a missão sem combater.

SARGENTO DE PLANEJAMENTO

Nosso estado-maior havia trabalho diretamente com os comandantes do Exército para ajudar a planejar a operação do posto de observação e comando Falcon. Assim que terminaram, foram até a liderança do pelotão e pediram nossa opinião. Eu me envolvi com o processo de planejamento tático mais do que já havia feito antes.

Tive um sentimento ambíguo. Por um lado, eu possuía experiência e conhecimento para contribuir com alguma coisa útil. Por outro, aquilo me obrigou a fazer um tipo de trabalho de que não gosto. Parecia um pouco administrativo ou burocrático — coisa de engravatado, para usar uma metáfora de trabalho civil.

COMO SEGUNDO-SARGENTO, EU ERA UM DOS CARAS DE PATENTE MAIS alta no pelotão, o que era ótimo. Em geral, há um suboficial, que é o sujeito graduado de maior patente, e um primeiro-sargento — no nosso caso, Jay. Ou seja, ao contrário dos outros pelotões, o nosso tinha dois sargentos. Portanto, eu deixava de fazer um monte de tarefas administrativas que cabem à minha patente. Além disso, eu usufruía os benefícios. Para mim, era tipo a história da Cachinhos Dourados e dos três ursos — eu tinha uma patente alta demais para as atribuições chatas e baixa demais para os afazeres políticos. Era simplesmente perfeito.

Eu odiava me sentar ao computador e planejar tudo, quanto mais fazer uma apresentação de slides sobre aquilo. Preferia muito mais só dizer: "Ei, me siga. Eu mostro o que faremos no caminho." Mas registrar tudo era importante, pois, se eu fosse abatido, outra pessoa qualquer teria que ser capaz de me substituir e saber o que estava acontecendo.

Por acaso, peguei um serviço administrativo que não tinha nada a ver com planejamento de missões: avaliar os terceiros-sargentos. Realmente odiei. (Jay arrumou uma viagem e me deixou com a tarefa — tenho certeza de que ele também não queria fazê-la.) O lado bom foi que percebi como o nosso pessoal era excelente. Sem dúvida, não havia nenhum merda naquele pelotão — era um grupo sensacional, de verdade.

ALÉM DA PATENTE E DA EXPERIÊNCIA, O ESTADO-MAIOR QUERIA QUE EU ME envolvesse no planejamento porque os atiradores de elite estavam assumindo um papel mais agressivo na batalha. Havíamos nos tornado, em termos militares, um multiplicador de força, capazes de fazer mais do que se imaginava, baseados apenas em nossos números.

A maioria das decisões de planejamento envolvia detalhes como as melhores casas a serem tomadas para a vigília, a rota de invasão, o modo como seríamos lançados, o que faríamos após as primeiras casas serem tomadas etc. Algumas decisões eram bem sutis — como alcançar o esconderijo de um atirador de elite, por exemplo. A preferência seria chegar da maneira mais furtiva possível. Isso poderia sugerir uma incursão a pé, como fizemos em alguns vilarejos. Mas ninguém quer passar por becos apertados onde há muito lixo — muito barulho, muitas chances de haver um explosivo improvisado ou uma emboscada.

A opinião pública tem uma visão equivocada de que tropas de operações especiais sempre caem de paraquedas ou descem de rapel numa zona de conflito. Embora com certeza façamos essas duas coisas quando é apropriado, nós não voamos sobre nenhuma zona de conflito em Ramadi. Helicópteros têm suas vantagens, é verdade: velocidade e capacidade de percorrer distâncias relativamente longas são algumas. Mas eles também fazem barulho e atraem atenção num ambiente urbano. E são alvos um tanto fáceis de serem abatidos.

Nesse caso, entrar pela água fazia muito sentido, por causa do traçado de Ramadi e da localização do objetivo. A água nos permitia chegar a um ponto perto do destino de maneira furtiva, mais ou menos rápida e com menos chance de contato do que as rotas por terra firme. Mas aquela decisão conduziu a um problema inesperado: não tínhamos barcos.

NORMALMENTE, OS SEALS TRABALHAM COM EQUIPES ESPECIAIS DE BARcos, conhecidas na época como Unidades Especiais de Barcos. Missão igual, nome diferente. Eles pilotam as lanchas rápidas que infiltram Seals e depois os recolhem. Fomos resgatados por uma unidade dessas quando ficamos "perdidos" na costa da Califórnia durante o treinamento.

Havia um pouco de atrito entre os Seals e os integrantes das UEB's nos bares dos Estados Unidos, onde, de vez em quando, alguns deles alegarem que eram Seals. Os homens das equipes às vezes diziam que era o mesmo que um taxista se achar um astro de cinema porque tinha levado alguém ao estúdio.

Eu não estava nem aí. De fato, há uns caras muito bons por aí. A última coisa de que precisávamos era arrumar brigas com as pessoas que nos davam apoio.

Mas isso vale para os dois lados. Nosso problema em Ramadi começou quando uma unidade que deveria estar trabalhando conosco se recusou a ajudar.

Eles disseram que eram importantes demais para trabalhar com a gente. Na verdade, alegaram que estavam de prontidão para alguém mais importante em sua ordem de preferência, caso fossem necessários, o que não era o caso.

Ei, desculpa. Tenho bastante certeza de que o trabalho deles era ajudar quem quer que precisasse, mas dane-se. Encontramos uma unidade dos fuzileiros equipada com botes fluviais chatos que poderiam chegar até a margem. Eram blindados e tinham metralhadoras na popa e na proa.

Os caras que pilotavam eram cascudos. Fizeram tudo o que uma Unidade Especial de Barcos deveria fazer. Só que fizeram isso por nós.

Os fuzileiros sabiam a missão deles. Não fingiam ser outras pessoas. Apenas queriam nos levar lá e da maneira mais segura possível. E, quando a nossa missão acabou, foram nos pegar — mesmo sendo uma extração perigosa. Aqueles caras apareceriam num piscar de olhos.

COP FALCON

O EXÉRCITO ENTROU COM TANQUES, CARROS BLINDADOS E CAMINHÕES. Soldados empilharam sacos de areia e reforçaram pontos fracos da casa. Ela ficava na esquina de um cruzamento em T de duas ruas principais, uma delas chamada por nós de Sunset — pôr do sol. O Exército queria aquele lugar por causa da localização estratégica: era um ponto de estrangulamento e uma presença bem óbvia dentro da cidade.

Esses fatores também tornavam o lugar um alvo importante.

Os tanques chamaram a atenção de imediato. Alguns insurgentes começaram a se deslocar na direção da casa quando eles chegaram. Os bandidos estavam armados com AKs e talvez tivessem pensado, ingenuamente, que podiam assustar e afugentar os blindados. Esperei até que estivessem a duzentos metros dos tanques para abatê-los. Foram alvos fáceis. Eu os acertei antes que pudessem coordenar um ataque organizado.

ALGUMAS HORAS SE PASSARAM. CONTINUEI ENCONTRANDO ALVOS — os insurgentes sondavam a área, um ou dois de cada vez, tentando chegar de mansinho por trás da gente.

A situação não chegou a pegar fogo, mas havia um fluxo constante de oportunidades. Pipocos, foi como chamei aqueles tiros mais tarde.

O comandante do Exército calculou que havíamos matado mais de vinte insurgentes nas primeiras doze horas de combate. Não sei se a estimativa é exata, mas eu mesmo acertei alguns naquele primeiro dia, cada um com um tiro. Não foram exatamente grandes disparos — todos os insurgentes estavam a cerca de 350 metros ou menos. A .300 Win Mag é bem precisa a essa distância.

Enquanto ainda estava escuro, o Exército criou defesas suficientes no Falcon para manter a posição se fosse atacado. Desci do telhado e saí com os homens de novo. Corremos na direção de um edifício residencial a algumas centenas de metros, um dos mais altos ali perto, que tinha uma boa vista não apenas para o Falcon como também para o resto da área. Nós o chamamos de Quatro Andares. Ele acabaria sendo um segundo lar durante boa parte da batalha que veio a seguir.

Nós entramos sem problemas. O prédio estava vazio.

Não vimos muita coisa pelo resto da noite. Mas, quando o sol surgiu, também apareceram os bandidos.

Eles atacaram o posto de observação e comando Falcon, mas de maneira inepta. Estavam a pé, de carro, de motoneta para tentar chegar perto o suficiente a fim de lançar uma ofensiva. Era sempre óbvio o que eles faziam: você via dois caras numa motoneta. O primeiro tinha uma AK, e o segundo estava com um lança-granadas.

Fala sério.

Começamos a conseguir muitos alvos. O Quatro Andares era um grande esconderijo para um atirador de elite. Ninguém conseguia chegar perto para atirar nele sem se expor. Era fácil abater um agressor. Dauber afirma que matamos 23 caras nas primeiras 24 horas que passamos ali. Nos dias posteriores, fizemos mais vítimas.

Obviamente, após o primeiro tiro, o prédio era uma posição de combate, não um esconderijo de atirador de elite. Mas, de certa maneira, eu não me importava de ser atacado — os insurgentes só facilitavam o meu trabalho de matá-los.

NÚMEROS 100 E 101

SE A AÇÃO EM TORNO DO POSTO DE OBSERVAÇÃO E COMANDO IRON fora quase nula, nas imediações do Falcon foi exatamente o oposto: intensa e quente. O acampamento era uma nítida ameaça aos insurgentes, e eles queriam que o Exército fosse embora.

Choveram inimigos em cima de nós. Isso só facilitou o nosso trabalho de derrotá-los.

Pouco tempo depois do começo da operação em Ramadi, alcancei um grande marco para um atirador de elite: passei das cem mortes confirmadas naquele desdobramento, chegando à centésima primeira. Um dos homens tirou uma foto minha para a posteridade segurando a cápsula.

Houve uma pequena disputa entre mim e alguns outros atiradores durante aquele desdobramento para ver quem conseguia mais mortes. Não que a questão tivesse muito a ver com números: eles eram apenas um resultado de quantos alvos tínhamos que abater. Foi apenas um golpe de sorte — a pessoa quer alcançar uma quantidade, mas não há muito o que fazer a respeito.

Eu queria ser o vencedor. De início, havia três de nós empatados. Depois, dois começaram a ficar na frente. Meu "rival" estava no pelotão coirmão, trabalhando no lado leste da cidade. Em dado momento, o número dele disparou e me ultrapassou.

Por acaso, o chefão estava no nosso lado da cidade e acompanhava o progresso dos pelotões. Como parte do trabalho, ele tinha os resultados dos atiradores de elite. O chefão me instigou um pouco quando o outro atirador me passou.

— Ele vai quebrar seu recorde — provocava ele. — É melhor o senhor ficar mais naquela arma.

Bem, as coisas se equilibraram bem rápido — de repente, parecia que todo bandido desgraçado da cidade passava pela minha luneta. Meu total disparou, e não havia como me pegar.

Golpe de sorte.

CASO VOCÊ QUEIRA SABER, AS MORTES CONFIRMADAS SÃO APENAS AS que outra pessoa testemunha e casos em que o inimigo pode ser confirmado como morto. Portanto, se eu atirasse em alguém no estômago e o cara conseguisse se arrastar até onde não era possível vê-lo antes de sangrar até morrer, ele não contava.

TRABALHANDO COM O EXÉRCITO

Com a diminuição dos ataques após alguns dias, patrulhamos a pé indo do Quatro Andares ao posto de observação e comando Falcon. Lá, encontramos o capitão da força e dissemos que queríamos ficar baseados no posto, em vez de precisar percorrer todo aquele caminho de volta até o campo Ramadi de poucos em poucos dias.

O capitão nos deu o quarto de hóspedes. Éramos as visitas do Exército.

Também garantimos que ajudaríamos a limpar qualquer área que o capitão quisesse. O trabalho dele era limpar a cidade em volta do Falcon, e o nosso era ajudá-lo.

— Qual é o pior ponto que o senhor tem? — perguntamos.

Ele apontou.

— É para lá que nós vamos — dissemos.

Ele balançou a cabeça e revirou os olhos.

— Os senhores são malucos — falou o capitão. — Podem ficar com aquela casa, podem equipá-la como quiserem, podem ir aonde quiserem. Mas quero que saibam que não irei resgatá-los se os senhores forem lá fora. Há muitos explosivos improvisados, vou acabar perdendo um tanque. Não quero isso.

Como muita gente no Exército, tenho certeza de que o capitão duvidou de nós a princípio. Todos presumiram que nós nos considerávamos melhores do que eles, que tínhamos egos inflados e que adorávamos nos gabar de tudo. Assim que provávamos que não nos achávamos melhores — mais experientes, sim, mas não metidos, se é que você me entende —, em geral as pessoas mudavam de atitude. Desenvolvemos fortes relações de trabalho com as unidades e até amizades que duraram após a guerra.

A unidade do capitão fazia operações de isolamento e busca, nas quais tomavam um quarteirão inteiro e o vasculhavam. Começamos a trabalhar com eles. Fazíamos patrulhas de presença diurna — a ideia era fazer os civis verem tropas regularmente, para ganharem mais confiança de que seriam protegidos ou ao menos de que nossa presença era definitiva. Colocávamos metade do pelotão numa vigília, enquanto o restante patrulhava.

Muitas dessas vigílias ocorriam perto do Quatro Andares. O pessoal lá embaixo patrulhava e quase sempre fazia contato. Eu ficava lá em cima com outros atiradores de elite e matava quem quer que tentasse atacá-los.

Ou nós avançávamos quinhentos, seiscentos ou setecentos metros, bem no interior do território selvagem, e esperávamos os inimigos. Estabelecíamos vigílias à frente das patrulhas do capitão. Assim que o pessoal dele aparecia, atraía toda espécie de insurgentes. Nós os matávamos. Os bandidos davam meia-volta e tentavam atirar na gente. Nós os abatíamos. Éramos protetores, iscas e matadores.

Após alguns dias, o capitão foi até nós e disse:

— Vocês são sinistros. Não me importa aonde vocês forem, se precisarem de mim, vou pegá-los. Dirijo o tanque até a porta de entrada.

E, daquele momento em diante, ele passou a confiar em nós e a nos proteger.

CERTA MANHÃ, EU ESTAVA NUMA VIGÍLIA NO QUATRO ANDARES quando alguns homens começaram a patrulhar nas proximidades. Quando cruzaram a rua, notei alguns insurgentes descendo a rua J, uma das principais vias naquela área.

Matei uns dois. Meu pessoal se espalhou. Sem saber o que estava acontecendo, alguém perguntou pelo rádio por que diabos eu estava atirando neles.

— Estou atirando por cima de vocês — respondi. — Olhem para o final da rua.

Insurgentes começaram a entrar na área, e um imenso tiroteio irrompeu. Vi um cara com um lança-rojão. Coloquei-o na retícula e puxei de leve o gatilho.

Ele caiu.

Alguns minutos depois, um dos amigos do insurgente tentou pegar o lança-rojão.

Ele caiu.

Isso durou um bom tempo. No fim do quarteirão, outro insurgente com uma AK tentou dar um tiro nos meus companheiros. Eu o abati — depois abati o sujeito que foi pegar a arma dele, e o seguinte.

Ambiente repleto de alvos compensadores? Porra, havia pilhas de insurgentes se acumulando na rua. Eles finalmente desistiram e desapareceram. Nossos homens continuaram a patrulhar. Os *jundis* entraram em ação naquele dia. Dois morreram num tiroteio.

Foi difícil acompanhar o número de mortes, mas deve ter sido meu recorde num único dia.

SOUBEMOS QUE ESTÁVAMOS EM ALTA COM O CAPITÃO DO EXÉRCITO quando ele se aproximou e disse:

— Ouçam, os senhores precisam fazer algo por mim. Antes que eu vá embora, quero disparar o canhão do tanque uma vez. Tudo bem? Então me chamem.

Não muito tempo depois, nos envolvemos num tiroteio e contatamos a unidade do capitão pelo rádio. Nós o chamamos, e ele apareceu com o tanque e disparou.

Ele atirou muito mais nos dias seguintes. Quando o capitão foi embora de Ramadi, tinha disparado o canhão 37 vezes.

PRECES E BANDOLEIRAS

ANTES DE CADA OPERAÇÃO, UM GRUPO DE HOMENS DO PELOTÃO SE REUNIA para rezar. Marc Lee conduzia a prece e geralmente falava do fundo do coração em vez de recitar uma prece decorada.

Eu não rezava sempre que saía, mas agradecia a Deus toda noite quando voltava.

Havia outro ritual na volta: charutos.

Alguns de nós nos reuníamos e fumávamos no fim de uma operação. No Iraque, era possível conseguir charutos cubanos — fumamos Romeo y Julieta Número 3. Acendíamos para encerrar o dia com chave de ouro.

DE CERTA FORMA, TODOS NÓS PENSÁVAMOS QUE ÉRAMOS INVENCÍVEIS. Por outro lado, também aceitávamos o fato de que poderíamos morrer.

Eu não me concentrava na morte nem passava muito tempo pensando nisso. Era mais como uma ideia que espreitava ao longe.

FOI DURANTE ESSE DESDOBRAMENTO QUE EU INVENTEI UMA PEQUENA bandoleira de pulso, uma pequena cartucheira que me permitia recarregar com facilidade sem atrapalhar o ajuste da arma.

Peguei uma cartucheira feita para ser presa à coronha de uma arma e a cortei. Depois, arrumei um pouco de barbante e a amarrei no pulso esquerdo.

Em geral, quando atirava, eu mantinha o punho cerrado embaixo da arma para me ajudar a mirar. Aquilo aproximava a bandoleira. Eu podia disparar, tirar a mão direita para pegar mais balas e manter o olho na luneta o tempo todo.

COMO O PRINCIPAL ATIRADOR DE ELITE, EU TENTAVA AJUDAR OS NOVATOS dizendo quais detalhes eles deveriam procurar. Dava para perceber que alguém era insurgente não apenas pelo fato de estar armado, mas pelo jeito de andar. Comecei a dar conselhos que tinha recebido lá no começo de Falluja, uma batalha que, àquela altura, parecia ter acontecido um milhão de anos antes.

— Dauber, não tenha medo de puxar o gatilho — dizia eu para o atirador mais jovem. — Se está dentro das regras de engajamento, o senhor pode matá-lo.

Um pouco de hesitação era normal para os novatos. Talvez todos os americanos hesitem um pouco em dar o primeiro tiro, mesmo quando é óbvio que estamos sendo atacados ou que seremos em breve.

O inimigo não parecia ter esse problema. Com um pouco de experiência, nosso pessoal também não.

Mas nunca é possível dizer como será o desempenho de um sujeito sob a tensão do combate. Dauber se saiu muito bem — muito bem *mesmo*. No entanto, notei que, para alguns atiradores de elite, a pressão adicional fazia com que eles errassem tiros com que não teriam tido problemas no treinamento. Um cara em especial — um sujeito excelente e um bom Seal — passou por uma fase em que errava bastante.

Não dava para dizer como alguém reagiria.

Ramadi estava infestada de insurgentes, mas havia muitos civis. Às vezes, entravam em tiroteios sem querer. O que diabos tinham na cabeça?

Certo dia, estávamos numa casa em outra parte da cidade. Havíamos enfrentado um bando de insurgentes, tínhamos matado bastante e esperávamos passar uma calmaria na ação. Os bandidos provavelmente estavam por perto, à espera de outra chance para atacar.

Em geral, os insurgentes colocavam pedrinhas no meio da rua a fim de indicar para outros nossa localização. Os civis viam as pedras e logo se davam conta do que estava acontecendo. Eles sempre ficavam longe. Horas podiam se passar até que víssemos qualquer pessoa outra vez — e, é claro, àquela altura as pessoas que veríamos teriam armas e tentariam nos matar.

Por algum motivo, um carro foi voando sobre as pedras, com o pé na tábua, correu na nossa direção e passou por um monte de mortos no caminho.

Eu lancei uma granada de luz e som, mas o clarão não deteve o motorista. Então, disparei na parte frontal do carro. O tiro atravessou o compartimento do motor e pegou no pé do cara. Ele parou e fugiu do automóvel, berrando enquanto andava aos pulinhos.

Duas mulheres estavam com o homem no carro. Eles deviam ser as pessoas mais estúpidas da cidade, porque, mesmo com tudo o que aconteceu, os três não nos notaram, nem o perigo em volta. Eles tomaram o rumo da nossa casa. Atirei outra granada de luz e som e os civis enfim começaram a recuar na direção de onde apareceram. Finalmente perceberam alguns dos corpos espalhados e gritaram.

Parece que os três conseguiriam fugir numa boa, a não ser pelo ferimento no pé. Mas fora um milagre que não tivessem sido mortos.

O ritmo estava pegando fogo. Deixava a gente com vontade de mais. Nós desejávamos mais. Quando os bandidos se escondiam, tentávamos desafiá-los a sair para que pudéssemos matá-los.

Um dos homens tinha uma bandana, que nós pegamos e usamos para improvisar uma espécie de cabeça de múmia. Equipada com óculos de proteção e um capacete, ela quase se parecia com um soldado — a algumas centenas de metros, com certeza. Então, enfiamos a cabeça num pau e a erguemos sobre o telhado, para tentar atrair fogo durante um dia em que a ação esmoreceu. Isso fez alguns insurgentes darem as caras, e os mandamos para o saco.

Nós ESTÁVAMOS MASSACRANDO OS INSURGENTES. HAVIA OCASIÕES EM que éramos tão bem-sucedidos na vigília que achava que o nosso pessoal no solo começara a agir com um pouco de descuido. Certa vez, eu os vi andando no meio da rua, em vez de usar a lateral e se abaixar nos poucos abrigos que as paredes e nichos ofereciam.

Eu os chamei pelo rádio.

— Ei, vocês precisam ir de abrigo em abrigo — falei, dando uma bronca de leve.

— Por quê? — disse um dos companheiros de pelotão. — Você nos protege.

Ele podia estar brincando, mas eu levei a sério.

— Não posso protegê-los de algo que não vejo — respondi. — Se eu não enxergar um reflexo ou um movimento, só fico sabendo que há um insurgente quando ele atira. Posso matá-lo depois que ele atirar em vocês, mas isso não irá ajudá-los.

Ao voltar para a base SHARK uma noite, nós nos envolvemos em outro tiroteio, coisa rápida. Em dado momento, veio uma granada de fragmentação, que explodiu perto de alguns rapazes.

Os insurgentes fugiram, e nós nos recolhemos e fomos embora.

— Brad, o que houve com a sua perna? — perguntou alguém no pelotão.

Ele olhou para baixo. A perna estava coberta de sangue.

— Nada — respondeu Brad.

Constatou-se que um pedaço de metal havia entrado no joelho dele. Pode não ter doído na hora — não sei se era bem verdade, pois, desde a Criação, jamais um Seal admitiu sentir dor —, mas, quando Brad voltou à base Shark, ficou claro que o ferimento não era algo que podia ser ignorado. O estilhaço se entranhara atrás da patela. Ele precisava ser operado.

Brad foi aerotransportado, nossa primeira baixa em Ramadi.

O JARDINEIRO FIEL

Nosso pelotão coirmão estava na zona leste da cidade, ajudando o Exército a estabelecer lá postos de observação e comando. E, ao norte, os fuzileiros faziam sua especialidade: tomar, proteger e limpar áreas de insurgentes.

Voltamos a trabalhar com os fuzileiros por alguns dias quando eles tomaram um hospital ao norte da cidade, no rio.

Os insurgentes o usavam como ponto de reunião. Quando os fuzileiros chegaram, um adolescente, acho que com quinze, dezesseis anos, apareceu na rua e se aprontou para disparar neles com uma AK-47.

Eu o abati.

Um ou dois minutos depois, uma iraquiana apareceu correndo, viu o garoto no chão e rasgou as próprias roupas. Obviamente, era a mãe.

Eu já tinha visto as famílias dos insurgentes demonstrarem sofrimento, rasgarem as roupas, até esfregarem o sangue em si. *Se você os amava*, pensei, *deveria tê-los mantido afastados da guerra. Deveria ter impedido que se juntassem à insurgência. Você deixou que eles tentassem nos matar. O que achou que aconteceria com eles?*

Talvez seja cruel, mas é difícil se compadecer do sofrimento quando a dor é por alguém que acabou de tentar matar você.

E talvez os insurgentes pensassem o mesmo em relação a nós.

Americanos que nunca estiveram numa guerra, ao menos não naquela, às vezes parecem não entender como os soldados no Iraque reagiam. Ficam surpresos — chocados — ao descobrir que frequentemente fazíamos piadas sobre a morte, sobre o que víamos.

Talvez pareça insensível e inconveniente. Talvez fosse mesmo, sob circunstâncias diferentes. Mas, no contexto do lugar em que estávamos, fazia muito sentido. Vimos e vivenciamos coisas terríveis.

Parte desse comportamento era para aliviar a pressão ou esfriar a cabeça, creio eu. Uma forma de lidar com aquilo. Se você não consegue entender uma situação, começa a procurar outra maneira de lidar com ela. Você ri porque tem que sentir alguma emoção, tem que se expressar de alguma forma.

Toda operação conseguia misturar vida e morte de maneiras surreais.

Naquela mesma ofensiva para conquistar o hospital, tomamos uma casa para explorar a região antes de os fuzileiros entrarem. Estávamos no esconderijo havia algum tempo quando surgiu um cara com um carrinho de mão para plantar um explosivo improvisado no quintal onde nos encontrávamos. Um dos novatos deu um tiro nele, mas o sujeito caiu e rolou no chão, ainda vivo.

Por acaso, o homem que atirara no insurgente era enfermeiro.

— O senhor atirou, o senhor salva o cara — dissemos para ele.

E, assim, o novato desceu correndo para tentar ressuscitá-lo.

Infelizmente, o iraquiano morreu. E, com a morte, o intestino se esvaziou. O enfermeiro e outro novato tiveram que levar o cadáver conosco quando fomos embora.

Bem, quando eles enfim chegaram a uma cerca no complexo dos fuzileiros, não sabiam o que fazer. No fim das contas, apenas jogaram o corpo por cima, depois escalaram atrás. Parecia uma cena de *Um morto muito louco*.

No decorrer de menos de uma hora, atiramos num cara que queria nos explodir, tentamos salvar sua vida e violamos o corpo.

O campo de batalha é um lugar bizarro.

Logo após o hospital ser tomado, retornamos ao rio onde os botes dos fuzileiros haviam nos deixado. Ao chegarmos à margem, uma metralhadora inimiga começou a cantar na noite. Nós nos jogamos no chão, ficamos deitados ali por longos segundos, encurralados por um único metralhador iraquiano.

Graças a Deus ele era ruim de mira.

Era sempre um equilíbrio delicado entre vida e morte, comédia e tragédia.

Taya:

Eu nunca vi o vídeo que Chris gravou de si mesmo lendo o livro para o nosso filho. Parte do motivo foi o fato de que eu não queria ver Chris todo emocionado. A situação já era comovente por si só. Vê-lo se emocionar ao ler para nosso filho teria me arrasado mais do que eu já estava.

E parte do motivo era um simples sentimento da minha parte — raiva de Chris, talvez. Você foi embora, você sumiu, suma.

Era duro, mas talvez fosse instinto de sobrevivência.

Senti a mesma coisa em relação às cartas de morte.

Enquanto estava no desdobramento, Chris escreveu cartas para serem entregues a mim e às crianças caso morresse. Depois do primeiro desdobramento, pedi para ler o que quer que ele tivesse escrito, e Chris disse que não estava mais com as cartas. Depois daquilo, ele nunca as ofereceu e eu jamais pedi para vê-las.

Talvez tenha sido apenas porque eu estava puta com ele, mas pensei cá comigo mesma: "Não vamos glorificar esse sentimento após você morrer. Se você sente amor e carinho, é melhor demonstrar enquanto está vivo."

Talvez não fosse justo, mas durante aquela época muita coisa não era justa na minha vida, e era assim que eu pensava.

Mostre para mim agora. Torne o sentimento real. Não diga apenas qualquer merda sentimental quando estiver morto. Caso contrário, é balela.

ANJOS DA GUARDA E DIABOS

Noventa e seis americanos foram mortos durante a Batalha de Ramadi. Mais um número incalculável foi ferido e precisou ser retirado do campo. Por sorte, não fui um deles, embora tenha escapado por um triz tantas vezes que comecei a pensar que tinha um anjo da guarda.

Certa ocasião, estávamos dentro de um prédio, levando chumbo dos insurgentes do lado de fora. Eu me encontrava no corredor e, quando o tiroteio diminuiu, entrei num dos cômodos para verificar como os rapazes estavam. Mal fizera isso, cambaleei para trás e caí no momento em que um tiro entrou pela janela na direção da minha cabeça.

A bala passou voando por mim.

Por que caí daquela maneira, como vi a bala vindo na minha direção —
não tenho ideia. Foi quase como se alguém tivesse diminuído a velocidade do
tempo e me empurrado para trás.

Será que eu tinha um anjo da guarda?

Não faço ideia.

— Caralho, Chris morreu — falou um dos homens enquanto eu estava
caído de costas.

— Porra — disse outro.

— Não, não! — berrei, ainda caído no chão. — Estou bem, estou bem.
Tudo certo.

Verifiquei se tinha buracos algumas dezenas de vezes, mas não havia nenhum.

Tudo ótimo.

Os explosivos improvisados eram muito mais comuns em Ramadi
do que em Falluja. Os insurgentes haviam aprendido bastante sobre instala-
ção de bombas desde o início da guerra, e os explosivos eram bastante pode-
rosos — fortes o suficiente para tirar um blindado Bradley do chão, como eu
tinha descoberto em Bagdá.

Os especialistas do esquadrão antibombas que trabalhavam conosco não
eram Seals, mas passamos a confiar neles como se fossem. Nós os colocávamos na retaguarda do comboio quando entrávamos num prédio e depois
chamávamos os caras à frente se víssemos algo suspeito. O serviço deles era
identificar a armadilha. Se fosse uma bomba e nós estivéssemos dentro de
uma casa, cairíamos fora dali rápido.

Isso nunca chegou a acontecer conosco, mas houve uma ocasião em que
estávamos numa casa na qual os insurgentes haviam conseguido plantar um
explosivo bem do lado de fora da porta de entrada. Eles empilharam dois
obuses de 105 milímetros, que esperavam a nossa saída. Felizmente, nosso
especialista do esquadrão antibombas notou a tempo. Conseguimos sair por
uma janela do segundo andar à base de marretadas e escapamos por um telhado baixo.

UM HOMEM PROCURADO

Todos os americanos eram procurados em Ramadi, principalmente atiradores de elite. Segundo informações, os insurgentes colocaram minha cabeça a prêmio.

Também me deram um nome: al-Shaitan Ramadi — "o Diabo de Ramadi". Aquilo me fez sentir orgulho.

A verdade é que eu era apenas um homem, e os insurgentes me escolheram por ter causado muitos danos a eles. Queriam que eu morresse. Eu só podia me sentir bem.

Com certeza, eles sabiam quem eu era e obviamente conseguiram informações de alguns colegas iraquianos que deveriam ser leais a nós — até descreveram a cruz vermelha que eu tinha no braço.

O outro atirador de elite do pelotão coirmão também ficou com a cabeça a prêmio. A recompensa dele acabou sendo maior — bem, isso de fato me deixou com um pouco de inveja.

Mas tudo bem, porque, quando os insurgentes montaram os cartazes e fizeram o meu, usaram a foto dele em vez da minha.

Não tive problemas em deixá-los cometer aquele erro.

A recompensa aumentou conforme a batalha prosseguiu.

Porra, acho que chegou a um valor tão alto que talvez minha esposa tenha ficado tentada a me entregar.

PROGRESSO

Ajudamos a estabelecer vários outros postos de observação e comando, assim como nosso pelotão coirmão fez na zona leste da cidade. Conforme as semanas viraram meses, Ramadi começou a mudar.

O lugar ainda era um inferno, extremamente perigoso. Mas havia sinais de progresso. Os líderes tribais se manifestavam mais sobre querer a paz, e um número maior deles começou a trabalhar junto, como um conselho unificado. O governo oficial ainda não funcionava, e a polícia e o Exército iraquianos não estavam nem perto de manter a ordem, claro. Mas havia grandes trechos de Ramadi sob relativo controle.

A "estratégia da mancha de tinta" — de ocupação a partir de pequenos bolsões de controle que se espalhavam pelo território — estava funcionando. Será que se difundiria pela cidade inteira?

O progresso nunca estava assegurado, e, mesmo que obtivéssemos sucesso por um tempo, não havia garantia de que as coisas não regrediriam. Tivemos que voltar algumas vezes à área perto do rio, ao lado do posto de observação e comando Falcon, para ficar na vigília enquanto o local era vasculhado em busca de depósitos e insurgentes. Liberávamos um quarteirão, ele se tornava pacífico por um tempo, depois tínhamos que recomeçar tudo de novo.

Também trabalhamos um pouco com os fuzileiros, parando e inspecionando pequenas embarcações, procurando depósitos de armas e até realizando algumas DAs para eles. Às vezes, recebíamos a missão de verificar e depois explodir barcos abandonados para garantir que não seriam usados para contrabando.

Uma coisa engraçada: a Unidade Especial de Barcos que havia nos desprezado soube que não parávamos de entrar em ação, fez contato e pediu para trabalhar conosco. Respondemos que não, obrigado — estávamos indo muito bem com os fuzileiros.

NÓS ESTABELECEMOS UM RITMO AO TRABALHAR COM O EXÉRCITO, enquanto eles continuavam isolando áreas e procurando por armas e bandidos. Íamos com eles, tomávamos um prédio e subíamos no telhado para fazer vigília. A maioria das vezes havia três de nós — eu e outro atirador de elite, com Ryan na 60.

Enquanto isso, o Exército ia para o prédio seguinte. Uma vez tomado, os soldados avançavam pela rua. Assim que chegavam a um ponto onde não poderíamos mais protegê-los, nós descíamos e íamos para outro local. O procedimento recomeçava.

Foi numa dessas operações que Ryan levou um tiro.

11

HOMEM ABATIDO

"QUE DIABOS?"

N UM DIA MUITO QUENTE DE VERÃO, TOMAMOS UM PEQUENO EDIFÍCIO residencial com uma boa vista de uma das principais avenidas que cruzavam, de leste a oeste, o centro de Ramadi. O prédio tinha quatro andares, com janelas que acompanhavam a escadaria e um telhado aberto. Era um dia de céu claro.

Ryan brincava comigo quando entramos. Eu estava gargalhando — Ryan sempre me fazia rir e relaxar. Sorrindo, eu o postei para vigiar a rua. Nossos soldados trabalhavam numa rua lateral, do outro lado do telhado, e calculei que, se os insurgentes fossem preparar uma emboscada ou tentar nos atacar, viriam por lá. Enquanto isso, eu observava a equipe no solo. A ofensiva começou tranquilamente, com os soldados tomando uma casa, depois outra. Eles andavam rápido, sem interrupção.

De repente, tiros voaram em direção a nossa posição. Eu me abaixei quando um projétil acertou uma parede de cimento perto e jogou lascas por toda parte. Isso era um fato cotidiano em Ramadi, algo que acontecia não apenas uma vez ao dia, mas várias.

Esperei um segundo para garantir que os insurgentes haviam parado de atirar, depois fiquei de pé outra vez.

— Vocês estão bem? — berrei enquanto olhava para os soldados na rua lá embaixo, garantindo que estavam bem.

— Sim — grunhiu o outro atirador de elite.

Ryan não respondeu. Olhei para trás e o vi, ainda deitado.

— Ei, levante-se — falei. — Eles pararam de atirar. Vamos.

Ryan não se mexeu. Fui até lá.

— Que diabos? — gritei na cara dele. — Levante-se. Levante-se.

Aí, eu vi o sangue.

Eu me ajoelhei e encarei Ryan. Havia sangue por toda parte. Um lado do rosto tinha afundado. Ele fora atingido por uma bala.

Nós martelamos na cabeça dele o fato de que a pessoa sempre tinha que estar com a arma erguida, de prontidão. Ryan assim estava e vasculhava o entorno quando a bala o atingiu. Aparentemente, ela bateu na metralhadora primeiro, depois ricocheteou no rosto.

Peguei o rádio.

— Homem abatido! — berrei. — Homem abatido!

Eu me abaixei de novo e examinei os ferimentos. Não fazia ideia do que fazer, não sabia por onde começar. Ryan parecia ter sido atingido com tanta gravidade que morreria.

Seu corpo estremeceu. Achei que fosse um espasmo de morte.

Dois caras do nosso pelotão, Dauber e Tommy, subiram correndo. Eles dois eram enfermeiros. Entraram na minha frente e começaram a tratar Ryan.

Marc Lee chegou depois deles. Pegou a 60 e começou a cuspir fogo na direção de onde vieram os tiros para afugentar os insurgentes, de modo que pudéssemos carregar Ryan escada abaixo.

Eu o peguei e o coloquei no ombro, depois corri. Cheguei às escadas e comecei a descer rápido.

No meio do caminho, Ryan passou a gemer alto. Por causa do jeito que eu o estava segurando, o sangue subiu para a garganta e a cabeça. Ele estava com dificuldade para respirar.

Eu o coloquei no chão, ainda mais preocupado, sabendo no fundo do coração que ele iria morrer, mas com a esperança de que, de alguma forma, eu pudesse fazer algo para mantê-lo vivo.

Ryan começou a cuspir sangue. Ele recuperou o fôlego — estava respirando, o que já era um milagre.

Estiquei a mão para levantá-lo de novo.

— Não — disse Ryan. — Não, estou bem. Deixe comigo. Vou andando.

Ele passou o braço por meus ombros e andou com as próprias pernas durante o resto do caminho.

Enquanto isso, o Exército apareceu à porta da frente com um carro sobre lagartas, um veículo de transporte de tropas. Tommy entrou com Ryan, e eles foram embora.

Corri lá para cima, sentindo como se tivesse levado o tiro e desejando que fosse eu, e não ele, que tivesse sido atingido. Eu tinha certeza de que Ryan morreria. Certeza de que acabara de perder um irmão. Um irmãozão divertido e adorável.

Biggles.

Nada do que vivenciei no Iraque me afetou como aquilo.

INDO À FORRA

Nós retornamos à base Shark.

Assim que chegamos lá, tirei meu equipamento e apoiei as costas na parede, depois lentamente me abaixei até o chão.

Lágrimas começaram a escorrer dos meus olhos.

Achei que Ryan estivesse morto. Na verdade, ainda estava vivo, embora por pouco. Os médicos trabalharam muito para salvá-lo. Ele acabou sendo evacuado do Iraque. Os ferimentos eram graves — nunca mais enxergaria de novo, não apenas do olho que fora atingido, mas do outro também. Foi um milagre ele ter sobrevivido.

Mas, naquele momento na base, eu tinha certeza de que Ryan estava morto. Sabia no fundo do coração. Eu o tinha colocado no lugar onde ele levara o tiro. Foi culpa minha Ryan ter sido atingido.

Cem mortes? Duzentas? Mais? O que significava isso se meu irmão estava morto?

Por que eu não me colocara ali? Por que não estava parado ali? Eu poderia ter matado o desgraçado — poderia ter salvado meu companheiro.

Eu estava num buraco negro. Bem fundo.

Não faço ideia de quanto tempo passei ali, com a cabeça baixa, lágrimas caindo.

— Ei — falou uma voz acima de mim, por fim.

Ergui os olhos. Era Tony, o sargento.

— O senhor que ir à forra? — perguntou ele.

— Porra, é claro!

Fiquei de pé num pulo.

Alguns homens não tinham certeza se deveríamos ir ou não. Conversamos e planejamos a missão.

Mas eu quase não tinha tempo para isso. Eu queria sangue pelo meu amigo.

MARC

A inteligência informava que os bandidos estavam numa casa não muito longe de onde Ryan tinha sido atingido. Dois Bradleys nos levaram a um campo perto de lá. Eu estava no segundo veículo. Alguns dos homens já haviam entrado quando chegamos.

Assim que a rampa do Bradley desceu, balas começaram a voar. Corri para me juntar aos outros e dei com os homens se imprensando para subir a escada até o segundo andar. Estávamos todos amontoados, olhando para baixo e esperando.

Marc Lee era o ponta, nos degraus acima da gente. Ele se virou e olhou por uma janela. Assim que fez isso, viu algo e abriu a boca para gritar um alerta.

Ele jamais conseguiu proferir as palavras. Naquela fração de segundos, uma bala passou direto pela boca aberta e saiu pela nuca. Ele desmoronou nos degraus.

Tinham montado uma armadilha para nós. Havia um selvagem no telhado na casa vizinha, olhando lá de cima para a janela.

O treinamento assumiu o controle.

Subi correndo a escada e passei pelo corpo de Marc. Mandei uma rajada de balas pela janela e fatiei o telhado vizinho. Meus companheiros fizeram o mesmo.

Um de nós pegou o insurgente. Não paramos para ver quem fora. Continuamos subindo até o telhado, à procura de mais dos bandidos que nos emboscaram.

Enquanto isso, Dauber parou para examinar Marc, que estava bem ferido. Ele sabia que não havia esperança.

O COMANDANTE DE BLINDADOS CHEGOU E NOS PEGOU. ELES ESTAVAM em combate o caminho todo, dirigindo sob contato pesado. Ele apareceu com dois tanques e quatro Bradleys, e os blindados atiraram até esgotar toda a munição. Foi uma chuva de chumbo quentíssima e intensa para cobrir nossa retirada.

Na volta, olhei pela escotilha na rampa traseira do Bradley. Tudo o que consegui ver foi fumaça negra e prédios arruinados. Os bandidos haviam nos enganado, e a vizinhança inteira pagara o preço.

POR ALGUMA RAZÃO, A MAIORIA DE NÓS PENSOU QUE MARC FOSSE sobreviver. E achamos que Ryan fosse morrer. Somente quando voltamos ao acampamento foi que soubemos que os destinos estavam invertidos.

Após perdermos dois caras no decorrer de poucas horas, os oficiais e Tony decidiram que era hora de folgarmos. Voltamos à base Shark e fomos desmobilizados. (Ser desmobilizado significa estar fora de combate. De certa forma, é como um pedido oficial de tempo para avaliar e reavaliar o que se está fazendo.)

Era agosto: quente, sangrento e sombrio.

TAYA:
Chris desabou quando me ligou para contar a notícia. Eu não tinha ouvido nada a respeito do que acontecera até ele me telefonar, e aquilo me pegou de surpresa.

Agradeci por não ter sido Chris, no entanto fiquei incrivelmente triste por ter sido um deles.

Tentei me manter o mais calada possível enquanto ele falava. Queria apenas escutar. Houve poucos momentos na vida em que vi Chris sofrendo tanto, se é que houve algum.

Não tinha nada que eu pudesse fazer além de contar à família por ele.

Ficamos no telefone por muito tempo.

Alguns dias depois, fui ao funeral no cemitério que dá vista para a baía de San Diego.
Foi muito triste. Havia tantos rapazes, tantas famílias jovens... Foi emocionante estar presente em outros funerais de Seals, mas aquele foi ainda mais.
Você se sente tão mal, não dá para imaginar a dor dos outros. Você reza por eles e agradece a Deus por seu marido ter sido poupado. Agradece a Deus por não ser você na primeira fila.

Quem me escuta contar essa história diz que a descrição é pobre e minha voz fica distante. Falam que dou menos detalhes, uso menos palavras do que o normal para narrar o que aconteceu.

Não faço isso de forma consciente. A lembrança de perder dois homens incomoda bastante. Para mim, é tão nítida quanto o que está acontecendo ao meu redor neste exato momento. Para mim, é uma ferida muito recente e profunda, como se aquelas balas entrassem na minha própria carne neste mesmíssimo instante.

DESMOBILIZADOS

FIZEMOS UM VELÓRIO NO CAMPO RAMADI PARA MARC LEE. APARECE-ram Seals de todas as partes do Iraque. E acredito que a unidade inteira do Exército que trabalhava conosco tenha aparecido. Eles se preocupavam muito com a gente. Foi inacreditável. Fiquei muito emocionado.

Fomos colocados na primeira fila. Nós éramos a família dele.

O equipamento de Marc estava bem ali, o capacete e a Mk-48. O comandante da força-tarefa fez um discurso breve, mas forte. Ele arrasou, e duvido que alguém na plateia não tenha chorado — ou no acampamento, por sinal.

Quando o velório acabou, cada unidade deixou um emblema ou moeda, qualquer coisa, como sinal de agradecimento. O capitão da unidade do Exército deixou um pedaço de cápsula de um dos projéteis que ele havia disparado ao nos tirar de lá.

Alguém do nosso pelotão preparara um vídeo de recordação com alguns slides de Marc Lee e o exibiu naquela noite, projetado num lençol branco que penduramos numa parede de tijolos. Bebemos um pouco e compartilhamos muita tristeza.

Quatro companheiros acompanharam o corpo de volta aos Estados Unidos. Enquanto isso, uma vez que estávamos desmobilizados e sem fazer nada, tentei visitar Ryan na Alemanha, onde estava sendo tratado. Tony ou outra pessoa qualquer no estado-maior tentou me colocar num voo, mas, na hora em que tudo ficou pronto, Ryan já estava sendo enviado aos Estados Unidos para tratamento.

Brad, que tinha sido evacuado antes por causa do ferimento de granada de fragmentação no joelho, encontrou Ryan na Alemanha e voltou com ele para os Estados Unidos. De certa forma, foi sorte — Ryan estava com um de nós para ajudá-lo a lidar com tudo o que tinha que enfrentar.

TODOS NÓS PASSAMOS MUITO TEMPO NOS QUARTOS.

Ramadi tinha sido pesado e intenso demais, com um ritmo de operações bem puxado, pior até do que Falluja. Havíamos passado vários dias fora, às vezes uma semana inteira, quase sem intervalo. Alguns de nós começaram a ficar um pouco esgotados antes mesmo de os companheiros serem atingidos.

Ficamos nos quartos, repondo líquidos, quietos, na maioria das vezes.

Passei muito tempo rezando.

Não sou o tipo espalhafatosamente religioso. Eu tenho fé, mas não fico de joelhos nem canto bem alto na igreja. No entanto, a religião me consola um pouco, e ela me consolou naqueles dias depois que meus amigos foram baleados.

Desde que passei pelo BUD/S, carregava uma Bíblia comigo. Eu não a li tanto assim, mas ela sempre esteve comigo. Agora, eu a abria e folheava e lia algumas passagens.

Com tudo indo para o inferno ao meu redor, eu me senti melhor em saber que fazia parte de algo maior.

MINHAS EMOÇÕES DISPARARAM QUANDO EU SOUBE QUE RYAN TINHA sobrevivido. Mas a reação mais forte foi: por que não havia sido comigo?

Por que aquilo tivera que acontecer com um novato?

Eu combatera muito. Tive meus feitos. Tive minha guerra. Era eu que deveria ter sido posto para escanteio. Era eu que deveria ter ficado cego.

Ryan jamais veria a expressão no rosto da família ao voltar para casa. Jamais veria como tudo é mais gostoso no regresso — jamais veria como os Estados Unidos parecem melhores quando se esteve longe por um tempo.

A pessoa se esquece de como a vida é bonita se não tem a chance de ver coisas assim. Ele jamais teria.

E não importava o que todo mundo me dizia: eu me sentia responsável por aquilo.

SUBSTITUTOS

Nós estávamos naquela guerra havia quatro anos, tínhamos passado por incontáveis situações cabeludas, e nenhum Seal morrera. Parecera que o combate em Ramadi, e em todo o Iraque, começava a diminuir, e agora tínhamos levado um golpe fortíssimo.

Pensamos que o pelotão seria encerrado, embora ainda houvesse alguns meses para acabar o desdobramento. Todos nós sabíamos como era a política — meus dois primeiros comandantes eram uns frouxos supercautelosos, que foram promovidos por causa disso. Portanto, ficamos com medo de que a guerra tivesse acabado para nós.

Além disso, estávamos com sete homens a menos, o grupo quase pela metade. Marc havia morrido. Brad e Ryan estavam fora por causa dos ferimentos. Quatro homens tinham ido para casa acompanhar o corpo de Marc.

Uma semana após perdermos os companheiros, o comandante foi conversar conosco. Nós nos reunimos no rancho da base Shark e prestamos atenção enquanto ele falava. Não foi um discurso longo.

— É com os senhores. Se quiserem pegar leve agora, eu compreendo. Mas, se quiserem ir lá fora, os senhores têm minha benção.

— É isso aí, porra — dissemos. — Nós queremos ir lá fora.

Eu com certeza queria.

METADE DE UM PELOTÃO, PROVENIENTE DE UMA ÁREA MAIS TRANQUILA, se juntou a nós para ajudar a preencher as vagas. Também recebemos uns caras que tinham se formado no treinamento, mas ainda não haviam sido designados para um pelotão. Novatos de verdade. A ideia era expô-los a um pouco da guerra, um gostinho de onde estavam se metendo antes de treinarem para o evento principal. Tivemos muito cuidado com eles — não permitimos que saíssem nas operações.

Como eram Seals, os novatos estavam ansiosos, mas no começo baixamos a bola deles e os tratamos como assistentes: *Ei, alinhem os Hummers para a gente sair.* Era uma atitude protetora. Após tudo o que havíamos passado, não queríamos que eles se ferissem em campanha.

Tivemos que aplicar um trote, é claro. Raspamos a cabeça e as sobrancelhas de um pobre sujeito e depois colamos o cabelo com spray no rosto.

Enquanto estávamos no meio daquilo, outro novato entrou na sala anterior.

— O senhor não vai querer entrar lá — alertou um dos oficiais.

O novato deu uma espiada e viu o amigo apanhando.

— Eu tenho que entrar.

— O senhor não vai querer entrar lá — repetiu o oficial. — Isso não vai acabar bem.

— Eu tenho que entrar. Ele é meu amigo.

— Azar o seu — falou o oficial, ou algo assim.

O novato número dois correu para dentro da sala. Respeitamos o fato de que ele fora resgatar o amigo e o enchemos de carinho. Depois também raspamos a cabeça dele, prendemos os dois juntos com fita adesiva e os deixamos num canto.

Só por uns minutos.

TAMBÉM DEMOS TROTE NUM OFICIAL NOVATO. ELE RECEBEU O TRATAmento que todo mundo recebia, mas não levou muito bem.

Não gostou muito da ideia de ser maltratado por uns graduados sujos.

PATENTE É UM CONCEITO ENGRAÇADO NAS EQUIPES. ELA NÃO É EXATAMENTE desrespeitada, mas fica claro que não é a medida completa do valor de um homem.

No BUD/S, oficiais e graduados são tratados da mesma forma: como merda. Assim que você se forma e entra para as equipes, você é novato. Mais uma vez, todos os novatos são tratados da mesma forma: como merda.

A maioria dos oficiais leva mais ou menos numa boa, embora obviamente haja exceções. A verdade é que as equipes são comandadas pelos graduados de maior patente. Um sargento tem entre doze e dezesseis anos de experiência. Um oficial que entra num pelotão tem bem menos, não apenas nos Seals, mas na Marinha. Na maior parte do tempo, ele não sabe porra nenhuma. Mesmo um comandante pode ter apenas quatro ou cinco anos de experiência.

É assim que o sistema funciona. Se tiver sorte, um oficial pode ter até três pelotões — após isso, ele é promovido para comandante de força-tarefa (ou algo parecido) e não trabalha mais diretamente no campo. A maior parte do que se faz para chegar a esse ponto é serviço administrativo e coisas como resolução de conflitos (garantir que uma unidade não leve tiro de outra). São tarefas importantes, mas não se iguala ao combate com a mão na massa. Quando se trata de derrubar portas ou definir um esconderijo de atirador de elite, a experiência de um oficial não costuma ser tão profunda.

Há exceções, claro. Trabalhei com alguns oficiais ótimos, com boa experiência, mas, via de regra, o conhecimento dos oficiais sobre o combate puro e simples nem se compara ao do cara que tem muitos anos de conflitos no currículo. Eu costumava provocar o tenente dizendo que, quando fazíamos uma DA, ele ficava no sarilho, pronto para entrar, não com um fuzil, mas com o computador tático.

O trote serve para todo mundo lembrar onde está a experiência — e a quem recorrer quando der merda. Também mostra ao pessoal que tem algum tempo de estrada um pouco do que se pode esperar dos novatos. Compare e decida: quem você quer que o proteja, o cara que entrou correndo para salvar o amigo ou o oficial que chorou porque estava sendo maltratado por uns graduados nojentos?

O trote rebaixa todos os novatos, faz com que lembrem que ainda não sabem porra nenhuma. No caso de um oficial, uma dose de humildade vem muito a calhar.

Eu tive bons oficiais. E todos os grandes eram humildes.

DE VOLTA À AÇÃO

FOMOS VOLTANDO AOS POUQUINHOS, COMEÇANDO COM VIGÍLIAS CURTAS para o Exército. As missões duravam uma noite ou duas em território inimigo. Um tanque foi atingido por um explosivo improvisado, e nós saímos para fazer a segurança do veículo até que ele pudesse ser recuperado. O trabalho foi um pouco mais leve, mais fácil do que tinha sido. Não nos afastamos muito dos postos de observação e comando, o que significa que não atraímos muito fogo.

Com a cabeça de volta ao lugar, começamos a expandir o alcance. Fomos mais longe em Ramadi. Nunca chegamos a ir realmente à casa onde Marc levou o tiro, mas voltamos àquela área.

A atitude era: vamos lá fora e iremos à forra com os caras que fizeram isso. Vamos fazê-los pagar pelo que fizeram conosco.

CERTO DIA, ESTÁVAMOS NUMA CASA E, DEPOIS DE ABATERMOS ALGUNS insurgentes que haviam tentado plantar explosivos improvisados, ficamos sob fogo. Quem quer que estivesse atirando em nós tinha algo mais pesado do que uma AK — talvez uma Dragunov (o rifle de precisão russo) —, porque as balas atravessavam as paredes da casa.

Eu estava no telhado, tentando descobrir de onde vinham os tiros. De repente, ouvi o estrondo de helicópteros Apache se aproximando. Vi as aeronaves circularem calmamente por um segundo, depois mergulharem num ataque coordenado.

Na nossa direção.

— Painéis VS! — berrou alguém.

Talvez tenha sido eu. Tudo o que sei é que pegamos correndo todos os painéis VS ou de identificação que tínhamos, para tentar mostrar aos pilotos que éramos aliados. (Painéis VS são aqueles quadrados de pano, em tom intenso de laranja, que são pendurados ou abertos por forças aliadas.) Felizmente, eles notaram e interromperam o ataque no último segundo.

Nosso homem do rádio havia falado com os helicópteros logo antes do ataque e fornecido a nossa localização. No entanto, ao que parecia, os mapas do Exército tinham marcações diferentes das nossas, e, quando eles viram homens armados no telhado, tiraram conclusões erradas.

Em Ramadi, nós trabalhamos muito com Apaches. Essas aeronaves são valiosas, não apenas pelas armas e pelos foguetes, mas pela habilidade de explorar a região. Numa cidade, nem sempre fica óbvio de onde estão vindo os tiros. Ter um par de olhos no alto, e ser capaz de falar com os donos desses olhos, pode ajudar a entender a situação.

(Os Apaches tinham regras de engajamento diferentes das nossas. Elas entravam em vigor especialmente quando eles disparavam mísseis Hellfire, que, naquela época, só podiam ser usados contra armas coletivas. Isso fazia parte da estratégia de limitar a quantidade de dano colateral na cidade.)

AC-130s da Aeronáutica também ajudavam com a observação aérea, de vez em quando. As enormes aeronaves armadas tinham poder de fogo sensacional, embora, por acaso, jamais tenhamos pedido o uso de seus obuses ou canhões durante esse desdobramento. (Também, eles tinham regras de engajamento limitantes.) Em vez disso, dependíamos de seus sensores noturnos, que davam uma boa imagem do campo de batalha, mesmo no breu.

Certa noite, atacamos uma casa durante uma DA com uma aeronave armada circulando no alto como proteção. Enquanto entrávamos, eles nos contataram e avisaram que havia alguns caras fugindo pela porta dos fundos.

Eu me mandei com alguns companheiros e comecei a seguir na direção que a aeronave nos indicara. Parecia que os insurgentes tinham se refugiado numa casa próxima. Entrei e fui recebido por um jovem de vinte e poucos anos.

— Abaixe-se! — berrei para ele, apontando a arma.

O rapaz me olhou sem expressão. Gesticulei de novo, dessa vez com muita ênfase.

— Para o chão! Para o chão!

Ele me encarou com um olhar atônito. Eu não sabia dizer se o garoto planejava me atacar e certamente não conseguia entender por que ele não obedecia. Melhor prevenir do que remediar — dei um soco nele e o joguei no chão.

A mãe pulou do fundo da casa, berrando alguma coisa. A essa altura, já havia uns homens lá dentro comigo, incluindo o meu *terp*, que enfim acalmou a situação e começou a fazer perguntas. No final das contas, a mulher explicou que o menino tinha deficiência mental e não entendia o que estava acontecendo. Nós o deixamos se levantar.

Enquanto isso, quietinho num lado, estava um homem que pensamos ser o pai. Mas, assim que esclarecemos a questão do filho, a mãe deixou claro que não sabia quem era o babaca. Constatou-se que ele tinha acabado de entrar correndo e só estava fingindo que morava ali. Então conseguimos capturar um dos fujões, cortesia da Aeronáutica.

ACHO QUE NÃO DÁ PARA CONTAR ESSA HISTÓRIA SEM ME ENTREGAR.

A casa de onde os homens haviam fugido era na verdade a terceira casa que atacamos naquela noite. Eu tinha levado os companheiros à primeira. Estávamos todos enfileirados do lado de fora, prontos para invadir, quando o comandante elevou a voz.

— Algo não está certo — disse ele. — Acho que não é esta.

Virei a cabeça para trás e olhei em volta.

— Merda — admiti. — Eu trouxe vocês para a casa errada.

Recuamos e fomos para a casa certa.

Você acha que eles me deixaram em paz por conta disso?

Não precisa responder.

PAGUE UM, LEVE DOIS

CERTO DIA, ESTÁVAMOS LÁ FORA, NUMA OPERAÇÃO PERTO DA SUNSET E de outra rua, que dava num cruzamento em T. Dauber e eu nos postamos num telhado, observando para ver o que os nativos iriam aprontar. Meu parceiro tinha acabado de sair da arma para descansar. Quando olhei pela luneta, avistei dois caras descendo a rua na minha direção numa motoneta.

O cara na traseira tinha uma mochila. Enquanto eu olhava, ele a largou dentro de um buraco na rua.

Ele não estava entregando correspondência, mas plantando um explosivo improvisado.

— Vocês têm que ver isso — falei com Dauber, que pegou o binóculo.

Deixei que os dois se afastassem uns 150 metros antes de disparar a .300 Win Mag. Dauber, que via pelo binóculo, disse que foi uma cena de *Debi & Loide*. A bala transpassou o primeiro e entrou no segundo. A motoneta bambeou, depois derrapou e bateu num muro.

Dois caras com um tiro. O contribuinte teve um ótimo retorno naquele disparo.

O TIRO ACABOU PROVOCANDO POLÊMICA. POR CAUSA DO EXPLOSIVO, O Exército mandou um pessoal para a cena. No entanto, eles levaram algo em torno de seis horas para chegar lá. O trânsito piorou, e foi impossível para mim, ou para qualquer outra pessoa, vigiar o buraco o tempo todo. Para complicar mais as coisas, os fuzileiros destruíram um caminhão basculante suspeito de ser um explosivo móvel na mesma rua. O tráfego ficou o caos e, naturalmente, a bomba desapareceu.

Em geral, aquilo não teria sido um problema. Mas, alguns dias antes, havíamos percebido uma rotina: motonetas passavam por um posto de observação e comando alguns minutos antes ou depois de um ataque, obviamente para explorar o local e depois colher informações. Requisitamos permissão para atirar em qualquer pessoa que estivesse dirigindo uma motoneta. O pedido foi negado.

Os advogados, ou alguém na cadeia de comando, devem ter pensado que foram enganados por mim quando ouviram a respeito do meu duplo tiro. O juiz-auditor da Marinha, uma espécie de versão militar de um promotor, apareceu para investigar.

Por sorte, havia muitas testemunhas do que tinha acontecido ali. Mas eu ainda precisei responder a todas as perguntas do juiz.

Enquanto isso, os insurgentes continuaram usando motonetas e recolhendo informações. Ficávamos de olho neles e destruíamos todas as motonetas estacionadas que encontrávamos nas casas e em pátios, mas era o máximo que poderíamos fazer.

Talvez os advogados esperassem que acenássemos e sorríssemos para as câmeras.

Teria sido difícil simplesmente ir lá e atirar nas pessoas na frente de todo mundo. Primeiro, porque sempre havia muitas testemunhas. E também porque, toda vez que eu matava alguém em Ramadi, precisava escrever uma declaração de atirador a respeito.

Não é piada.

Era um relatório, separado dos pós-ação, que tratava apenas dos tiros que eu dera e das mortes que registrara. A informação tinha que ser muito específica.

Eu levava um caderninho comigo e anotava o dia, a hora, detalhes sobre a pessoa, o que ela estava fazendo, o calibre que usara, quantos tiros dera, a que distância estava o alvo e quem testemunhara o tiro. Tudo isso entrava no relatório, junto com quaisquer outras circunstâncias especiais.

O estado-maior alegava que era para me proteger caso um dia houvesse uma investigação sobre alguma morte injustificada, mas acho que o que eu de fato fazia era tirar da reta o cu de gente do alto escalão da cadeia de comando.

Nós mantínhamos um cômputo em aberto de quantos insurgentes abatíamos, mesmo durante os piores tiroteios. Um dos oficiais sempre tinha a tarefa de anotar os detalhes do seu tiroteio. E ele, por sua vez, relatava o registro pelo rádio. Houve muitas ocasiões em que eu ainda estava enfrentando insurgentes ao mesmo tempo que dava detalhes ao tenente ou a outro oficial. Aquilo se tornou um pé no saco tão grande que, certa vez, quando o oficial foi me perguntar, eu disse que fora um moleque acenando para mim. Foi só uma piada babaca. Era a minha maneira de dizer: "Vai se foder."

A burocracia da guerra.

Não sei dizer se as declarações de atirador eram comuns. Para mim, o procedimento começou durante o segundo desdobramento, quando eu trabalhava na rua Haifa. Naquele caso, outra pessoa os preencheu por mim.

Tenho certeza de que era tudo para tirar o cu da reta, ou, nesse caso, tirar o cu do cara do alto escalão da reta.

Estávamos massacrando o inimigo. Em Ramadi, como o total de mortes começava a ficar astronômico, as declarações se tornaram obrigatórias e elaboradas. Acho que o comandante ou alguém de sua equipe viu os números e disse que os advogados poderiam questionar o que estava acontecendo, então devíamos nos proteger.

Ótima forma de lutar uma guerra: estar preparado para se defender por vencê-la.

Que pé no saco. Eu brincava que não valia a pena atirar em alguém. (Por outro lado, é por isso que sei o número exato de pessoas que matei "oficialmente".)

CONSCIÊNCIA LIMPA

Às vezes, parecia que Deus segurava os insurgentes até eu assumir a arma.

— Ei, acorde.

Do meu lugar no chão, abri os olhos e ergui o olhar.

— Hora do rodízio — falou Jay, meu superior.

Ele havia ficado na arma por cerca de quatro horas enquanto eu tirava um cochilo.

— Tudo bem.

Levantei do chão e fui até a arma.

— Então? O que andou rolando? — perguntei.

Sempre que alguém assumia a arma, a pessoa que era substituída fazia um breve relatório e descrevia quem estivera na vizinhança etc.

— Nada — respondeu Jay. — Não vi ninguém.

— Nada?

— Nada.

Trocamos de posição. Jay abaixou o boné para dormir um pouco.

Coloquei o olho perto da luneta e vasculhei. Não se passaram dez segundos, e um insurgente entrou bem na retícula, com a AK na mão. Eu o observei avançar de modo tático na direção de uma posição americana por alguns segundos e confirmei que ele estava dentro das regras de engajamento.

Aí atirei no insurgente.

— Eu odeio você, porra — resmungou Jay no chão, ali perto.

Ele nem se incomodou em levantar o boné, quanto mais em ficar de pé.

Eu nunca tive dúvidas a respeito das pessoas em quem atirei. Meus companheiros me provocavam: *É, eu conheço Chris. Ele tem uma arminha desenhada na ponta da luneta. Todo mundo que ele vê está dentro das regras de engajamento.*

Mas a verdade era que meus alvos sempre eram óbvios, e eu, é claro, tinha muitas testemunhas toda vez que atirava.

Do jeito que as coisas estavam, não dava para se arriscar a cometer um erro. Você seria crucificado se não obedecesse rigorosamente às regras.

Lá em Falluja, houve um incidente quando alguns fuzileiros tomaram uma casa. Uma unidade entrou e passou por cima de alguns corpos enquanto avançava para tomar os cômodos. Infelizmente, um dos desgraçados no chão não estava morto. Depois que os fuzileiros haviam entrado na casa, ele rolou e puxou o pino de uma granada. Ela explodiu, matando alguns fuzileiros e ferindo outros.

A partir dali, os fuzileiros começaram a meter uma bala em cada pessoa que eles viam ao entrar numa casa. Em dado momento, um repórter com uma câmera gravou aquilo. O vídeo se tornou público, e os fuzileiros se meteram numa enrascada. As acusações foram retiradas, ou nem sequer feitas, uma vez que a investigação inicial explicou as circunstâncias. Ainda assim, mesmo a possibilidade de haver uma acusação era algo que a pessoa sempre tinha em mente.

A pior coisa que podiam ter feito naquela guerra foi a integração de todo aquele pessoal da mídia às unidades. A maioria dos americanos não aguenta a realidade da guerra, e os relatórios enviados pelos repórteres não nos ajudaram de maneira alguma.

O comando queria ter o apoio do público para a guerra. Mas, falando sério, quem se importa?

A meu ver, se você nos envia para fazer um serviço, deixe que a gente faça. É por isso que existem almirantes e generais — deixe que eles nos supervisionem, e não um parlamentar gordo sentado numa cadeira de couro, fumando um charuto lá em Washington, dentro de um gabinete com ar-condicionado, que me diz quando e onde posso ou não posso atirar em alguém.

Como podem saber? Eles jamais estiveram numa situação de combate.

E, uma vez que decidiram nos enviar, deixem que eu faça meu serviço. Guerra é guerra.

Diga-me: você quer que a gente conquiste o inimigo? Que o aniquile? Ou estamos indo lá para servir chá com biscoitos para ele?

Fale aos militares o resultado que deseja, e você vai obtê-lo. Mas não venha tentar nos explicar como fazer o serviço. Todas aquelas normas sobre quando e em quais circunstâncias um combatente inimigo pode ser morto não apenas dificultam o serviço, mas também colocam nossas vidas em perigo.

As regras de engajamento ficaram tão confusas e desvirtuadas porque políticos interferiram no processo. Elas foram feitas por advogados que tentavam proteger dos políticos os almirantes e os generais. Não foram escritas por pessoas que se preocupavam com os soldados em campo levando tiro.

Por algum motivo, muitas pessoas nos Estados Unidos — não todas — não aceitavam que nós estivéssemos em guerra. Elas não aceitavam que guerra significava morte, violenta na maioria das vezes. Muitas pessoas, não apenas políticos, queriam impor a nós fantasias ridículas, exigir um padrão de comportamento que nenhum ser humano seria capaz de manter.

Não estou dizendo que crimes de guerra devam ser cometidos. Estou dizendo que os guerreiros precisam ser soltos para lutar na guerra sem as mãos amarradas nas costas.

De acordo com as regras de engajamento que eu seguia no Iraque, se alguém entrasse na minha casa, desse um tiro na minha esposa, nos meus filhos e depois jogasse a arma no chão, eu NÃO deveria atirar nele. Deveria levá-lo preso, com delicadeza.

Você faria isso?

É possível argumentar que meu sucesso prova que as regras funcionavam. Mas sinto que, sem elas, eu poderia ter sido mais eficaz e provavelmente teria protegido mais pessoas e ajudado a guerra a chegar mais rápido ao fim.

Parecia que as únicas reportagens que líamos eram sobre atrocidades ou sobre a impossibilidade de pacificar Ramadi.

Sabe o que mais? Nós matamos todos aqueles bandidos, e o que aconteceu? Os líderes tribais do Iraque *finalmente* se deram conta de que nós não estávamos ali de brincadeira e *finalmente* se uniram, não apenas para se governar, mas também para expulsar os insurgentes. Foi preciso força, foi preciso ação violenta, para criar uma situação em que pudesse haver paz.

LEUCEMIA

— Nossa filha está doente. A taxa de leucócitos está muito baixa.

Segurei o telefone com um pouco mais de força enquanto Taya continuava falando. Minha filhinha andava sofrendo com infecções e icterícia havia algum tempo. O fígado não parecia capaz de acompanhar o ritmo da doença. Os médicos pediram mais exames, e a situação parecia bastante ruim. Eles não diziam que era câncer ou leucemia, mas também não o descartavam. Iriam examiná-la para confirmar o que mais temiam.

Taya tentou parecer confiante e amenizar a importância dos problemas. Só pelo tom de voz, consegui notar que as coisas eram mais sérias do que ela admitia, até que, por fim, tirei toda a verdade dela.

Não sei direito tudo o que ela falou, mas o que ouvi foi: leucemia. *Câncer.* Minha filhinha iria morrer.

Uma nuvem de desespero pairou sobre mim. Eu estava a milhares de quilômetros dela, e não havia nada que pudesse fazer para ajudar. Mesmo que eu estivesse lá, não poderia curá-la.

Minha esposa pareceu muito triste e sozinha ao telefone.

O estresse do desdobramento havia começado a me afetar bem antes dessa ligação em setembro de 2006. A perda de Marc e os ferimentos graves de Ryan já tinham feito um estrago. Minha pressão disparou, e eu não conseguia dormir. Ouvir a notícia sobre minha filha me levou ao limite. Eu não teria utilidade para mais nada.

Felizmente, o desdobramento já estava acabando. E, assim que mencionei a doença da minha filhinha para o comando, eles começaram a tomar providências para que eu fosse para casa. Nosso médico preparou a papelada a fim de obter uma carta da Cruz Vermelha, que é uma declaração de que a família de um militar precisa dele para uma emergência nos Estados Unidos. Assim que ela chegou, os comandantes providenciaram a viagem.

POR POUCO EU NÃO SAÍ. RAMADI ERA UMA ZONA COM TANTO COMBATE que não existiam muitas oportunidades para voos. Não havia helicópteros indo ou vindo. Mesmo os comboios ainda eram atacados por insurgentes. Preocupados comigo e sabendo que eu não podia me dar ao luxo de esperar muito, meus companheiros entraram nos Humvees, me colocaram no meio e me levaram para fora da cidade, para o campo de aviação al-Taqaddum.

Quando chegamos lá, quase chorei ao entregar o colete à prova de balas e a M-4.

Meus companheiros voltariam à guerra e eu voaria para casa. Aquilo foi uma merda. Senti como se estivesse decepcionando os colegas, fugindo do dever.

Era um conflito — família e país, família e irmãos de armas — que eu nunca resolvi de fato. Tive ainda mais mortes em Ramadi do que em Falluja. Não apenas encerrei aquele desdobramento com mais números do que qualquer outra pessoa, como o total geral me tornou o mais prolífico atirador de elite americano de todos os tempos — para usar a linguagem chique oficial.

E, mesmo assim, eu ainda me senti um desistente, um cara que não fez o bastante.

12

TEMPOS DIFÍCEIS

EM CASA

Peguei um voo militar fretado, primeiro para o Kuwait e depois para os Estados Unidos. Por causa dos trajes civis, dos cabelos mais compridos e da barba, me perturbaram um pouco, pois ninguém conseguia entender por que alguém que ainda estava na ativa tinha permissão para viajar em trajes civis.

O que, em retrospecto, é meio engraçado.

Desci em Atlanta, depois precisei passar mais uma vez pela segurança para continuar. Levei alguns dias para chegar tão longe e, quando tirei as botas, juro que meia dúzia de pessoas na fila ali perto desmaiou. Acho que jamais passei pela segurança tão rápido.

TAYA:

Ele nunca me informava sobre o grau de perigo de uma situação, mas depois de um tempo passei a sentir que conseguia perceber os sinais de Chris. E, quando ele me disse que seria levado pelos companheiros num comboio, só a maneira como Chris me contou me deixou com medo, não somente pelos homens, mas por ele. Fiz algumas perguntas, e as respostas cautelosas me indicaram o grau de perigo da extração.

Eu tinha muita certeza de que, quanto mais pessoas rezassem por Chris, maiores seriam suas chances. Então, perguntei se poderia ligar para os pais dele e pedir que orassem.

Chris disse que sim.

Depois indaguei se poderia contar o motivo, sobre a volta para casa e o perigo na cidade, e ele respondeu que não.

Então não contei.

Pedi que as pessoas rezassem, fiz alusão ao perigo e não dei mais detalhes, só supliquei que confiassem em mim. Sei que era difícil de engolir, mas eu tinha muita certeza de que elas precisavam rezar — e, ao mesmo tempo, eu precisava respeitar a vontade do meu marido sobre o que seria compartilhado. Sei que não foi uma atitude legal, mas achei que a necessidade de oração anulava a necessidade de ser legal.

Quando ele chegou em casa, pareceu tão estressado que estava alheio a tudo.

Foi difícil para ele dizer com precisão o que sentia a respeito de qualquer coisa. Chris estava simplesmente esgotado e entorpecido.

Fiquei triste por tudo por que ele havia passado. E me senti péssima por precisar de Chris. Eu precisava, tremendamente. Contudo, tive que me virar sem ele por tanto tempo que desenvolvi uma postura de não depender de Chris ou, pelo menos, tentar.

Talvez não faça sentido para ninguém mais, porém eu passava por uma estranha confusão de sentimentos que percorria toda a gama de emoções. Eu estava muito irritada com Chris por ele ter deixado as crianças e a mim sozinhas. Eu queria que ele estivesse em casa, mas também estava irritada.

Eu estava encerrando um período de meses de ansiedade pela segurança de Chris e de frustração por ele ter escolhido voltar à guerra. Eu queria contar com meu marido, mas não podia. A equipe podia, e completos desconhecidos que por acaso estivessem nas forças armadas também, mas as crianças e eu com certeza não podíamos contar com ele.

Não era culpa de Chris. Ele teria estado em dois lugares ao mesmo tempo se possível, mas não dava. Mas, quando Chris pôde escolher, ele não nos escolheu.

Enquanto isso, eu o amava e tentava dar apoio e demons-
trar amor de todas as maneiras possíveis. Eu sentia quinhentas
emoções, todas ao mesmo tempo.

Acho que senti uma raiva oculta durante todo aquele desdo-
bramento. Tivemos conversas em que Chris notava que algo es-
tava errado. Ele perguntava o que me incomodava, e eu negava.
E, quando me pressionava, eu dizia: "Estou irritada com você por
ter voltado para aí, mas não quero odiá-lo. Sei que você pode ser
morto amanhã. Não desejo que se distraia com essa situação. É
melhor não conversar sobre isso."

Agora ele enfim estava de volta, e todas as emoções explodi-
ram dentro de mim, felicidade e raiva, tudo misturado.

MELHORANDO

OS MÉDICOS FIZERAM TODO TIPO DE EXAME NA MINHA FILHINHA. AL-
guns me irritaram muito.

Eu me lembro especialmente de eles tirando sangue, algo que precisaram
fazer várias vezes. Seguravam-na de cabeça para baixo e picavam seu pé.
Muitas vezes não saía sangue, e os médicos tinham que repetir sem parar.
Ela chorava o tempo todo.

Aqueles foram dias longos, mas, com o tempo, descobriram que minha
filha não tinha leucemia. Embora houvesse icterícia e algumas outras com-
plicações, eles conseguiram controlar as infecções que a deixavam doente.
Ela melhorou.

Uma das coisas incrivelmente frustrantes foi a reação dela a mim. Minha
filha chorava sempre que eu a segurava. Ela queria a mamãe. Taya disse que a
menina reagia daquela maneira a todos os homens — sempre que ouvia uma
voz masculina, ela chorava.

Fosse qual fosse o motivo, aquilo me magoava muito. Lá estava eu, que
tinha vindo de tão longe e a amava de verdade, e ela me rejeitava.

A situação era melhor com meu filho, que se lembrava de mim e agora
estava mais velho, mais disposto a brincar. No entanto, mais uma vez,
os problemas normais que pai e mãe têm com os filhos e entre si foram

piorados pela separação e pelo estresse por que todos tínhamos acabado de passar.

Coisas sem importância se tornavam muito irritantes. Eu esperava que meu filho me olhasse nos olhos quando eu desse bronca. Taya ficava incomodada com aquilo, porque achava que ele não estava acostumado comigo ou com meu tom de voz e que era pedir muito que um menino de dois anos me encarasse naquela situação. Mas minha opinião era justamente o contrário. Era o certo a fazer. Ele não estava sendo disciplinado por um estranho, mas por alguém que o amava. Existia uma via de mão dupla de respeito ali. Você me olha nos olhos, eu olho você nos olhos — nós nos entendemos.

Taya dizia:

— Espere aí. Você esteve ausente por quanto tempo mesmo? E agora quer voltar para casa, fazer parte da família e ditar as regras? Não, senhor, porque você vai embora daqui a um mês para voltar ao treinamento.

Nós dois tínhamos razão de alguma forma. O problema era tentar ver o lado do outro e conviver com isso.

Eu não era perfeito. Estava errado sobre algumas coisas. Precisava aprender a ser pai. Eu tinha uma ideia própria de como se deve educar, mas não era baseada em nenhuma realidade. Com o tempo, minhas ideias mudaram.

Em termos. Ainda espero que meus filhos me olhem nos olhos quando falo com eles. E vice-versa. E Taya concorda.

MIKE MONSOOR

Eu estava em casa havia mais ou menos duas semanas quando um amigo Seal me ligou e perguntou como estavam as coisas.

— Tudo indo — respondi.

— Bem, quem vocês perderam? — indagou ele.

— Hã?

— Eu não sei quem era, mas ouvi dizer que vocês perderam outro integrante.

— Droga.

Desliguei e comecei a ligar para todo mundo que conhecia. Por fim, consegui falar com alguém que sabia os detalhes, embora não pudesse contar no momento, porque a família ainda não tinha sido informada. Ele me disse que telefonaria de volta em algumas horas.

Foram longas horas.

Finalmente, descobri que Mike Monsoor, um integrante do nosso pelotão coirmão, tinha sido morto enquanto salvava as vidas de alguns colegas de pelotão em Ramadi. O grupo havia montado uma vigília numa casa. Um insurgente se aproximou o bastante para jogar uma granada.

É claro que eu não estava lá, mas esta é a descrição do que aconteceu pelo resumo oficial da ação:

A granada atingiu Mike Monsoor no peito e quicou no convés [termo da Marinha para "chão"]. Na mesma hora, ele se levantou e gritou "granada" para alertar os companheiros do risco iminente, mas eles não conseguiriam evacuar o esconderijo do atirador de elite a tempo de escapar do perigo. Sem hesitação ou consideração pela própria vida, ele se jogou na granada e abafou o artefato para proteger os companheiros que estavam perto. Nesse instante, ela detonou e o feriu mortalmente.

As ações do sargento Monsoor não poderiam ter sido mais altruístas ou claramente intencionais. Dos três Seals que estavam naquele canto do telhado, ele tinha a única rota de fuga da explosão e, caso a tivesse escolhido, poderia ter escapado facilmente. Em vez disso, escolheu proteger os companheiros sacrificando a própria vida. Por suas ações corajosas, ele salvou as vidas de dois colegas Seals.

Mais tarde, ele recebeu a Medalha de Honra.

Um monte de lembranças sobre Mikey vieram à minha mente assim que descobri que ele havia morrido. Eu não o conhecia tão bem assim, porque ele estava no outro pelotão, mas estive presente no seu trote.

Eu me lembro de o segurarmos para que a cabeça fosse raspada. Ele não gostou nada daquilo; talvez eu ainda tenha alguns hematomas.

Dirigi uma van para pegar alguns colegas no aeroporto e ajudei a organizar o velório de Mikey.

Os funerais dos Seals lembram muito os irlandeses, só que se bebe muito mais. O que leva à pergunta: quanta cerveja é necessária para o velório de um Seal? Isso é informação confidencial, mas é cerveja pra caramba.

Fiquei na pista de aterrissagem com a farda azul de gala enquanto o avião se aproximava. Prestei uma rígida continência quando o ataúde desceu a rampa. Depois, com os demais carregadores de caixão, eu o levei lentamente até o carro fúnebre, que aguardava.

Atraímos uma pequena multidão ao aeroporto. As pessoas ali por perto que perceberam o que estava acontecendo pararam e assistiram silenciosamente, em respeito. Foi comovente: elas homenageavam um compatriota, embora não o conhecessem. Fiquei emocionado com a cena, uma última honraria para nosso companheiro caído, um reconhecimento silencioso da importância de seu sacrifício.

A única coisa que diz que somos Seals é o tridente Seal que usamos, a insígnia de metal que mostra que somos integrantes deles. Se você não tem isso no peito, é apenas outro merda da Marinha.

Virou sinal de respeito tirar a insígnia e martelá-la no caixão do irmão morto durante o funeral. Você demonstra para o sujeito que jamais o esquecerá, que ele permanecerá para sempre como parte de você.

Quando os caras do Pelotão Delta se enfileiraram para pregar os tridentes no caixão de Mikey, eu me afastei, cabisbaixo. Por acaso, a lápide de Marc Lee ficava a apenas poucos metros de onde Monsoor seria enterrado. Perdera o funeral dele porque estava fora e ainda não havia tido a oportunidade de homenageá-lo. Agora, de repente, pareceu apropriado colocar meu tridente na lápide dele.

Fui lá em silêncio, pousei a insígnia e dei um último adeus ao meu amigo.

Uma das coisas que tiraram um pouco da amargura daquele funeral foi o fato de que Ryan teve alta do hospital a tempo de comparecer. Foi ótimo vê-lo, embora ele agora estivesse permanentemente cego.

Antes de desmaiar devido à perda de sangue após ter tomado o tiro, Ryan ainda conseguia enxergar, mas o cérebro inchou com a hemorragia interna e fragmentos de osso ou bala que estavam no olho romperam os nervos ópticos. Não havia esperança de recuperação da vista.

Quando o vi, perguntei por que ele havia insistido em sair do prédio por conta própria. Aquilo me parecera uma coisa extraordinariamente corajosa — típica de Ryan. Ele me disse que sabia que o nosso procedimento exigia que pelo menos dois caras o acompanhassem caso não conseguisse andar por conta própria. Porém, Ryan não queria retirar mais homens do combate.

Ele deve ter pensado que conseguiria voltar sem ajuda. E provavelmente teria conseguido se houvéssemos deixado. Ryan talvez até teria pegado uma arma e tentado continuar lutando.

Ele largou o serviço militar por causa do ferimento, mas nós permanecemos próximos. Dizem que as amizades forjadas na guerra são fortes. A nossa provou esse clichê.

BRIGAS E MAIS BRIGAS

Brigas são coisas rotineiras na vida de um Seal. Eu estive em algumas boas.

Em abril de 2007, estávamos no Tennessee. Acabamos cruzando a fronteira do estado, numa cidade onde uma grande luta do UFC havia acontecido na mesma noite, mais cedo. Por coincidência, fomos parar num bar onde três lutadores comemoravam a primeira vitória de cada um no ringue. Não estávamos procurando encrenca — na verdade, eu me encontrava num canto, quieto, com um companheiro, com quase ninguém por perto.

Por algum motivo, três ou quatro caras se aproximaram e esbarraram no meu amigo. Algumas coisas foram ditas. Seja lá o que tenha sido, os aspirantes a lutadores do UFC não gostaram e foram atrás do meu companheiro.

Naturalmente, eu não iria deixá-lo brigar sozinho. Caí dentro. Juntos, demos uma surra neles.

Dessa vez, não segui o conselho do suboficial Primo. Na verdade, eu ainda estava socando um dos lutadores quando os leões de chácara apareceram para nos separar. Os policiais chegaram e me prenderam. Fui acusado de lesão corporal. (Meu amigo tinha fugido pela porta dos fundos. Sem ressentimentos — ele apenas seguiu a segunda lei da briga de Primo.)

Saí no dia seguinte, sob fiança. Pedi que um advogado conseguisse um acordo judicial. O promotor aceitou retirar a queixa, mas, para tornar tudo legal, tive que me apresentar diante da juíza.

— Sr. Kyle — falou ela, na fala arrastada da justiça —, só porque o senhor é treinado para matar não quer dizer que o senhor precise provar isso na minha cidade. Vá embora e não volte.

E então eu fui e não voltei.

Aquele pequeno contratempo me arrumou encrenca em casa. Não importava onde estivesse durante o treinamento, eu sempre ligava para Taya antes de ir dormir. Mas, como tinha passado a noite na jaula, não houve telefonema para casa.

Quer dizer, eu só tinha direito a uma ligação, e, como Taya não conseguiria me tirar da cadeia, precisei fazer bom uso dela.

Isso poderia não ter sido um problemão se não fosse a festa de aniversário de um dos meus filhos. Por causa da audiência no tribunal, precisei prolongar a estadia na cidade.

— Onde você está? — perguntou Taya quando finalmente consegui falar com ela.

— Eu fui preso.

— Tudo bem — disparou ela. — Deixa pra lá.

Não posso dizer que eu a criticava por ter ficado puta. Não fora a coisa mais responsável que eu já havia feito na vida. Quando aconteceu, foi apenas mais uma coisa irritante numa época repleta de coisas irritantes — nosso relacionamento estava indo ladeira abaixo rapidamente.

Taya:

Eu não me apaixonei por um Seal, porra — eu me apaixonei por Chris.

Ser um Seal é legal e tudo o mais, porém não era o que eu amava nele.

Se eu soubesse o que esperar, teria sido uma coisa. Mas você não sabe o que esperar. Ninguém sabe. Não de fato, não na vida real. E nem todo Seal faz vários desdobramentos em tempo de guerra, um atrás do outro.

Com o passar do tempo, o trabalho de Chris se tornou cada vez mais essencial para ele. Chris não precisava de mim como família, de certa forma — ele tinha os companheiros.

Aos poucos, eu me dei conta de que não era a coisa mais importante da vida de Chris. Ele dizia o contrário, mas aquilo era da boca para fora.

ESTOU LONGE DE SER UM LUTADOR SINISTRO, OU MESMO MUITO CAPAZ, mas surgiram várias oportunidades. Eu preferia levar uma surra a parecer um maricas na frente dos meus companheiros.

Tive outros confrontos com lutadores. Acredito que tenha me saído bem.

Na época em que servi no meu primeiríssimo pelotão, a equipe Seal inteira foi ao Forte Irwin, em San Bernardino, no deserto de Mojave. Após as sessões de treinamento, fomos a uma cidade e encontramos um bar por lá, chamado Library.

Dentro do bar, policiais e bombeiros de folga estavam festejando. Algumas mulheres voltaram a atenção para nós. O pessoal de lá ficou com ciúmes e começou uma briga.

Isso realmente provou ser falta de juízo, porque devia haver uns cem de nós naquele barzinho. Uma centena de Seals é uma força considerável, e nós demos uma surra considerável naquele dia. Depois, saímos e viramos alguns carros.

Em determinado momento, a polícia apareceu e prendeu 25 de nós.

VOCÊ JÁ DEVE TER OUVIDO FALAR DA CORTE MARCIAL — É ONDE O COmandante escuta o que você fez e passa uma pena se julgar que é merecida. As punições são prescritas pela justiça militar e podem variar de um severo "tsc, tsc, não repita mais isso" a um rebaixamento de patente e até à "prisão correcional", que basicamente significa o que você deve imaginar.

Há audiências semelhantes com consequências menos graves, realizadas diante de oficiais abaixo do comandante. No nosso caso, tivemos que nos apresentar ao tenente (o oficial logo abaixo do comandante) e prestar atenção enquanto ele dizia, numa linguagem bastante persuasiva, como estávamos muito fodidos. Ele leu todas as acusações legais, toda a destruição — não me lembro da quantidade de pessoas machucadas e do valor em dinheiro do prejuízo que causamos, mas levou um bom tempo para o tenente listá-los. Ele terminou falando que se sentia envergonhado.

— Muito bem — continuou ele quando acabou o sermão. — Não deixem que isso se repita. Saiam daqui, porra.

Todos fomos embora, devidamente repreendidos, com as palavras ecoando nos ouvidos por... cinco segundos, mais ou menos.

Mas a história não termina aí.

Outra unidade ouviu falar de nossa pequena aventura e decidiu que deveria visitar o bar e ver se a história se repetia.

Ela se repetiu.

Eles ganharam a briga, mas, pelo que eu soube, as condições foram um pouco mais difíceis. O resultado não foi tão desigual.

Em pouco tempo, mais uma equipe teve que treinar na mesma área. Àquela altura, havia uma competição. O único problema foi que o pessoal que morava lá sabia que haveria uma disputa. E se preparou.

A equipe levou uma surra generalizada.

Dali em diante, a cidade foi considerada proibida para os Seals.

É DE IMAGINAR QUE SERIA DIFÍCIL SE METER NUMA BRIGA DE BÊBADOS no Kuwait, pois não existem bares de fato em que a pessoa possa ingerir bebida alcoólica. Mas, por acaso, havia um restaurante onde gostávamos de comer, onde era fácil entrar com bebidas escondido.

Estávamos lá certa noite e começamos a fazer muito barulho. Alguns nativos reclamaram, e houve uma discussão, que levou a uma briga. Quatro de nós, incluindo eu, fomos detidos.

O resto do pessoal pediu nossa liberação.

— Nem pensar — disseram os policiais. — Eles serão todos presos e julgados.

Os agentes enfatizaram o próprio ponto de vista. Nossos caras enfatizaram o deles.

Se você chegou a este ponto do livro, já sabe que os Seals sabem ser persuasivos. Por fim, os kuwaitianos entenderam o ponto de vista dos Seals que foram até lá e nos soltaram.

Fui preso em Steamboat Springs, Colorado, embora ache que, nesse caso, as circunstâncias talvez digam algo de bom sobre mim. Eu estava no bar, sentado, quando uma garçonete passou com uma jarra de cerveja. Um cara numa mesa próxima empurrou a cadeira e esbarrou na mulher, sem saber que a ela estava ali. Um pouco da cerveja caiu nele.

O sujeito se levantou e deu um tapa nela.

Fui lá e defendi a honra da garçonete da única maneira que conheço. Isso me fez ser preso. Aqueles frouxos são durões quando se trata de brigar com mulher.

Essas queixas, como todas as outras, foram retiradas.

O XERIFE DE RAMADI

A ofensiva em Ramadi acabou sendo considerada um marco importante e uma reviravolta da guerra, um dos eventos-chave que ajudaram o Iraque a emergir do caos completo. Por isso, a atenção se voltou muito para os guerreiros que estavam lá. E, com o tempo, um pouco dela se voltou para a nossa equipe.

Como espero já ter deixado claro, não acho que os Seals devam ser identificados publicamente como uma força. Não precisamos da publicidade. Somos profissionais silenciosos. Quanto mais silenciosos, mais somos capazes de executar o trabalho.

Infelizmente, esse não é o mundo em que vivemos. Se fosse, eu não teria sentido a necessidade de escrever este livro.

Deixe-me dizer, para que fique registrado, que acredito que o crédito por Ramadi e por todo o Iraque deva ir para os guerreiros do Exército e dos fuzileiros que lutaram lá, bem como para os Seals. Deveria ser um crédito proporcionalmente justo. Sim, os Seals fizeram um bom trabalho e deram seu sangue. No entanto, como dissemos para os oficiais do Exército e dos fuzileiros e para os graduados que lutaram ao nosso lado, não somos melhores do que esses homens quando se trata de coragem e valor.

Mas, como estamos no mundo moderno, as pessoas têm bastante interesse em saber sobre os Seals. Depois que voltamos, o comando nos chamou para uma reunião a fim de que contássemos a um escritor famoso e ex-Seal o que havia acontecido nas batalhas que travamos lá. O nome do escritor era Dick Couch.

O engraçado foi que ele começou falando em vez de escutar.

Na verdade, o sr. Couch chegou e fez um sermão sobre como estávamos errados.

Tenho muito respeito pelos serviços prestados pelo sr. Couch durante a Guerra do Vietnã, onde ele serviu em equipes de Demolição Submarina da Marinha e entre os Seals. Eu o admiro muito por isso. Mas algumas coisas que o sr. Couch falou naquele dia não me agradaram.

Ele foi lá para a frente e começou a dizer que estávamos fazendo tudo errado. Disse que deveríamos estar conquistando os corações e as mentes, em vez de matar os inimigos.

— Os Seals deveriam atuar mais como as Forças Especiais — disse o sr. Couch.

Acho que ele se referia a uma das missões tradicionais das Forças Especiais, de treinamento dos nativos.

Até onde sei, eles não veem problema em atirar em quem atira neles, mas talvez isso não venha ao caso.

Eu estava ali sentado, ficando furioso, assim como a equipe inteira, embora todos tivéssemos mantido a boca fechada. Enfim, ele perguntou se alguém queria fazer comentários.

Ergui a mão na mesma hora.

Fiz alguns comentários pejorativos sobre o que eu achava que deveríamos fazer com o país, depois falei sério.

— Eles só começaram a fazer negociações de paz depois que matamos um número suficiente de selvagens.

Talvez eu tenha usado outras expressões pitorescas ao discutir o que de fato estava acontecendo lá fora. Tivemos um pequeno bate-boca até que meus superiores fizeram um sinal indicando que eu deveria sair da sala. Obedeci com muito prazer.

Mais tarde, o comandante e o suboficial ficaram furiosos comigo. Mas não puderam fazer muita coisa, porque sabiam que eu estava certo.

O sr. Couch quis me entrevistar depois. Relutei. O comando tentou me persuadir. Até o sargento sentou-se comigo para conversar.

Então, respondi às perguntas. Sim, não. Essa foi a entrevista.

Para ser justo, pelo que ouvi, o livro não é tão negativo quanto achei que a palestra fora. Talvez alguns dos meus colegas Seals de fato tenham tido influência sobre o sr. Couch.

Sabe como Ramadi foi conquistada?

Nós fomos lá e matamos todas as pessoas ruins que conseguimos encontrar.

Quando começamos, os iraquianos decentes (ou potencialmente decentes) não temiam os Estados Unidos: eles temiam os terroristas. Os Estados Unidos disseram: "Vamos melhorar a situação para vocês."

Os terroristas falaram: "Vamos cortar a sua cabeça."

De quem você teria medo? A quem você daria ouvidos?

Quando entramos em Ramadi, ameaçamos os terroristas: "Vamos cortar as *suas* cabeças. Faremos o que for preciso e eliminaremos vocês."

Não apenas chamamos a atenção dos terroristas — nós chamamos a atenção de *todo mundo*. Mostramos que *nós* éramos a força que todos precisavam levar em conta.

Foi aí que surgiu o suposto Grande Despertar. Não foi bajulando os iraquianos, mas descendo a porrada.

Os líderes tribais viram que éramos sinistros e que seria melhor tomar vergonha, trabalhar conosco e parar de ser condescendente com os insurgentes. A força moveu aquela batalha. Nós matamos os bandidos e trouxemos os líderes para as negociações de paz.

É assim que o mundo funciona.

CIRURGIA DE JOELHO

MACHUQUEI OS JOELHOS PELA PRIMEIRA VEZ EM FALLUJA QUANDO A parede caiu em cima de mim. As injeções de cortisona ajudaram por um tempo, mas a dor continuou voltando e piorando. Os médicos disseram que eu precisava operar as pernas, mas fazer aquilo significaria tirar licença e perder a guerra.

Então continuei adiando a cirurgia. Eu me acostumei com uma rotina em que ia ao médico, tomava uma injeção e voltava ao trabalho. O intervalo entre as doses se tornou cada vez mais curto. Baixou para dois meses, depois um.

Sobrevivi a Ramadi, mas por pouco. Os joelhos começaram a travar, e ficou difícil descer escadas. Eu já não tinha mais escolha; assim, logo após voltar para casa em 2007, precisei entrar na faca.

Os cirurgiões cortaram os tendões para aliviar a pressão, de maneira que as patelas pudessem ser encaixadas. Tiveram que raspá-las porque eu abrira sulcos nelas. Injetaram cartilagem sintética e rasparam o menisco. No meio disso tudo, também consertaram um ligamento cruzado anterior.

Eu era como um carro de corrida, sendo totalmente reparado.

Quando os médicos terminaram, me mandaram para Jason, um fisioterapeuta especializado em trabalhar com Seals. Ele fora preparador físico do time de beisebol dos Pittsburgh Pirates. Após o 11 de Setembro, decidiu se dedicar a auxiliar o país. Para isso, escolheu servir às forças armadas. Aceitou uma grande redução salarial para ajudar na nossa recuperação.

EU NÃO SABIA DE NADA DISSO QUANDO NOS CONHECEMOS. TUDO O QUE eu queria ouvir era quanto tempo levaria a reabilitação.

Jason fez uma expressão pensativa.

— Com uma cirurgia dessas... civis precisam de um ano para se recuperar — respondeu ele por fim. — Jogadores de futebol americano ficam de fora por oito meses. Já os Seals... é difícil dizer. Vocês odeiam ficar fora de combate e vão se castigar para voltar.

Ele acabou prevendo o retorno em seis meses. Acho que fizemos em cinco. Mas pensei que morreria no meio do caminho, com certeza.

JASON ME COLOCOU NUMA MÁQUINA QUE ALONGAVA O JOELHO. TODO DIA eu tinha que ver até onde podia ajustá-la para dobrar mais. Eu suava aos borbotões enquanto a máquina o dobrava. Por fim, cheguei aos noventa graus.

— Isso é sensacional — disse ele. — Agora, dobre mais.

— Mais?

— Mais!

Ele também tinha uma máquina que dava um choque nos músculos através de eletrodos. Dependendo do músculo, eu tinha que me alongar e apontar os dedos do pé para cima e para baixo. Não parece muita coisa, mas é claramente uma forma de tortura que deveria ser banida pela Convenção de Genebra, mesmo para uso em Seals.

Jason, é claro, continuou aumentando a voltagem.

No entanto, o pior de tudo era o mais simples: o exercício. Eu tinha que fazer mais, mais, mais. Eu me lembro de chamar Taya várias vezes e dizer que vomitaria, ou até morreria, antes de o dia acabar. Ela pareceu solidária mas, pensando bem, Taya e Jason podiam estar mancomunados.

Houve um momento em que Jason me mandou fazer uma quantidade absurda de abdominais e outras coisas para os músculos centrais.

— Você sabe que os meus joelhos é que foram operados, né? — perguntei um dia em que pensei ter chegado ao limite.

Jason apenas riu. Ele tinha uma explicação científica de que tudo no corpo dependia de músculos centrais fortes, mas acho que apenas gostava de me dar uma surra na academia. Juro que eu ouvia um chicote estalando em cima da cabeça sempre que começava a fazer corpo mole.

Sempre achara que meu período de melhor forma fora logo após minha saída do BUD/S. Mas fiquei com uma forma física bem melhor depois de passar cinco meses com Jason. Não apenas os joelhos estavam bem; o resto do meu corpo se achava no ápice do condicionamento. Quando voltei ao pelotão, todos me perguntaram se andara tomando anabolizantes.

TEMPOS DIFÍCEIS

FORCEI O CORPO AO LIMITE ATÉ SER OPERADO. AGORA O QUE ESTAVA SE deteriorando era ainda mais importante do que os joelhos: meu casamento.

Essa era a mais difícil de um monte de situações difíceis. Formou-se muito ressentimento entre nós. Ironicamente, não brigávamos tantas vezes, mas sempre houve muita tensão. Nós dois nos esforçávamos apenas o suficiente para sermos capazes de dizer que estávamos tentando — e insinuar que o outro não tentava.

Após anos em zonas de guerra e separado da minha esposa, acho que de certa forma me esqueci do que significava estar apaixonado — as responsabilidades que acompanham o sentimento, a atenção e a partilha. Isso facilitou meu distanciamento de Taya. Ao mesmo tempo, uma antiga namorada entrou em contato comigo. Ela ligou primeiro lá para casa, e Taya me passou o recado, considerando que eu não era o tipo de cara com quem ela precisava se preocupar.

De início, eu ri do recado, mas a curiosidade me venceu. Em pouco tempo, a antiga namorada e eu estávamos conversando e trocando mensagens regularmente.

Taya percebeu que havia algo no ar. Certa noite, voltei para casa e ela mandou que eu me sentasse e colocou tudo para fora, com muita calma, com muita racionalidade — ou ao menos o mais racionalmente possível nesse tipo de situação.

— Temos que confiar um no outro — disse Taya em certo momento. — E, na direção em que vamos, isso não vai dar certo. Simplesmente não vai.

Tivemos uma conversa longa e sincera a respeito daquela situação. Acho que nós dois choramos. Sei que eu chorei. Eu amava minha esposa. Não queria me separar dela. Não estava interessado em me divorciar.

Eu sei: isso parece cafona pra cacete. Um Seal falando de amor?

Prefiro ser estrangulado uma centena de vezes do que fazer isso em público, ainda mais aqui, para o mundo inteiro ver.

Mas era real. Se vou ser sincero, tenho que colocar esse sentimento para fora.

Nós fixamos algumas regras que seguiríamos. E concordamos em fazer terapia de casal.

Taya:

As coisas chegaram a um ponto em que eu me sentia no fundo do poço. Não eram apenas discussões sobre as crianças. Não estávamos nos relacionando. Dava para ver que a cabeça dele tinha se afastado do casamento, de nós.

Eu me lembro de ter conversado com uma amiga que passara por muita coisa. Simplesmente desabafei.

Ela me falou:

— Bem, você tem que falar tudo com franqueza. Precisa dizer que o ama e quer que ele fique. Mas, se Chris quiser ir, diga que ele está livre.

Segui o conselho dela. Foi uma conversa muito, muito difícil.

Mas eu sabia de várias coisas no meu íntimo. Primeiro, que amava Chris. Segundo — e isto era muito importante para mim — que Chris era um bom pai. Eu o vi com nosso filho e com nossa filha. Chris tinha uma noção forte de disciplina e respeito, e ao mesmo tempo se divertia tanto com as crianças que, quando os três terminavam de brincar, sentiam dores de tanto rir. Essas duas coisas me convenceram de que eu precisava manter o casamento.

No que diz respeito a mim, também não fora uma esposa perfeita. Sim, eu o amava, sinceramente, mas tinha sido uma verdadeira vaca às vezes. Eu havia afastado Chris.

Então nós dois queríamos o casamento e tínhamos que nos unir para que ele desse certo.

Eu adoraria dizer que a situação melhorou instantaneamente daquele momento em diante. Mas a vida não é assim. É verdade que nós conversamos mais. Comecei a prestar mais atenção ao casamento — às responsabilidades para com a família.

Uma questão que não havíamos resolvido por completo tinha a ver com o meu alistamento e com o modo como ele iria se encaixar nos planos familiares a longo prazo. O realistamento mais próximo aconteceria em mais ou menos dois anos, e já havíamos começado a conversar sobre isso.

Taya deixou claro que a família precisava de um pai. Meu filho crescia a olhos vistos. Meninos precisam de uma figura paterna forte na vida, e não havia como eu discordar.

Mas eu também achava que tinha um dever com meu país. Fui treinado para matar, e eu era muito bom nisso. Achava que tinha que proteger meus colegas Seals e meus compatriotas.

E eu gostava de fazer aquilo. Muito.

Mas...

Eu ia e voltava na escolha. Era uma decisão muito difícil.

Incrivelmente difícil.

No fim das contas, decidi que Taya estava certa: outros conseguiriam fazer o meu serviço de proteger o país, mas ninguém de fato poderia tomar o meu lugar na família. E eu já havia feito o suficiente pelo país.

Eu disse a Taya que não me realistaria quando a hora chegasse.

Ainda me pergunto se tomei a decisão correta. Na minha mente, enquanto eu estivesse em forma e houvesse uma guerra, meu país precisaria de mim. Por que eu mandaria outra pessoa no meu lugar? Uma parte de mim achava que eu estava agindo como um covarde.

Servir nas equipes é servir a um bem maior. Como civil, eu estaria apenas servindo ao *meu* próprio bem. Ser um Seal não era apenas o que eu fazia — aquilo se tornou quem eu era.

UM QUARTO DESDOBRAMENTO

Se as coisas tivessem acontecido de acordo com os procedimentos "normais", eu teria recebido uma longa folga e um longo período de serviço em terra firme depois do segundo desdobramento. Mas, por vários motivos, isso não aconteceu.

Então a equipe prometeu que eu teria uma folga depois desse desdobramento. Mas não foi o que acabou acontecendo. E eu não estava feliz com o fato. Para falar a verdade, perdi a calma discutindo o assunto. Acho que mais de uma vez.

Veja bem, eu gosto de guerra e amo o meu trabalho, mas fiquei irritado porque a Marinha não tinha cumprido a palavra. Com todo o estresse em casa, um serviço que me mantivesse perto da família naquele momento teria sido ótimo. Mas o que me disseram foi que as necessidades da Marinha vinham em primeiro lugar. E, justo ou não, era assim que a banda tocava.

MINHA PRESSÃO CONTINUAVA ALTA.

Os médicos culparam o café e o fumo. De acordo com eles, parecia que eu tinha bebido dez canecas logo antes do exame. Eu bebia café, mas nem perto disso tudo. Os médicos me aconselharam veementemente a cortar essa bebida e parar de mascar tabaco.

É claro que não discuti com eles. Não queria ser expulso dos Seals ou seguir por um caminho que levaria à dispensa médica. Em retrospecto, creio que algumas pessoas poderiam se perguntar por que não fiz isso, mas pareceria uma atitude covarde. Nunca seria a coisa certa para mim.

NO FIM DAS CONTAS, POR MIM, TUDO BEM TER SIDO DESIGNADO PARA outro desdobramento. Eu ainda adorava a guerra.

PELOTÃO DELTA

EM GERAL, QUANDO A PESSOA VOLTA PARA CASA, ALGUNS CARAS SAEM DO pelotão por rodízio. Costuma haver troca de oficiais. Muitas vezes, o suboficial vai embora, o sargento líder do pelotão é promovido, aí outra pessoa qualquer toma o seu posto. Mas, tirando isso, normalmente o pelotão fica bem fechado. No nosso caso, a maioria dos integrantes permaneceu junta por muitos anos.

Mas tudo tem um fim.

Para tentar difundir a experiência da equipe, o comando decidiu desmanchar o Pelotão Charlie/Cadillac e nos espalhar. Fui designado para o Delta e colocado como líder do pelotão. Trabalhei diretamente com o novo suboficial, que por acaso fora um dos meus instrutores no BUD/S.

Resolvemos a seleção de pessoal, distribuímos as tarefas e despachamos pessoas diferentes para o curso. Agora que era o líder, eu não apenas tinha mais besteira administrativa para resolver como não podia mais ser o ponta.

Aquilo era um sofrimento.

Estabeleci um limite quando eles falaram em tomar meu rifle. Eu ainda era um atirador de elite, não importava o que mais eu fizesse no pelotão.

Além de descobrir bons pontas, uma das decisões mais difíceis que precisei tomar sobre pessoal envolveu a escolha de um abridor de brecha. Ele é a pessoa que, entre outras coisas, cuida dos explosivos, que planta e explode (se necessário) os artefatos na DA. Assim que o pelotão entra, é o abridor de brechas quem comanda a situação. Portanto, o grupo está inteiramente nas mãos dele.

HÁ UMA BOA QUANTIDADE DE OUTROS CURSOS E POSIÇÕES IMPORTAN-tes que não mencionei ao longo do caminho, mas que merecem atenção. Entre eles está o posto do cara que requisita apoio aéreo. É um posto popular nas equipes. Em primeiro lugar, o trabalho é meio divertido: você acaba vendo coisas explodirem. E, em segundo lugar, você geralmente é chamado para missões especiais, então assiste a muitos combates.

Comunicações e orientação estão bem no fim da lista de prioridades da maioria dos Seals, mas são tarefas necessárias. O pior curso para onde se pode mandar alguém é o de inteligência. As pessoas o odeiam. Elas entraram nos Seals para chutar portas, não para coletar informações. Mas todo mundo tem um papel.

Obviamente, algumas pessoas gostam de cair de aviões e nadar no meio de tubarões.

Loucos.

A DISPERSÃO DO TALENTO PODE TER AJUDADO A EQUIPE EM GERAL, MAS, como líder do pelotão, eu estava preocupado em levar comigo os melhores homens para o Delta.

O suboficial encarregado de distribuir o pessoal estava resolvendo tudo numa tabela montada num grande quadro magnético. Certa tarde, enquanto ele estava ausente, entrei escondido no gabinete e rearrumei as coisas. De repente, todo mundo que era alguém no Charlie agora estava designado para o Delta.

As mudanças foram um pouco drásticas demais, e, assim que o subofi-cial voltou, o zumbido no meu ouvido aumentou mais do que o normal.

— *Jamais* entre no meu gabinete quando eu não estiver aqui — disse o suboficial assim que me apresentei diante dele. — Não toque no meu qua-dro. *Nunca*.

Bem, a verdade é que eu voltei.

Eu sabia que ele notaria qualquer coisa drástica, então fiz uma mudança pequena e coloquei Dauber no meu pelotão. Eu precisava de alguém que fosse um bom atirador de elite e um bom enfermeiro. Ao que parece, o subo-ficial jamais percebeu, ou pelo menos não mudou nada.

Eu tinha a resposta pronta caso fosse descoberto: "Fiz pelo bem da Marinha." Ou pelo menos do pelotão Delta.

AINDA EM RECUPERAÇÃO DA CIRURGIA DO JOELHO, NÃO PUDE PARTI-cipar de fato de grande parte do treinamento nos primeiros meses em que o pelotão esteve reunido. Mas fiquei de olho nos meus companheiros, observando sempre que possível. Percorri mancando as sessões de guerra terrestre, especialmente atento aos novatos. Queria saber com quem iria para a guerra.

Eu estava prestes a entrar em forma quando me meti em duas brigas: a primeira, aquela no Tennessee que mencionei antes, e a outra perto do forte Campbell, onde, como disse meu filho, "um cara qualquer decidiu quebrar a cara na mão do papai".

O "cara qualquer" também quebrou a minha mão no ato.

O suboficial do pelotão ficou furioso.

— Você saiu por causa da cirurgia no joelho, nós o trouxemos de volta, você é preso, agora quebra a mão. Que porra é essa?

Talvez tenha havido outras palavras pouco elogiosas. Talvez elas tam-bém tenham continuado por um bom tempo.

EM RETROSPECTO, DE FATO PARECE QUE EU ME METI EM VÁRIAS BRIGAS durante o período de treinamento. Para mim, pelo menos, elas não foram culpa minha — no segundo caso, eu estava de saída quando a namorada do idiota tentou arrumar briga com meu amigo, um Seal, o que foi absolutamente tão ridículo na vida real quanto deve ter parecido no jornal.

Porém, em geral, as brigas eram um comportamento ruim. Podiam até ter sido uma tendência perigosa. Infelizmente, na época, eu não identifiquei isso.

MÃO QUEBRADA

HÁ UM POSFÁCIO ÀQUELA HISTÓRIA DO "CARA QUALQUER" E DA MINHA mão quebrada.

O incidente aconteceu enquanto estávamos treinando numa cidade do Exército. Notei que havia quebrado a mão ao socá-lo, mas nem por um cacete eu iria para o hospital da base. Se fosse, eles perceberiam que eu estava (a) bêbado e (b) brigando, e a Polícia do Exército cairia na minha pele. Nada faz um policial do Exército ganhar o dia como prender um Seal.

Então esperei até o dia seguinte. Já sóbrio, eu me apresentei ao hospital e aleguei que havia quebrado a mão ao apontar a arma para fora da porta antes de ter passado de fato pela ombreira. (Teoricamente possível, apesar de improvável.)

Enquanto estava sendo tratado, vi um garoto no hospital com pinos no maxilar.

No instante seguinte, uns policiais do Exército entraram e começaram a me interrogar.

— Esse garoto alega que o senhor quebrou o maxilar dele — disse um dos caras.

— Que diabos ele está falando? — respondi e revirei os olhos. — Acabei de sair de um exercício de treinamento. Quebrei a porra da mão. Pergunte aos caras das Forças Especiais. Estamos treinando com eles.

Não por coincidência, todos os leões de chácara do bar onde estivemos eram das Forças Especiais do Exército. Eles com certeza confirmariam a história se a situação chegasse a esse ponto.

Não chegou.

— Foi o que pensamos — disseram os policiais do Exército, balançando a cabeça.

Eles voltaram para o soldado idiota e começaram a reclamar com o cara por ter mentido e desperdiçado o tempo deles.

Bem feito por ter se metido numa briga começada pela namorada.

VOLTEI PARA A COSTA OESTE COM UM OSSO QUEBRADO. TODO O PESSOAL
debochou de minha genética fraca. Mas o ferimento não foi tão engraçado
para mim, porque os médicos não conseguiam descobrir se deveriam operar
ou não. O dedo ficou um pouco fundo na mão, não exatamente onde deveria
estar.

Em San Diego, um dos médicos deu uma olhada e decidiu que talvez
conseguisse dar um jeito puxando o dedo e o recolocando no lugar.

Eu pedi para ele tentar.

— O senhor quer um analgésico? — perguntou o médico.

— Não — respondi.

Eles tinham feito a mesma coisa no hospital do Exército na Costa Leste
e não tinha doído muito.

Talvez os médicos da Marinha puxassem com mais força. No instante
seguinte, eu estava deitado de costas na mesa da sala de gesso. Tinha desmaiado e me mijado por causa da dor.

Mas, pelo menos, escapei da cirurgia.

E que fique registrado: desde então, mudei meu estilo de luta para compensar a mão mais fraca.

PRONTO PARA PARTIR

PRECISEI ENGESSAR A MÃO POR ALGUMAS SEMANAS, MAS CADA VEZ MAIS
eu me adaptava à nova situação. O ritmo aumentou conforme nos aprontá-
vamos para sermos despachados. Só havia uma notícia ruim: havíamos sido
designados para uma província no oeste do Iraque. Pelo que tínhamos ouvido falar, nada acontecia lá. Tentamos ser transferidos para o Afeganistão,
mas não conseguimos ser liberados pelo comandante da área.

Isso não nos agradou, certamente não a mim. Se fosse voltar à guerra,
eu desejaria entrar em combate, e não ficar de braços (e mão quebrada) cruzados no deserto. Quem é Seal não quer ficar sentado coçando o saco, quer
entrar em combate.

Ainda assim, era bom retornar à guerra. Quando voltei para casa após Ramadi, eu estava esgotado, arrasado e emocionalmente exaurido. Mas, agora, estava com as baterias recarregadas, pronto para partir.

Eu estava pronto para matar mais bandidos.

13

MORTALIDADE

CEGO

PARECIA QUE TODOS OS CACHORROS NA CIDADE SADR ESTAVAM LATIN-do ao mesmo tempo.

Vasculhei a escuridão com o visor noturno, nervoso enquanto percorríamos uma das ruas mais perigosas do local. Passamos por um conjunto do que seriam considerados prédios residenciais numa cidade normal. Lá eles eram pouco mais do que cortiços infestados de ratos. Já passava da meia-noite de um dia do início de abril de 2008, e, contra todo o bom senso, porém sob ordens diretas, estávamos entrando no centro de um covil de insurgentes.

Assim como vários prédios marrons sem graça na rua, a casa para onde íamos tinha uma grade de metal em frente à porta. Fizemos fila para arrombá-la. Bem naquele instante, alguém apareceu atrás dela e disse algo em árabe.

Nosso intérprete foi à frente e mandou o sujeito abrir.

O homem lá dentro respondeu que não tinha a chave.

Um dos Seals mandou que ele a pegasse. O homem desapareceu e subiu correndo as escadas para algum lugar.

Merda!

— Vamos! — berrei. — Arrombem a porra da grade.

Entramos correndo e começamos a tomar a casa. Os dois primeiros andares estavam vazios.

Subi correndo a escada para o terceiro andar, cheguei à porta de um cômodo voltado para a rua e me recostei na parede enquanto o resto dos companheiros fez fila para me seguir. Quando comecei a dar um passo, o cômodo inteiro explodiu.

Por algum milagre, não fui atingido, embora tivesse sentido a força da explosão.

— Quem acabou de jogar uma granada de fragmentação, porra? — berrei.

Ninguém. E o cômodo estava vazio. Alguém tinha disparado um lança-rojão na casa.

Tiros vieram em seguida. Nós nos reagrupamos. O iraquiano que estava dentro da casa obviamente havia escapado para dar a nossa localização aos insurgentes da vizinhança. Para piorar, as paredes da casa se mostraram bem frágeis, incapazes de aguentar os rojões disparados em nós. Se permanecêssemos ali, estaríamos fritos.

Fora da casa! *Agora!*

O último homem tinha acabado de sair do prédio quando a rua tremeu com uma força imensa: os insurgentes haviam explodido uma bomba caseira no fim da rua. A detonação foi tão poderosa que derrubou alguns de nós. Com os ouvidos zumbindo, corremos para outro prédio próximo. Mas, quando nos aprontamos para entrar, tudo virou um caos. Recebemos tiros de todas as direções, inclusive de cima.

Um tiro pegou no meu capacete. A noite escureceu. Fiquei cego.

Era a minha primeira noite na Cidade Sadr, e parecia que, dentro em breve, seria a minha última noite na Terra.

NO OESTE

ATÉ AQUELE MOMENTO, EU TINHA PASSADO UM QUARTO DESDOBRAMENto tranquilo, até entediante, no Iraque.

O pelotão Delta havia chegado fazia mais ou menos um mês e fora para al-Qa'im, no oeste do Iraque, perto da fronteira com a Síria. A missão deveria envolver patrulhas de longo alcance no deserto, mas tínhamos passado o tempo montando um acampamento com a ajuda de alguns Seabees. Não apenas não houve combate algum digno de nota como também os fuzileiros, que eram os donos da base, estavam em processo de fechá-la, o que significava que iríamos embora assim que nos instalássemos. Não faço ideia de qual era a lógica daquilo.

O moral chegou ao fundo do poço quando o suboficial arriscou a vida numa manhã, cedinho, entrando no meu quarto e me sacudindo para acordar.

— O que é que foi? — berrei, dando um pulo.

— Calma — falou o suboficial. — O senhor precisa se vestir e vir comigo.

— Eu acabei de me deitar.

— O senhor vai querer vir comigo. Estão montando uma força-tarefa lá em Bagdá.

Uma força-tarefa? *Beleza!*

Parecia algo saído do filme *Feitiço do tempo*, as situações se repetiam, mas no bom sentido. Na última vez que isso havia acontecido comigo, eu estava em Bagdá, indo para oeste. Agora, eu estava no oeste e iria para leste.

O motivo exato, eu não sabia.

De acordo com o suboficial, eu fora escolhido para a unidade em parte por ser qualificado a atuar como líder de pelotão, mas principalmente por ser atirador de elite. Eles estavam chamando atiradores de todas as partes do país para a operação, embora o suboficial não tivesse detalhes sobre o plano. Ele nem sabia se eu iria para um ambiente rural ou urbano.

Merda, pensei, nós vamos para o Irã.

ERA UM SEGREDO QUE TODO MUNDO SABIA: OS IRANIANOS ESTAVAM ARmando e treinando insurgentes, e em alguns casos até atacando tropas ocidentais. Havia rumores de que uma força estava sendo formada para deter os invasores na fronteira.

Segui de comboio para al-Asad, a grande base aérea na província de al-Anbar, onde o alto escalão do Estado-Maior estava localizado. Lá, descobri que não iríamos para a fronteira, mas para um lugar muito pior: a Cidade Sadr.

LOCALIZADA NAS CERCANIAS DE BAGDÁ, A CIDADE SADR TINHA SE TORnado um covil desde a última vez que eu havia estado lá com o Grom, alguns anos antes. Dois milhões de xiitas moravam ali. O clérigo radical antiamericano Moqtada al-Sadr (a cidade tinha sido batizada em homenagem ao pai dele) vinha montando aos poucos uma milícia, o Exército Mahdi (conhecido em árabe como *Jaish al-Mahdi*). Havia outros insurgentes agindo na área, mas esse era, de longe, o grupo maior e mais poderoso.

Com a ajuda secreta do Irã, os insurgentes reuniram armas e começaram a lançar morteiros e foguetes na Zona Verde de Bagdá. O local inteiro era um ninho de serpentes. Como Falluja e Ramadi, havia grupos diferentes e níveis variados de competência entre os inimigos. A maioria das pessoas ali era xiita, e minhas batalhas anteriores no Iraque tinham sido acima de tudo contra sunitas. Era um covil infernal bem conhecido.

Por mim, tudo bem.

ELES CHAMARAM ATIRADORES DE ELITES E SEALS RESPONSÁVEIS POR requisitar apoio aéreo, além de alguns oficiais e sargentos, das equipes 3 e 8 para criar uma força-tarefa especial. Havia mais ou menos trinta de nós no total. De certa forma, um time de estrelas, com alguns caras que eram os melhores do país. E estava repleto de atiradores de elite, porque a ideia era implementar algumas táticas usadas em Falluja, Ramadi e outros lugares.

Havia muitos talentos, mas, como tínhamos sido retirados de unidades diferentes, precisamos passar um tempo nos conhecendo. Pequenas diferenças na maneira como as equipes da Costa Leste e da Costa Oeste costumavam trabalhar podiam se tornar um grande problema num tiroteio. Também tivemos que tomar muitas decisões sobre pessoal, selecionando os pontas e coisas do gênero.

O EXÉRCITO DECIDIU CRIAR UMA ZONA-TAMPÃO A FIM DE EMPURRAR OS insurgentes o bastante para que os foguetes não alcançassem a Zona Verde. Um dos caminhos para isso era erigir um imenso muro de cimento na Cidade Sadr, chamado de "muralha em T", que interromperia uma via principal da favela. Nosso trabalho era proteger os caras que a construíam — e, enquanto isso, abater o máximo possível de inimigos.

Os construtores tinham um trabalho perigosíssimo. Um guindaste retirava uma das seções de concreto de um caminhão e a colocava no lugar. Enquanto ela era abaixada, um soldado tinha que subir e soltá-la.

Sob fogo, geralmente. E não apenas pipocos — os insurgentes usavam qualquer arma que tivessem, de AKs a rojões. Aqueles caras do Exército tinham colhões.

UMA UNIDADE DAS FORÇAS ESPECIAIS JÁ ESTAVA OPERANDO NA CIDADE Sadr e nos deu algumas dicas e informações. Levamos uma semana para arrumar tudo e resolver como descascaríamos aquele abacaxi. Assim que tudo ficou combinado, fomos lançados numa base avançada de operações do Exército.

Naquele momento, disseram que nossa patrulha entraria a pé na Cidade Sadr à noite. Alguns de nós argumentamos que aquilo não fazia sentido — o lugar estava apinhado de gente que queria nos matar, e a pé seríamos alvos fáceis.

Mas alguém pensou que seria inteligente entrar a pé no meio da noite. Se entrássemos de mansinho, disseram, não haveria problema.

Foi o que fizemos.

TIRO NAS COSTAS

ELES ESTAVAM ERRADOS.

Lá estava eu, com um tiro na cabeça e cego. Sangue escorria pelo meu rosto. Ergui a mão para o escalpo. Fiquei surpreso — não apenas a cabeça continuava ali, como estava intacta. Mas eu sabia que tinha levado um tiro.

De alguma forma, percebi que o capacete, que não estava preso, tinha sido empurrado para trás. Eu o puxei para a frente. De repente, consegui voltar a enxergar pela luneta. Uma bala havia pegado no capacete, porém, para minha incrível sorte, ricocheteara no visor noturno e empurrara o capacete para trás, mas, fora isso, não me machucara. Quando puxei o capacete para a frente, abaixei a luneta na frente dos olhos e consegui enxergar de novo. Eu não tinha ficado cego, mas na confusão não percebi o que estava acontecendo.

Poucos segundos depois, levei um tiro de grosso calibre nas costas. A bala me empurrou diretamente para o chão. Por sorte, pegou numa das placas do colete à prova de balas.

Ainda assim, fiquei tonto. Enquanto isso, fomos cercados. Nós chamamos uns aos outros e organizamos a retirada para um mercado por onde tínhamos passado ao entrar. Começamos a atirar e andar juntos.

A essa altura, os quarteirões à nossa volta lembravam as piores cenas de *Falcão Negro em perigo*. A impressão era que todos os insurgentes, talvez todos os moradores, queriam tirar uma casquinha dos americanos idiotas que haviam chegado na Cidade Sadr.

Não conseguimos entrar no prédio para o qual recuamos. Já tínhamos requisitado uma força de resposta rápida, nome chique para a cavalaria. Precisávamos de apoio e extração: "SOCORRO" em letras maiúsculas.

Um grupo de Strykers do Exército apareceu — carros de transporte de pessoal com armas pesadas — e disparou tudo o que tinha. Havia muitos alvos; mais de cem insurgentes nos telhados das ruas próximas tentavam nos pegar. Quando viram os veículos, tentaram derrubá-los. Então, eles foram sobrepujados. Começou a parecer um videogame — caras despencando dos telhados.

— Filho da puta, obrigado — falei alto quando os carros chegaram ao prédio.

Juro que ouvi uma trombeta da cavalaria em algum lugar, ao fundo.

Os Strykers abaixaram as rampas, e nós entramos correndo.

— Você viu quantos filhos da puta havia lá em cima? — perguntou um dos tripulantes enquanto o veículo corria de volta à base.

— Não — respondi. — Eu estava ocupado demais atirando.

— Eles estavam por toda parte. — O garoto estava eufórico. — Nós estávamos deitando os bandidos, e aquilo não era nem metade deles. Só mandamos bala. Pensamos que vocês todos estavam perdidos, porra.

Não fomos só nós dois que pensamos isso.

AQUELA NOITE ME ASSUSTOU PRA CACETE. FOI QUANDO ME DEI CONTA de que não era super-humano. Eu posso morrer.

Durante todas as outras situações, houve momentos em que pensei: "Eu vou morrer."

Mas nunca morri. Aqueles pensamentos eram passageiros. Evaporavam-se.

Depois de um tempo, comecei a achar que os bandidos não eram capazes de me matar. Não eram capazes de nos matar. Nós éramos invencíveis, porra.

Eu tinha um anjo da guarda, sou um Seal, sou sortudo, e seja lá o que diabos for: *eu não posso morrer.*

Então, de repente, em questão de dois minutos, eu levei dois tiros.

Filho da puta, chegou a minha vez.

CONSTRUINDO A MURALHA

Ficamos felizes e agradecidos por termos sido resgatados. Também nos sentimos completos idiotas.

Tentar entrar de mansinho na Cidade Sadr não daria certo, e o comando deveria ter noção disso desde o início. Os bandidos sempre saberiam onde estaríamos. Então, só teríamos que tirar o melhor proveito da situação.

Dois dias após sermos expulsos da cidade, voltamos para lá, dessa vez nos Strykers. Tomamos um local conhecido como fábrica de bananas. Era um prédio de quatro ou cinco andares cheio de engradados de frutas e equipamentos industriais sortidos, a maioria quebrada por saqueadores muito antes de chegarmos. Não sei exatamente o que aquilo tinha a ver com bananas ou o que os iraquianos poderiam ter feito ali. Tudo o que eu sabia na ocasião era que o prédio era um bom lugar para um esconderijo de atirador de elite.

Como queria um pouco mais de abrigo do que teria no telhado, eu me instalei no último andar. Por volta das nove da manhã, percebi que o número de civis que iam e vinham pela rua começara a diminuir. Isso sempre era um sinal — eles tinham visto alguma coisa e não desejavam acabar na linha de fogo.

Minutos depois, com a rua já deserta, um iraquiano saiu de um prédio parcialmente destruído. Estava armado com uma AK-47. Ele se abaixou e vasculhou na direção dos engenheiros que trabalhavam na muralha, aparentemente tentando escolher um alvo. Assim que tive certeza do que o iraquiano estava aprontando, mirei no seu centro de massa e disparei.

O cara estava a 35 metros. Ele caiu morto.

Uma hora depois, outro sujeito surgiu de trás de um muro em outra parte da rua. Ele deu uma espiada na direção da muralha em T, depois recuou.

Aquilo podia ter parecido inocente para qualquer outra pessoa — e sem dúvida estava de acordo com as regras de engajamento —, mas eu sabia que deveria prestar mais atenção. Já tinha visto insurgentes se comportarem da mesma forma por anos. Eu os chamava de "butucas" — eles ficavam "de butuca" para ver se alguém estava observando. Tenho certeza de que sabiam que não podiam levar tiros por estarem de olho.

Eu também sabia. Mas sabia também que, se tivesse paciência, o cara, ou a pessoa para quem ele estivesse observando, provavelmente reapareceria. Não deu outra: o sujeito ressurgiu momentos depois.

Ele estava com um lança-rojão na mão. O cara se ajoelhou rápido e ergueu a arma para mirar.

Eu o abati antes que pudesse atirar.

Então aquilo virou um jogo de espera. O lança-rojão era valioso demais para eles. Mais cedo ou mais tarde, eu sabia que alguém seria mandado para pegá-lo.

Fiquei observando e pareceu durar uma eternidade. Por fim, uma figura percorreu a rua e pegou o lança-rojão.

Era um garoto. Uma criança.

Eu tinha uma visão perfeita na luneta, mas não disparei. Não iria matar uma criança, inocente ou não. Precisaria esperar que o selvagem que a mandara fazer aquilo aparecesse na rua.

REPLETO DE ALVOS COMPENSADORES

Acabei matando sete insurgentes naquele dia, e mais no seguinte. Estávamos num ambiente repleto de alvos.

Por causa da maneira como as ruas eram distribuídas e do número de insurgentes, dávamos tiros a curta distância — alguns foram de menos de duzentos metros. Meu disparo mais longo naquele período foi de apenas oitocentos metros, e a média era por volta dos 350.

A cidade em volta era esquizofrênica. Havia cidadãos comuns cuidando da própria vida, vendendo itens, indo ao mercado, coisas assim. E havia caras armados tentando chegar de mansinho pelas ruas transversais e atacar os soldados que montavam a muralha. Depois que começamos a enfrentar os insurgentes, nós mesmos viramos alvos. Todo mundo sabia onde estávamos, e os bandidos saíam das tocas e procuravam nos abater.

Chegou ao ponto em que eu tinha tantas mortes que me afastei para deixar os outros companheiros terem algumas. Comecei a passar para eles os melhores locais nos prédios que havíamos tomado. Mesmo assim, tive muitas chances de atirar.

Certo dia, invadimos uma casa e, após deixar meus homens escolherem os lugares, não havia mais janelas de onde disparar. Então, peguei uma marreta e abri um buraco na parede. Levei um tempo para conseguir.

Quando finalmente me instalei, eu tinha uma vista de cerca de trezentos metros. Assim que peguei a arma, três insurgentes surgiram do outro lado da rua, a quinze metros de distância.

Matei todos. Rolei para o lado e disse para um dos oficiais que entraram:

— Quer tentar?

APÓS ALGUNS DIAS, PERCEBEMOS QUE OS ATAQUES SE CONCENTRAVAM quando as equipes de construção chegavam a um cruzamento. Fazia sentido: os insurgentes queriam atacar de um ponto onde podiam fugir com facilidade.

Aprendemos a avançar e vigiar as ruas transversais. Então, começamos a mandar bala nos caras quando eles surgiam.

FALLUJA FOI RUIM. RAMADI FOI PIOR. A CIDADE SADR FOI A PIOR DE todas. As vigílias duravam dois ou três dias. Saíamos por um dia, recarregávamos as baterias e depois voltávamos. Era tiroteio no talo a toda hora.

Os insurgentes levaram mais do que AKs para o confronto. Eles nos atacavam com rojões em todo combate. Respondíamos requisitando apoio aéreo, mísseis Hellfire e coisas do gênero.

A rede de vigilância aérea melhorou demais nos últimos anos, e os Estados Unidos conseguiam fazer bom uso dela no que dizia respeito a mirar Predators e outros recursos. Mas, no nosso caso, os desgraçados estavam bem ali em espaço aberto, extremamente fáceis de ver. E em grande número.

EM DADO MOMENTO, O GOVERNO IRAQUIANO ALEGOU QUE ESTÁVAMOS matando civis. Era pura mentira. Durante quase todos os combates, analistas de inteligência do Exército interceptavam conversas de celular entre insurgentes, que davam um registro passo a passo.

— Eles acabaram de matar Fulano e Beltrano — disse uma conversa. — Precisamos de mais atiradores de morteiro e de elite... Eles mataram quinze hoje.

Nós só tínhamos contado treze naquele combate — acho que deveríamos ter tirado dois da coluna "talvez" e colocado na categoria "certeza".

PEGUE MINHA ARMA

Como sempre, havia momentos de alta ansiedade misturados com acontecimentos bizarros e alívio cômico aleatório.

Certo dia, no finzinho de uma operação, corri com o resto dos homens para o Bradley. Assim que cheguei ao veículo, notei que havia deixado o rifle para trás — pousara a arma num dos cômodos e depois me esquecera de trazê-la quando saíra.

Sim. Burro.

Dei meia-volta. LT, um dos oficiais, tinha acabado de chegar correndo.

— Ei, temos que voltar — falei. — Minha arma está na casa.

— Vamos lá — respondeu LT ao me seguir.

Demos meia-volta e retornamos correndo para a casa. Enquanto isso, insurgentes avançaram na direção dela — tão perto que conseguíamos ouvi-los. Passamos pelo pátio, certos de que nos encontraríamos com eles.

Felizmente, não havia ninguém lá. Peguei o rifle, e voltamos correndo para os Bradleys, cerca de dois segundos antes de um ataque de granada. A rampa se fechou, e as explosões eclodiram.

— Que merda foi essa? — exigiu saber o oficial encarregado quando o veículo foi embora.

LT deu um sorriso amarelo.

— Eu explico depois — respondeu ele.

Não sei se algum dia ele explicou.

VITÓRIA

Levou cerca de um mês para as barreiras serem erguidas. Quando o Exército chegou ao objetivo, os insurgentes começaram a desistir.

Provavelmente foi uma mistura da constatação de que a muralha seria terminada, quer eles gostassem ou não, com o fato de que havíamos matado tantos desgraçados que eles não conseguiam organizar um reles ataque. Enquanto, no início da operação, trinta ou quarenta insurgentes se reuniam com AKs e rojões para atirar numa única equipe do muro, no fim os bandidos organizavam ofensivas com dois ou três homens. Aos poucos, eles sumiram nos cortiços à nossa volta.

Enquanto isso, Moqtada al-Sadr decidiu que era a hora de tentar negociar a paz com o governo iraquiano. Ele declarou cessar-fogo e começou a falar com o governo.

Imagine só.

TAYA:

As pessoas sempre me diziam que eu não conhecia Chris de verdade ou não sabia o que o meu marido estava fazendo porque ele era um Seal. Eu me recordo de ter ido a um contador certa vez. Ele falou que alguns Seals lhe disseram que ninguém nunca sabia de fato aonde eles iam.

— Meu marido está numa viagem de treinamento — respondi. — Eu sei onde ele está.

— A senhora não sabe disso.

— Bem, eu sei, sim. Acabei de falar com ele.

— Mas a senhora não sabe de fato o que eles estão fazendo. Eles são Seals.

— Eu...

— Nunca dá para saber.

— Eu conheço o meu marido.

— Não dá para saber. Eles são treinados para mentir.

As pessoas diziam muito isso. Ficava irritada quando se tratava de alguém que eu não conhecia direito. Os que eu de fato conhecia achavam que talvez eu não soubesse todos os detalhes, mas que sabia o necessário.

NOS VILAREJOS

COM A SITUAÇÃO RELATIVAMENTE CALMA NA CIDADE SADR, recebemos uma nova área como alvo. Fabricantes de explosivos improvisados e outros insurgentes haviam se instalado numa série de vilarejos perto de

Bagdá, tentando operar na encolha enquanto forneciam armas e homens para combater os americanos e as forças iraquianas leais ao governo. O Exército Mahdi estava lá fora, e a área era praticamente uma zona restrita para americanos.

Tínhamos trabalhado com integrantes da 4ª Brigada da 10ª Divisão de Montanha durante boa parte da batalha na Cidade Sadr. Eles eram guerreiros. Queriam estar em combate — e sem dúvida tiveram o desejo atendido ali. Agora, ao avançarmos pelos vilarejos do lado de fora da cidade, ficamos contentes por termos a chance de operar com eles outra vez. Eles conheciam a área. Seus atiradores de elite eram especialmente bons, e tê-los conosco aumentou a nossa eficiência.

Nosso trabalho é o mesmo, mas há algumas diferenças entre atiradores de elite do Exército e dos Seals. Os primeiros usam observadores de tiro, o que não fazemos. A arma deles é um pouco menor que a nossa.

Mas a maior distinção, ao menos a princípio, tinha a ver com as táticas e a maneira como se usavam os atiradores de elite do Exército. Eles estavam mais acostumados a sair em grupos de três ou quatro homens, o que significava que não podiam ficar lá fora por muito tempo, com certeza não durante a noite inteira.

A força-tarefa Seal, por outro lado, entrava pesado e tomava uma área. Basicamente, íamos atrás de briga e fazíamos o inimigo dar o que a gente queria. Era ao mesmo tempo uma vigília e um desafio: *aqui estamos, venham nos pegar.*

E eles vinham: de vilarejo em vilarejo, os insurgentes surgiam e tentavam nos matar — nós os abatíamos. Normalmente, passávamos pelo menos uma noite, em geral algumas, entrando e saindo após o pôr do sol.

Nessa área, acabamos voltando ao mesmo vilarejo algumas ocasiões, quase sempre tomando uma casa de cada vez. Repetíamos o processo até que todos os bandidos do local estivessem mortos, ou pelo menos até que entendessem que nos atacar não era algo muito inteligente.

Era surpreendente quantos idiotas você precisava matar até que eles entendessem.

COBERTO DE MERDA

HOUVE MOMENTOS MAIS LEVES, MAS MESMO ALGUMAS DESSAS OCASIÕES foram uma merda. Literalmente.

Nosso colega, Tommy, era um cara bacana, mas se revelou um péssimo ponta, de muitas maneiras.

Ou talvez eu devesse dizer que às vezes ele estava mais para pato do que para ponta. Se houvesse uma poça entre nós e o objetivo, Tommy nos conduziria através dela. Quanto mais funda, melhor. Ele sempre nos fazia cruzar o pior terreno possível.

A coisa ficou tão ridícula que finalmente falei com ele:

— Da próxima vez, eu vou lhe dar uma surra e você estará despedido.

Na missão seguinte, Tommy encontrou um caminho para um vilarejo que ele tinha certeza de que estaria seco. Tive minhas dúvidas. Na verdade, eu disse isso para Tommy.

— Ah, não, não — insistiu ele —, o caminho é bom, é bom.

Assim que estávamos lá fora no campo, nós seguimos Tommy e atravessamos uma terra cultivada por um caminho estreito, que dava num cano sobre um trecho de lama. Eu estava na retaguarda do grupo, era um dos últimos. Assim que pisei no cano, afundei na lama e fiquei com merda até o joelho. Aquilo, na verdade, era apenas uma fina camada sobre uma grande poça de esgoto.

Fedia ainda mais do que o Iraque geralmente fedia.

— Tommy! — berrei. — Vou lhe dar uma surra assim que a gente entrar na casa.

Avançamos na direção da casa. Eu continuava na retaguarda. Liberamos o local e, assim que os atiradores de elite se instalaram, fui procurar Tommy para cumprir a promessa.

Ele já estava pagando os pecados: quando o encontrei no térreo, estava com soro na veia e botando os bofes para fora. Tommy tinha caído no esgoto e estava todo coberto de merda. Ficou doente por um dia e fedeu por uma semana.

Todas as peças de roupa que ele estava usando foram descartadas, provavelmente por uma unidade de produtos perigosos.

Bem-feito.

Passei entre dois e três meses nos vilarejos. Tive mais ou menos vinte mortes confirmadas enquanto estive ali. O combate em qualquer operação tanto poderia ser intenso como devagar. Não havia como prever.

A maioria das casas que havíamos tomado pertencia a famílias que ao menos fingiam ser neutras. Acho que a maioria delas odiava os insurgentes pelos problemas que causavam e ficariam até mais contentes do que nós ao ver os bandidos irem embora. Mas havia exceções, e nós ficávamos muito frustrados quando não conseguíamos fazer nada a respeito.

Entramos numa casa e vimos uniformes policiais. Sabíamos de imediato que o proprietário era um *muj*; os insurgentes estavam roubando roupas para se disfarçar durante ataques.

É claro que ele mentira sobre o emprego de meio período como policial — algo que misteriosamente se esquecera de mencionar quando o havíamos interrogado pela primeira vez.

Ligamos para o Exército, passamos a informação e perguntamos o que fazer.

Eles não tinham dados sobre o cara. No fim das contas, decidiram que os uniformes não eram prova de nada.

Mandaram que o soltássemos. Foi o que fizemos.

Aquilo nos deu o que pensar toda vez que ouvíamos a respeito de um ataque feito por insurgentes vestidos de policiais, ao longo das semanas seguintes.

EXTRAÍDO

Certa noite, entramos em outro vilarejo e tomamos uma casa à beira de alguns enormes campos abertos, entre eles um usado para futebol. Nós nos instalamos sem problemas, vigiamos o vilarejo e nos preparamos para qualquer encrenca que pudéssemos enfrentar pela manhã.

O ritmo das operações havia diminuído bastante nas duas semanas anteriores. Parecia que as coisas estavam arrefecendo, ao menos para nós. Comecei a pensar em voltar para o oeste e me juntar outra vez ao pelotão.

Eu me instalei num cômodo no segundo andar com LT. Um atirador do Exército e seu observador de tiro ficaram no cômodo ao lado, e alguns caras no telhado. Eu tinha levado a .338 Lapua comigo, imaginando que a maior parte dos meus tiros seria a longa distância, pois estávamos no alto do vilarejo. Como a área ao nosso redor estava tranquila, comecei a observar mais longe, no vilarejo seguinte, a menos de dois quilômetros dali. Em certo momento, vi alguém se mexendo no telhado de uma casa de um andar. Ficava a uns 1.900 metros, e mesmo com uma luneta com 25 de potência eu não conseguia distinguir muito mais do que um contorno. Estudei a pessoa, mas naquele momento ela não parecia estar armada, ou ao menos não deixava a arma à mostra. Suas costas estavam voltadas para mim, então eu conseguia enxergá-la, mas ela não podia me ver. Achei-a suspeita, mas ela não estava fazendo nada perigoso, logo a deixei em paz.

Um pouco mais tarde, um comboio do Exército desceu pela estrada mais à frente do outro vilarejo, rumo ao posto de operação e comando de onde tínhamos vindo. Quando ele se aproximou, o homem em cima do telhado pôs uma arma no ombro. Agora aquele contorno ficara nítido: ele tinha um lança-rojão e o estava apontando para os americanos.

Rojão.

Não tínhamos como nos comunicar com o comboio — até hoje não sei exatamente quem eles eram, só sabia que eram do Exército. Mas foquei a luneta nele e atirei, esperando no mínimo assustá-lo com o tiro ou talvez alertar o comboio.

A 1.900 metros, com alguma variação, eu precisaria de muita sorte para acertá-lo. Muita sorte.

Talvez a forma como eu empurrei o gatilho para a direita tenha compensado o vento. Talvez a gravidade tenha mudado e colocado a bala bem onde ela devia estar. Talvez eu simplesmente fosse o filho da puta mais sortudo do Iraque. O que quer que fosse, assisti pela minha luneta enquanto a bala atingia o iraquiano, que tombou do telhado e foi parar no chão.

— Uau — murmurei.

— Seu desgraçado sortudo — disse LT.

Eram 1.900 metros. Esse tiro me deixa perplexo até agora. Foi um tiro de pura sorte. Não havia como acertar o cara.

Mas eu acertara. Foi a morte de maior distância confirmada que eu fiz no Iraque, ainda mais longe que aquele tiro de Falluja.

O comboio começou a revidar, provavelmente sem ter consciência de como estiveram perto de ser explodidos. E eu voltei a procurar inimigos.

Conforme o dia foi passando, começamos a levar fogo de AKs e lança-rojões. O conflito se acirrou logo. Os rojões começaram a abrir buracos no concreto solto ou nas paredes de adobe, vararam as barreiras e provocaram incêndios.

Decidimos que era hora de ir embora e requisitamos uma extração:

— Mandem os RG-33s!

(RG-33s são blindados grandes capazes de aguentar explosivos improvisados e equipados com torres de metralhadora.)

Esperamos enquanto continuávamos o tiroteio e nos abrigávamos da chuva de balas cada vez maior dos insurgentes. Por fim, os reforços avisaram que estavam a quinhentos metros, do outro lado do campo de futebol.

Eles só chegariam até ali.

Dois Hummers do Exército cruzaram o vilarejo e apareceram na frente das portas, mas não podiam levar todos nós. O resto começou a correr para os RG-33s.

Alguém jogou uma granada de fumaça, acho que com a ideia de que isso cobriria a retirada. Tudo o que ela fez foi tornar impossível que a gente enxergasse. (As granadas devem ser usadas para ocultar movimento; a pessoa corre por trás da fumaça. Nesse caso, tivemos que atravessá-la.) Saímos correndo da casa, através da nuvem, fugindo das balas e nos esquivando no campo aberto.

Parecia uma cena de filme. Balas que vinham em rajadas e ricocheteavam na terra.

O cara ao meu lado caiu. Pensei que ele tivesse sido atingido. Parei, mas antes que eu conseguisse pegá-lo o sujeito ficou de pé num pulo — ele só havia tropeçado.

— Estou bem! Estou bem! — berrou o cara.

Juntos, continuamos na direção dos caminhões, com balas e grama voando para todos os lados. Finalmente, chegamos aos veículos. Pulei na traseira de um dos RG-33s. Enquanto tomava fôlego, balas atingiram uma das janelas à prova de balas da lateral e trincaram o vidro.

Alguns dias depois, eu rumava para o oeste, de volta ao pelotão Delta. A transferência que eu havia pedido antes fora concedida.

O momento foi bom. A situação começava a me afetar. O estresse andou aumentando. Mal sabia eu que ficaria bem pior, por mais que o combate diminuísse bastante.

SUBOFICIAL KYLE

A ESSA ALTURA, MEUS COMPANHEIROS TINHAM SAÍDO DE AL-QA'IM E estavam num lugar chamado Rawah, também a oeste, perto da fronteira com a Síria. Novamente, eles foram colocados para trabalhar construindo quartéis e o resto.

Tive sorte e perdi esse serviço. No entanto, também não havia muita coisa ocorrendo quando cheguei.

Apareci bem a tempo de participar de uma patrulha de longo raio de ação no deserto, perto da fronteira. Dirigimos por lá durante alguns dias e mal vimos uma pessoa, quanto mais insurgentes. Havia relatórios de contrabando no deserto, mas, se aquilo estava acontecendo, não era onde estávamos.

Enquanto isso, estava *quente*. Fazia pelo menos 48 graus, e dirigíamos Hummers sem ar-condicionado. Cresci no Texas, então estava acostumado ao calor, mas aquilo era pior. E era constante. Não havia como fugir. A temperatura mal refrescava à noite — talvez caísse para 46 graus. Abaixar as janelas significava correr risco caso houvesse um explosivo improvisado. Quase pior era a areia, que entrava imediatamente e cobria todo mundo.

Decidi que preferia a areia e o perigo dos explosivos ao calor. Abaixei as janelas.

Enquanto dirigia, tudo o que se via era deserto. De tempos em tempos, havia um povoado de nômades ou um vilarejo minúsculo.

Nós nos juntamos ao pelotão coirmão e, no dia seguinte, paramos numa base dos fuzileiros. O suboficial entrou e, pouco tempo depois, saiu e me encontrou.

— Ei — disse ele, sorrindo. — Adivinhe... O senhor acaba de se tornar suboficial.

EU HAVIA FEITO A PROVA PARA SUBOFICIAL NOS ESTADOS UNIDOS, ANTES do desdobramento.

Na Marinha, normalmente é preciso fazer uma prova escrita para ser promovido. Mas eu tinha dado sorte. Fui promovido em campo para segundo-sargento durante o segundo desdobramento e virei primeiro-sargento graças a um programa especial de mérito antes do terceiro desdobramento. As duas promoções vieram sem provas escritas.

(Nos dois casos, eu fiz muito trabalho extra dentro da equipe e ganhei reputação no campo de batalha. Esses eram fatores importantes na distribuição de novas patentes.)

Aquilo não valia para o posto de suboficial. Fiz a prova escrita e passei por pouco.

Preciso explicar um pouco mais sobre provas escritas e promoções. Em geral, não tenho alergia nem nada a provas, pelo menos não mais do que qualquer outra pessoa. Mas as provas para os Seals costumavam ter uma dificuldade a mais.

Na época, para ser promovido, você tinha que fazer uma prova na sua área profissional — não como um Seal, mas em qualquer área que tivesse escolhido antes de se tornar um. No meu caso, isso significava ser avaliado na inteligência.

Obviamente, eu não tinha condições de saber coisa alguma sobre essa área. Eu era um Seal, não um analista de inteligência. Não tinha ideia de que tipo de equipamentos e normas eram usados para o trabalho.

Considerando a precisão das informações que costumávamos receber, acho que eles usavam um alvo de dardos, talvez. Ou apenas um belo par de dados.

Para ser promovido, eu precisaria ter estudado para a prova, o que significaria ir a uma área protegida de leitura, uma sala especial onde fosse possível ler material ultrassecreto, durante o tempo livre.

Não havia nada desse tipo em Falluja ou Ramadi, onde combati. E a literatura nas latrinas e banheiros não teria servido.

(Agora, os testes estão relacionados à área de operações especiais e dizem respeito a coisas que os Seals de fato fazem. As provas são incrivelmente detalhadas, mas ao menos têm a ver com o nosso trabalho.)

Tornar-se suboficial era um pouco diferente. A prova era sobre coisas que os Seals deveriam saber. Mesmo assim, passei por pouco.

Vencido aquele obstáculo, o caso tinha que ser examinado por uma banca e depois passar por mais um exame administrativo, feito pelo alto escalão. O processo da banca examinadora incluía uma reunião de vários suboficiais para avaliar a pasta com os meus feitos. Ela deveria conter um longo dossiê sobre tudo o que eu fizera como Seal. (Menos as brigas de bar.)

A única coisa que havia na pasta era a caderneta militar, mas ela não tinha sido atualizada desde que eu me formara no BUD/S. As Estrelas de Prata e de Bronze nem estavam lá.

Eu não estava louco para me tornar suboficial. Estava feliz na minha situação. Como suboficial, eu teria todo tipo de função administrativa e não passaria por tantos combates assim. Sim, seria mais dinheiro para a minha família, mas eu não estava pensando nisso.

Primo fazia parte da banca na base nos Estados Unidos. Ele estava sentado logo ao lado de um dos suboficiais quando eles começaram a examinar meu caso.

— Quem diabos é esse merdinha? — perguntou o outro suboficial ao ver a pasta fina. — Quem ele pensa que é?

— Por que o senhor e eu não almoçamos? — perguntou Primo.

Ele concordou. O outro suboficial voltou com uma atitude diferente.

— Você me deve um sanduíche do Subway, seu puto — disse-me Primo quando o vi mais tarde.

Aí ele me contou a história toda.

Eu devia tudo aquilo a ele, e muito mais. A promoção veio e, falando francamente, ser suboficial era bem melhor do que pensei que fosse.

A verdade é que nunca me importei muito com patente. Nunca tentei ser um cara bem graduado. Ou mesmo um cara com a média mais alta na época da escola.

Eu fazia o dever de casa na caminhonete, de manhã. Quando me colocaram no quadro de honra, fiz questão de que as notas caíssem no semestre seguinte apenas o suficiente para ser retirado. Depois as aumentava de novo, só para os meus pais não ficarem em cima de mim.

Talvez meu problema com patente tivesse a ver com o fato de que eu preferia ser um líder no campo, em vez de um administrador dentro de um gabinete. Não queria ter que sentar ao computador, planejar tudo e depois falar para todo mundo. Eu queria trabalhar no que eu era bom, que era ser atirador de elite — entrar em combate, matar o inimigo. Queria ser o melhor naquilo que eu queria ser.

Acho que várias pessoas tinham problema com essa postura. Naturalmente, elas pensavam que quem fosse bom deveria ter patente alta. Acho que eu já tinha visto pessoas demais de patente alta que não eram boas para não me convencer disso.

PENSANDO DEMAIS

"NA ESTRADA OUTRA VEZ..."

A voz de Willie Nelson saiu pelo alto-falante do Hummer enquanto íamos para a base no dia seguinte. A música era quase a única distração que tínhamos lá fora, tirando a parada ocasional num vilarejo para falar com os nativos. Além de música country das antigas, que meu parceiro ao volante preferia, eu ouvia um pouco de Toby Keith e Slipknot, country e heavy metal disputando a atenção.

Acredito muito no impacto psicológico da música. Vi isso funcionar no campo de batalha. Se vai entrar em combate, você quer se empolgar. Não ficar doidão, mas no clima. A música pode ajudar a afastar o medo. Nós ouvíamos Papa Roach, Dope, Drowning Pool — qualquer coisa que nos agitasse. (Agora todos eles tocam sem parar na minha *playlist* quando estou malhando.)

Mas nada conseguia me empolgar ao voltar para a base. Foi um passeio longo e quente. Apesar de eu ter acabado de receber boas notícias sobre a promoção, estava de mau humor, entediado e tenso ao mesmo tempo.

Lá na base, as coisas andavam incrivelmente lentas. Nada acontecia. E isso começava a me afetar.

Desde que eu estivesse em combate, a ideia de ser vulnerável, de ser mortal, era algo que eu conseguia tirar da cabeça. Havia coisas demais acontecendo para eu me preocupar com isso. Ou melhor, eu tinha tanto para fazer que, de fato, não pensava na ideia.

Mas, agora, eu praticamente só pensava nisso.

Eu tinha tempo para relaxar, mas não conseguia. Ficava deitado na cama refletindo sobre tudo o que havia passado — em especial, ter sido baleado.

Eu revivia a situação toda vez que deitava para descansar. O coração batia forte no peito, provavelmente muito mais forte do que naquela noite na Cidade Sadr.

A situação pareceu ir ladeira abaixo nos poucos dias após voltarmos da patrulha na fronteira. Eu não conseguia dormir. Estava muito nervoso. Extremamente nervoso. E minha pressão disparou outra vez, ainda mais alta do que antes.

Eu sentia que ia explodir.

Fisicamente, eu estava arrasado. Quatro longos desdobramentos cobraram seu preço. Os joelhos estavam melhores, mas as costas e o tornozelo doíam, a audição estava ferrada. Os ouvidos zumbiam. O pescoço tinha sido machucado, costelas foram rachadas. Os nós dos dedos e dedos inteiros foram quebrados. Eu via moscas volantes e tivera perda de visão no olho direito. Havia dezenas de machucados profundos e uma série de dores. Eu era o sonho de qualquer médico.

Mas a coisa que mais me incomodava era a pressão. Eu suava em bicas e as mãos até tremiam. Meu rosto, bem branco para começo de conversa, se tornara pálido.

QUANTO MAIS EU TENTAVA RELAXAR, PIOR AS COISAS FICAVAM. ERA como se meu corpo começasse a vibrar, e pensar a respeito disso só fazia a vibração aumentar.

Imagine que você tenha subido uma escada alta sobre um rio, a uns dois quilômetros de altura, e seja atingido por um raio. O corpo fica elétrico, mas você ainda está vivo. Na verdade, você não apenas está ciente de tudo o que acontece, mas sabe que pode aguentar. Sabe o que precisa fazer para descer.

É o que você faz. Desce. Mas, quando está de volta ao chão, a eletricidade não vai embora. Você tenta achar uma forma de descarregá-la, de se aterrar, mas não consegue encontrar o maldito para-raios para levar a eletricidade embora.

SEM CONSEGUIR COMER OU DORMIR, ENFIM FUI AOS MÉDICOS E PEDI que me examinassem. Eles deram uma olhada em mim e perguntaram se eu queria medicação.

Na verdade, não, respondi. Mas tomei, sim, os remédios.

Eles também sugeriram que, como o ritmo das missões era quase inexistente e que, de qualquer forma, estávamos a apenas poucas semanas de ir para casa, fazia sentido que eu voltasse.

Sem saber mais o que fazer, concordei.

14

EM CASA E FORA DA MARINHA

SAÍDA À FRANCESA

FUI EMBORA NO FIM DE AGOSTO. COMO SEMPRE, FOI QUASE SURREAL — um dia, eu estava na guerra; no outro, estava em casa. Eu me senti mal por partir. Não queria contar para ninguém sobre a pressão arterial ou qualquer outra coisa. Fui o mais discreto possível.

Falando francamente, me senti um pouco como se estivesse abandonando meus companheiros e saindo à francesa, fugindo porque o coração batia esquisito, ou seja lá que diabos ele estivesse fazendo.

Nada do que eu havia realizado podia apagar a sensação de que estava decepcionando meus homens.

Sei que isso não faz sentido. Sei que realizei muitas coisas. Eu precisava de um descanso, mas sentia que não deveria descansar. Achei que deveria ser mais forte do que era possível.

Para piorar as coisas, parecia que alguns remédios não me fizeram bem. Ao tentar me ajudar a dormir, um médico de San Diego receitou uma pílula. Ela me apagou — tanto que, quando acordei, eu estava na base sem me recordar de ter malhado em casa e dirigido até lá. Taya me contou que eu me exercitara, e eu sabia que tinha ido até o trabalho de carro porque a caminhonete estava lá.

Nunca mais tomei aquele remédio. Ele era sinistro.

TAYA:

Levei anos para entender algumas coisas. Aparentemente, Chris só quer sair e se divertir. Mas, quando as pessoas preci-

sam mesmo dele — quando há vidas em jogo —, ele é o cara mais confiável. Chris tem um senso de responsabilidade e dedicação diante das circunstâncias.

Eu vi pelas promoções nas forças armadas: ele não ligava. Não queria a responsabilidade da patente mais alta, mesmo que isso significasse um sustento melhor para a família. No entanto, se um trabalho precisasse ser feito, lá estava Chris. Ele sempre aceitará um desafio. E estará preparado, porque antes já pensou a respeito.

Era uma verdadeira dicotomia, e acho que poucas pessoas compreendiam. Eu mesma tinha dificuldade em me conformar às vezes.

PROTEGENDO AS PESSOAS

Enquanto estava em casa, eu me envolvi num programa científico bem interessante, relacionado a estresse e situações de conflito.

A experiência usava realidade virtual para testar que tipo de efeitos o combate tem sobre o corpo. No meu caso específico, eles monitoravam a pressão, ou pelo menos essa era a medição que de fato me interessava. Usei um capacete e luvas especiais enquanto via uma simulação. Era basicamente um videogame, mas ainda assim bem maneiro.

Nas simulações, a pressão e a frequência cardíaca começavam estáveis. Então, assim que entrávamos num tiroteio, elas caíam. Eu só ficava sentado ali e fazia tudo o que precisava fazer, bem à vontade.

Assim que a simulação acabava e a situação estava calma, a frequência cardíaca simplesmente disparava.

Interessante.

Os cientistas e médicos responsáveis pela experiência acreditam que, durante o calor da batalha, o treinamento assumia o controle e me acalmava, de alguma forma. Eles ficaram bastante intrigados, porque aparentemente nunca tinham visto aquilo.

Claro que eu tinha vivido aquilo todo dia no Iraque.

Houve uma simulação que me causou uma forte impressão. Um fuzileiro levava um tiro na barriga e morria gritando. Enquanto eu observava a cena, a pressão disparou ainda mais do que antes.

Eu não precisava de um cientista ou médico para me dizer o que era aquilo. Eu era capaz de sentir aquele garoto morrendo outra vez no meu peito, em Falluja.

Dizem que eu salvei centenas e centenas de pessoas. Mas tenho que confessar: não é dessas pessoas que você se lembra. É das que você não salvou.

É sobre essas pessoas que você fala. São os rostos e situações que ficam para sempre com você.

DENTRO OU FORA?

Meu alistamento estava chegando ao fim. A Marinha continuou tentando me seduzir a ficar e fez ofertas diferentes: cuidar de treinamento, trabalhar na Inglaterra, o que eu quisesse para permanecer.

Embora tivesse dito a Taya que não me realistaria, eu não estava pronto para sair.

Queria voltar à guerra. Achava que havia sido enganado no último desdobramento. Eu me debati tentando decidir o que fazer. Tinha dias em que não aguentava mais a Marinha; havia outros em que estava pronto para mandar minha esposa para o inferno e me realistar.

Nós conversamos muito sobre tudo isso.

> TAYA:
> *Eu disse a Chris que nossos dois filhos precisavam dele, especialmente o menino, naquele momento. Se Chris não fosse estar ali, eu iria me mudar para perto do meu pai, de maneira que pelo menos meu filho crescesse com um avô forte bem perto dele.*

Eu não queria fazer isso, de maneira alguma.

E Chris realmente nos amava. Ele desejava mesmo ter e criar uma família forte.

Parte da questão se resumia ao conflito que sempre tivemos — onde estão as nossas prioridades: Deus, família, país (minha versão) ou Deus, país, família (a de Chris)?

Na minha opinião, ele já tinha dado uma quantidade imensa de coisas para o país. Os últimos dez anos haviam sido tomados por uma guerra constante. Desdobramentos de combate intenso foram combinados com regimes sistemáticos de treinamento que o mantiveram longe de casa. Foi mais ação intensa — e ausência — do que com qualquer outro Seal que eu conhecesse. Era hora de ele dar à família um pouco de si.

Mas, como sempre, eu não podia tomar a decisão por ele.

A Marinha sugeriu que eles poderiam me enviar ao Texas como recrutador. Aquilo soou muito bom, pois o trabalho me permitiria ter um horário normal e voltar para casa à noite. Pareceu um meio-termo possível.

— O senhor me dê um tempinho para resolver isso — falou o suboficial com quem eu negociava. — Não é o tipo de coisa que podemos decidir da noite para o dia.

Concordei em prolongar o adiamento por um mês enquanto ele resolvia a questão.

Esperei e esperei. Nenhuma ordem chegou.

— Está chegando, está chegando — respondeu o suboficial. — O senhor tem que prolongar o alistamento de novo.

Foi o que eu fiz.

Mais algumas semanas se passaram — estávamos quase no fim de outubro a essa altura —, e nenhuma ordem chegara. Então, liguei para o suboficial e perguntei o que diabos estava acontecendo.

— É uma sinuca de bico — explicou ele. — Eles querem lhe dar o cargo, mas é um posto de três anos. O senhor não tem tempo.

Em outras palavras, eles queriam que eu me alistasse primeiro, depois me dariam o cargo. Mas não havia garantias, nenhum contrato.

Eu já passara por isso antes. Por fim, disse não, obrigado — *estou caindo fora.*

TAYA:

Chris sempre diz: "Eu me sinto como um desistente." Acho que ele fez seu trabalho, mas sei como se sente. Pensa que, se há pessoas lá fora lutando, ele deveria ser uma delas. E muitos outros Seals fazem o mesmo, mas acredito que nenhum deles o criticaria por cair fora.

O CASAMENTO DE RYAN

RYAN E EU PERMANECEMOS PRÓXIMOS APÓS ELE RETORNAR AOS ESTA-dos Unidos. Na verdade, a amizade ficou mais forte, o que eu não achava possível. Eu me senti próximo de Ryan por causa de sua tremenda coragem. Ele fora um guerreiro em combate — agora, um guerreiro ainda maior na vida. Você jamais esquecia completamente que Ryan era cego, mas também nunca, jamais tivesse a impressão de que a deficiência o limitava.

Ryan teve que mandar fazer um olho protético por causa dos ferimentos. De acordo com LT, que foi pegá-lo com Ryan, na verdade havia dois desses — um era um olho "normal", e o outro tinha um tridente dourado dos Seals onde normalmente ficaria a íris.

Uma vez Seal, *sempre* Seal.

Eu havia estado com Ryan muito tempo antes de ele se ferir. Muitos caras na equipe tinham um senso de humor ferino, mas Ryan era sem igual. Ele fazia a pessoa morrer de rir.

Ryan não mudou depois de levar o tiro. Simplesmente tinha um senso de humor sarcástico. Uma vez, uma menininha foi até ele, olhou para seu rosto e perguntou:

— O que aconteceu com você?

Ele se abaixou e respondeu, em tom muito sério:

— Nunca corra com uma tesoura na mão.

Sarcástico, engraçado e com um coração de ouro. Não dá para não amá-lo.

Estávamos todos preparados para odiar a namorada de Ryan. Tínhamos certeza de que o abandonaria após ter sido ferido. Mas ela permaneceu ao lado dele. Ryan enfim a pediu em casamento, e todos ficamos felizes. Ela é uma mulher sensacional.

Se existe um símbolo de superação de deficiência, é Ryan. Após o ferimento, ele fez faculdade, formou-se com menção honrosa e tinha um emprego excelente à espera. Escalou o monte Hood, o monte Rainer e um bando de outras montanhas; foi caçar e matou um alce digno de troféu com a ajuda de um observador de tiro e uma arma com uma tecnologia sinistra; competiu no triatlo. Eu me recordo de uma noite em que Ryan disse que estava contente por ter sido ele a levar o tiro em vez de qualquer um dos outros. Claro que, de início, Ryan ficou furioso, mas ele se sentia em paz e vivia uma vida plena. Achava que podia encarar a situação e ser feliz de qualquer forma. Ele estava certo.

Quando penso no patriotismo que inspira os Seals, me lembro de Ryan se recuperando num hospital em Bethesda, Maryland. Lá estava ele, logo após um ferimento quase fatal, e cego pelo resto da vida. Muitas cirurgias reconstrutivas para o rosto surgiam à frente. Sabe o que ele pediu? Que alguém o levasse de cadeira de rodas até uma bandeira dos Estados Unidos e o deixasse permanecer um tempo lá.

Ryan ficou sentado por quase meia hora prestando continência enquanto a bandeira tremulava ao vento.

Esse é Ryan: um verdadeiro patriota.

Um guerreiro genuíno, com coração de ouro.

Claro que todos nós o sacaneamos e dissemos que alguém provavelmente empurrara a cadeira até uma caçamba de lixo e falara que era uma bandeira. Sendo Ryan quem é, ele soltava muitas piadas de cego e nos fazia rolar de rir sempre que conversávamos.

Quando Ryan se mudou para longe, nós nos falávamos por telefone e nos reuníamos sempre que possível. Em 2010, descobri que ele e a esposa esperavam o primeiro filho.

Enquanto isso, os ferimentos que Ryan sofrera no Iraque exigiram mais cirurgias. Ele foi ao hospital numa manhã. Depois, à tarde, recebi um telefonema de Marcus Luttrell, perguntando se eu sabia de Ryan.

— Sim. Falei com ele ontem mesmo — contei. — Ele e a esposa vão ter um bebê. Não é ótimo?

— Ele acabou de morrer — falou Marcus em voz baixa.

Algo tinha dado errado no hospital. Foi o fim trágico de uma vida heroica. Não sei se algum de nós que o conheceu superou isso. Acho que nunca vou superar.

O bebê era uma linda menina. Tenho certeza de que o espírito do pai continua existindo nela.

MIGHTY WARRIORS

Após a morte do filho, a mãe de Marc Lee, Debbie, tornou-se praticamente uma mãe adotiva para todos os outros integrantes do nosso pelotão. Uma mulher muito corajosa, ela se dedicou a ajudar outros guerreiros durante a transição do campo de batalha. Agora, Debbie é a presidente da America's Mighty Warriors (www.AmericasMightyWarriors.org) e faz muito por veteranos através do que ela chama de "gestos casuais de gentileza", inspirados pela vida de Marc e por uma carta que ele lhe escreveu antes de falecer.

Não há nada casual a respeito de Debbie. Ela é uma mulher dedicada e trabalhadora, tão empenhada pela causa quanto Marc era.

A carta de Marc está disponível no site e conta uma história emocionante sobre algumas coisas que ele vira no Iraque — um hospital terrível, pessoas ignorantes e desprezíveis. Mas também era um texto extremamente positivo, cheio de esperança e que encoraja todos a fazerem alguma coisinha pelos outros.

Na minha opinião, porém, o que Marc escreveu na carta não o descreve adequadamente, da forma como todos o conhecemos. Ele era mais do que aquilo. Era um cara cascudo de verdade, com um grande senso de humor. Um guerreiro ardoroso e um grande amigo. Tinha uma fé inabalável em Deus e amava intensamente a esposa. O céu, sem dúvida, é um lugar melhor, mas a Terra perdeu um de seus melhores.

CRAFT

Decidir sair da Marinha foi bem difícil, mas agora eu ficaria desempregado. Era hora de descobrir o que fazer no resto da vida.

Eu tinha uma série de opções e possibilidades. Andara conversando com um amigo meu, Mark Spicer, sobre abrir uma escola de tiro de precisão nos Estados Unidos. Após 25 anos de trabalho, ele havia se aposentado como subtenente. Servira como atirador de elite — um dos principais do Exército britânico — e como comandante do pelotão de atiradores. Mark já escreveu três livros sobre tiro de precisão e é uma das autoridades mundiais no assunto.

Nós dois percebemos que havia e há uma carência de certos tipos de treinamento bem específico para unidades militares e policiais. Ninguém dava o tipo de instrução prática que ajudaria a preparar o pessoal para diferentes situações que eles pudessem encontrar. Com a nossa experiência, sabíamos que poderíamos elaborar cursos sob medida e dar tempo suficiente de treino em estande de tiro para fazer a diferença.

O problema era botar tudo em ordem.

Dinheiro, obviamente, foi um grande fator. Em parte por acaso, acabei conhecendo alguém que percebeu que a empresa poderia ser um bom investimento e que também tinha fé em mim: J. Kyle Bass.

Kyle tinha ganhado muito dinheiro com investimentos e, ao nos conhecermos, procurava um guarda-costas. Acho que ele pensou: "Quem seria melhor do que um Seal?" Mas, quando começamos a conversar e ele me perguntou onde eu me via dali a alguns anos, falei sobre a escola. Kyle ficou intrigado e, em vez de me contratar como segurança, me ajudou a conseguir financiamento para nossa companhia. E assim, do nada, nasceu a Craft International.

NA VERDADE, NÃO FOI "ASSIM, DO NADA" — NÓS RALAMOS PARA FAZER o negócio andar, trabalhamos horas a fio e suamos para resolver todos os detalhes, como qualquer empreendedor faz. Dois outros caras se juntaram a Mark e a mim para formar a equipe de sócios: Bo French e Steven Young. Suas qualificações têm mais a ver com a administração, mas ambos conhecem armas e as táticas que ensinamos.

Hoje, a sede da Craft International fica no Texas. Temos centros de treinamento lá e no Arizona e trabalhamos em outros países com medidas de segurança e outros projetos especiais. De vez em quando, você pode ver Mark no History Channel. Ele fica muito à vontade em frente às câmeras, tanto que às vezes relaxa e solta um sotaque britânico muito carregado. O canal faz a gentileza de traduzir o forte sotaque para inglês caipira com legendas. Ainda não precisamos de legendas para nenhum curso da Craft, mas não descartamos a possibilidade.

Montamos uma equipe que acreditamos ser o suprassumo em suas áreas entre todas as opções de treinamento que fornecemos. (Você pode encontrar mais informações no site www.craftintl.com.)

Construir uma empresa envolve muitas habilidades que eu não achava que possuísse. Também inclui um monte de trabalho administrativo.

Porra.

Eu não me importo com trabalho árduo, mesmo que seja numa mesa. Uma das desvantagens desse serviço é que ele me deu uma tendinite — passei muito tempo digitando num teclado de computador. E muito raramente tenho que usar terno e gravata. Mas, tirando isso, é o emprego perfeito para mim. Posso não ser rico, mas gosto do que faço.

O logotipo da Craft veio do símbolo do Justiceiro, com uma retícula em formato de cruz dos cruzados no olho direito, em homenagem a Ryan Job. Ele também inspirou o slogan da empresa.

Em abril de 2009, após piratas somalianos terem tomado um navio e ameaçarem de morte o capitão, atiradores de elite dos Seals mataram os invasores a partir de um destroier. Alguém da imprensa local perguntou a Ryan o que ele achava.

— Apesar do que sua mamãe lhe disse — brincou ele —, a violência resolve problemas, sim.

Pareceu um slogan bem apropriado para atiradores de elite.

DE VOLTA AO TEXAS

Eu ainda estava dividido sobre sair da Marinha, mas saber que eu daria início à Craft me deu mais incentivo. Quando a hora finalmente chegou, eu não podia esperar.

Afinal de contas, estava voltando para casa. Será que eu tinha pressa? Saí da Marinha no dia 4 de novembro. No dia 6 de novembro, eu meti o pé na poeira do Texas.

Enquanto eu trabalhava na Craft International, minha família permaneceu em San Diego; as crianças terminavam o ano escolar e Taya preparava a casa para ser vendida. Minha esposa planejava estar com tudo pronto em janeiro para que pudéssemos nos reunir no Texas.

Eles saíram no Natal. Eu sentia saudades terríveis.

Na casa dos meus pais, puxei Taya para o quarto e disse:

— O que você acha de voltar sozinha? Deixe as crianças comigo.

Taya ficou empolgada. Ela tinha um monte de coisas para fazer, e, embora amasse nossos filhos, cuidar deles e preparar a casa para ser vendida era cansativo.

Eu adorei ter as crianças comigo. Tive grande auxílio dos meus pais, que me ajudaram a cuidar delas durante a semana. Nas tardes de sexta-feira, eu as pegava e tínhamos férias por três, às vezes quatro dias seguidos.

As pessoas têm a ideia de que um pai não é capaz de passar o tempo com crianças muito pequenas. Não é verdade. Caramba, eu me divertia tanto quanto eles. Fazíamos bagunça no pula-pula e jogávamos bola por horas. Íamos ao zoológico e aos parquinhos e assistíamos a filmes. Eles ajudavam o papai a fazer churrasco. Todos nos divertíamos à beça.

QUANDO MINHA FILHA ERA UM BEBÊ, LEVOU UM TEMPINHO PARA GOStar de mim. Mas, aos poucos, começou a confiar mais e ficou acostumada a me ter por perto. Agora só quer saber do papai.

É claro que ela já tinha a mim na palma da mão desde o primeiro dia.

COMECEI A ENSINAR MEU FILHO A ATIRAR QUANDO ELE TINHA DOIS anos de idade, partindo do conhecimento básico de um rifle de chumbinho. Minha teoria é que as crianças se envolvem em confusão por causa da curiosidade — se você não a satisfaz, está querendo arrumar grandes problemas. Se você as informa e instrui com cuidado sobre segurança quando elas são pequenas, evita um monte de encrenca.

Meu filho aprendeu a respeitar armas. Eu sempre disse a ele: se quiser usar uma arma, venha me chamar. Não há nada que eu goste mais do que atirar. Ele já tem o próprio rifle, um calibre .22 de ação por alavanca, e faz belos grupamentos de impacto. Ele também é fantástico com uma pistola.

Minha filha ainda é um pouco pequena e não demonstrou interesse até agora. Desconfio que fará isso em breve, mas, em todo caso, ela será obrigada a fazer um amplo treinamento com armas de fogo antes de ter permissão para namorar... por volta dos trinta anos.

Os dois já foram caçar comigo. Eles ainda são um pouco pequenos para se concentrar por longos períodos de tempo, mas suspeito que pegarão o jeito em breve.

TAYA:

Chris e eu discutimos sobre o que acharíamos se as crianças se tornassem militares. Obviamente, não queremos que elas se machuquem ou que algo lhes aconteça. Mas também há um monte de coisas positivas no serviço militar. Ficaremos orgulhosos delas, não importa o que façam.

Se meu filho considerasse entrar para os Seals, eu diria para pensar bem no assunto. Diria que ele precisa estar preparado.

Acho horrível para a família. Se você vai à guerra, ela o transforma, e você também precisa estar preparado para isso. Pediria que ele se sentasse e conversasse com o pai sobre a realidade.

Às vezes, sinto vontade de chorar só de pensar no meu filho num tiroteio.

Acho que Chris fez tanto pelo país que podemos pular uma geração. Mas nós dois teremos orgulho de nossos filhos, não importa o que aconteça.

Morar no Texas me aproximou dos meus pais em caráter permanente. Desde que voltei a manter contato com os dois, eles me dizem que um pouco da carapaça que construí durante a guerra se desmanchou. Meu pai fala que eu havia isolado partes de mim mesmo. Ele acredita que elas voltaram, de certa forma.

— Não acho que você possa passar treinando para matar — admite meu pai — e esperar que tudo aquilo desapareça de um dia para outro.

NO FUNDO DO POÇO

COM TODAS ESSAS COISAS BOAS ACONTECENDO, É DE IMAGINAR QUE EU estivesse vivendo um conto de fadas ou uma vida perfeita. E talvez eu devesse estar.

Mas a vida real não percorre uma linha reta perfeita. Ela não tem necessariamente o "viveram felizes para sempre". Você tem que olhar para a frente e se empenhar.

E só porque eu tinha uma ótima família e um trabalho interessante não significava que as coisas eram perfeitas. Eu ainda me sentia mal por ter largado os Seals. Ainda guardava mágoa por minha esposa ter me dado o que eu considerava um ultimato.

Então, embora a vida devesse ter sido doce, por alguns meses após minha saída do serviço militar, eu me sentia como se estivesse mergulhando num poço.

Comecei a beber muito, uma cerveja atrás da outra. Diria que entrei em depressão, senti pena de mim mesmo. Beber logo passou a ser tudo o que eu fazia. Pouco tempo depois, era bebida forte o dia inteiro.

Não quero que isso pareça mais dramático do que realmente é. Outras pessoas encararam problemas mais difíceis. Mas com certeza eu seguia pelo caminho errado. Estava indo ladeira abaixo e ganhava velocidade.

Então, certa noite, fiz uma curva rápido demais com a caminhonete. Bem, talvez houvesse circunstâncias atenuantes, talvez a rua estivesse escorregadia ou alguma coisa estivesse com defeito. Ou talvez aquele anjo da guarda que me salvou lá em Ramadi tivesse decidido interferir.

Tanto faz. Só sei que a caminhonete teve perda total e eu saí sem um arranhão.

No corpo. No ego, a história era outra novamente.

O acidente me despertou. Lamento dizer que precisei de algo como aquilo para colocar a cabeça no lugar.

Ainda bebo cerveja, embora nem perto de beber em excesso.

Acho que me dei conta de tudo que tenho e de tudo que poderia perder. E também compreendo não apenas quais são minhas responsabilidades, mas também como cumpri-las.

RETRIBUINDO

COMECEI A ENTENDER AS CONTRIBUIÇÕES QUE POSSO FAZER PARA OUtros. Compreendi que posso ser um homem completo — tomar conta da família e ajudar um pouco a cuidar de outras pessoas.

Marcus Luttrell fundou uma organização chamada Lone Survivor Foundation. Ela tira alguns de nossos guerreiros feridos do hospital e os coloca em situações nas quais possam se divertir um pouco. Após ser ferido no Afeganistão, Marcus disse que se recuperou duas vezes mais rápido no rancho da mãe do que no hospital. O ar livre e a possibilidade de perambular por lá naturalmente ajudaram no processo. Essa é uma das inspirações para a fundação e se tornou um dos meus princípios básicos enquanto tento fazer uma pequena parte.

Eu me reuni com alguns proprietários de ranchos que conheço pelo Texas e perguntei se eles poderiam me doar os espaços por alguns dias. Eles foram generosos além da conta. Recebemos pequenos grupos de soldados que se tornaram deficientes físicos na guerra e passamos um tempo lá caçando, disparando em estandes de tiro, ou pura e simplesmente curtindo. A ideia é se divertir.

Devo dizer que meu amigo Kyle — o mesmo cara que foi uma força motriz para colocar a Craft de pé — também é extremamente patriótico e apoia muito as tropas. Ele faz a gentileza de nos deixar usar seu lindo rancho Barefoot para vários de nossos retiros para soldados feridos. A organização de Rick Kell e David Feherty, Troops First, também trabalha com a Craft para ajudar o máximo de homens possível.

Caramba, eu mesmo me divirto horrores. Caçamos algumas vezes ao dia, damos uns tiros no estande e, à noite, compartilhamos histórias e bebemos cervejas.

Não são apenas as histórias de guerra de que você se lembra, mas, sim, as engraçadas. Essas são as que afetam você. Elas enfatizam a resistência desses caras — eles foram guerreiros nas batalhas e assumem a mesma postura quando lidam com as deficiências.

Como era de se esperar por eu estar envolvido, há muita provocação lá e cá, uns sacaneiam os outros. Nem sempre eu rio por último, mas tento. A primeira vez que levei alguns deles a um dos ranchos, conduzi o grupo para o alpendre dos fundos antes de começarmos a atirar e dei uma breve orientação.

— Muito bem — falei ao pegar o rifle —, uma vez que nenhum dos senhores é Seal, é melhor eu dar um pouco de contexto. Isto aqui é um gatilho.

— Vai se ferrar, marujo! — berraram eles.

Depois disso, nós nos divertimos, empurrando e debochando uns aos outros.

UMA COISA DE QUE OS VETERANOS FERIDOS NÃO PRECISAM É PENA. PRE-cisam ser tratados como os homens que são: iguais, heróis, pessoas que ainda têm um tremendo valor para a sociedade.

Se você quer ajudá-los, comece por aí.

De um jeito esquisito, uma provocação mostra mais respeito do que perguntar "Você está bem?" num tom de voz doce e nojento.

Nós acabamos de começar, mas tivemos um sucesso tão grande que os hospitais cooperam bastante. Conseguimos ampliar o programa para incluir casais. No futuro, planejamos fazer, talvez, dois retiros por mês.

O trabalho me fez ter ideias cada vez maiores. Eu não me importaria em fazer um *reality show* sobre caça com esses caras — acho que poderia inspirar muitos outros americanos a contribuir de verdade com os veteranos e suas famílias militares atuais.

Uns ajudando os outros — isso é os Estados Unidos.

Acho que o país faz muito para ajudar as pessoas, o que é ótimo para quem de fato precisa. Mas também acho que criamos dependência ao dar dinheiro para aqueles que não querem trabalhar, tanto em outros países quanto no nosso. Ajudar as pessoas a se ajudarem — é assim que deveria ser.

Eu gostaria que nos lembrássemos do sofrimento dos americanos feridos servindo ao país antes de darmos milhões para indolentes e vagabundos. Olhe para os sem-teto: muitos são veteranos. Acho que devemos a eles mais do que apenas gratidão. Eles estiveram dispostos a assinar um cheque em branco pelos Estados Unidos, ao custo da própria vida. Então, por que não deveríamos tomar conta deles?

Não estou sugerindo dar esmolas aos veteranos. As pessoas precisam é de mãos de verdade — uma pequena oportunidade e ajuda estratégica.

Um dos homens feridos que conheci nos retiros nos ranchos tem uma ideia para ajudar veteranos sem-teto através de auxílio para construir ou renovar residências. Acho uma grande ideia. Talvez essa casa não seja onde os veteranos irão morar para sempre, mas será um ponto de partida.

Empregos, treinamento — há uma quantidade enorme de coisas que podemos fazer.

Sei que algumas pessoas dirão que haverá um bando apenas tirando vantagem. Mas você lida com isso. Não deixa que estrague a situação para todo mundo.

Não há motivo para que alguém que lutou pelo país fique sem teto ou emprego.

QUEM SOU EU

Levei um tempo, mas cheguei a um ponto em que ser um Seal não mais me define. Preciso ser um marido e um pai. Essas coisas, agora, são minha vocação principal.

Ser um Seal foi grande parte de mim. Ainda sinto a atração. Com certeza, eu preferia ter o melhor dos dois mundos — o emprego *e* a família. Mas, ao menos no meu caso, o trabalho não permitiria.

Não tenho certeza se teria os dois. De certa forma, tive que sair do emprego para me tornar o homem pleno que a família precisava que eu fosse.

Não sei de onde ou quando veio a mudança. Não aconteceu até eu sair. Primeiro, tive que vencer aquele ressentimento. Precisei passar por coisas boas e más para chegar a um ponto em que de fato podia seguir em frente.

Agora quero ser um bom pai e um bom marido. Agora redescobri um amor verdadeiro pela minha esposa. Eu sinceramente sinto saudades de Taya quando viajo a negócios. Quero poder abraçá-la e dormir ao lado dela.

Taya:

No início, o que eu amava em Chris era a maneira como ele se mostrava descaradamente incapaz de esconder os sentimentos. Ele não brincava com meu coração ou minha cabeça. Era um cara sincero que parecia bancar os sentimentos com ações: passava uma hora e meia dirigindo para me ver, depois saía a tempo de trabalhar às cinco da manhã. Conversava. Aguentava meus humores.

Seu jeito divertido equilibrava meu lado sério e despertava meu lado juvenil. Chris topava tudo e apoiava completamente tudo o que eu queria ou sonhava. Ele se dava bem com a minha família de um jeito memorável, e eu com a dele.

Quando o casamento entrou em crise, falei a Chris que não o amaria da mesma forma se ele se realistasse. A questão não era falta de amor, mas eu achava que a decisão confirmaria o que me parecia cada vez mais evidente. No início, eu acreditava que ele me amava mais do que tudo. Aos poucos, as equipes começaram a se tornar seu primeiro amor. Chris continuava dizendo o que achava que eu queria ouvir, tudo o que falava antes para expressar amor. Só que as palavras e as ações não se entrosavam mais. Ele ainda me amava, mas era diferente. Chris estava consumido pelo trabalho.

Quando estava ausente, ele me dizia coisas como: "Eu faria qualquer coisa para estar em casa com você", "Estou com saudade" e "Você é a coisa mais importante no mundo para mim". Eu sabia que, se Chris se realistasse, tudo o que ele havia me falado nos últimos anos seriam apenas palavras ou sentimentos teóricos, não manifestos pelos atos.

Como eu poderia amar com a mesma intensidade, sem limites, sabendo não ser o que ele dizia que eu era? Eu vinha em segundo plano, no máximo.

Chris morreria por desconhecidos e pelo país. Meus desafios e meu sofrimento pareciam ser só meus. Ele queria viver a vida e ter uma esposa feliz para quem voltar.

Na época, isso significava que tudo o que eu amava no início estava mudando e que eu teria que amá-lo de maneira diferente. Pensei que seria um amor menor, mas acabou sendo apenas diferente.

Assim como em qualquer relacionamento, as coisas mudaram. Nós dois mudamos. Ambos cometemos erros e aprendemos muito. Podemos nos amar de maneira diferente, mas talvez isso seja uma coisa boa. Talvez seja mais condescendente e mais maduro, ou talvez seja apenas diferente.

Quanto mais o tempo passa, mais somos capazes de demonstrar amor um para o outro de forma que o outro entenda e sinta.

Sinto que o amor pela minha esposa se tornou mais forte nos últimos anos. Taya me deu uma nova aliança de casamento feita de aço rápido — não acho que seja coincidência esse ser o metal mais duro que ela conseguiu encontrar.

A aliança também tem uma cruz de Jerusalém. Ela brinca que é porque o casamento é uma cruzada.

Talvez para nós tenha sido.

Taya:

Sinto algo vindo de Chris que eu não sentia antes.

Com certeza, ele não é a mesma pessoa de antes da guerra, mas há muitas das qualidades antigas. O senso de humor, a gentileza, o afeto, a coragem e o senso de responsabilidade. A confiança serena me inspira.

Como qualquer casal, ainda precisamos vencer as coisas do cotidiano, porém o mais importante é que me sinto amada. E sinto que as crianças e eu somos importantes.

GUERRA

NÃO SOU O MESMO CARA QUE FOI PARA A GUERRA PELA PRIMEIRA VEZ.

Quando se aposenta, ninguém é. Antes de entrar em combate, você tem certa inocência. Então, de repente, vê um lado completamente diferente da vida.

Não me arrependo de nada. Faria tudo de novo. Ao mesmo tempo, a guerra com certeza o transforma.

Você abraça a morte.

Sendo um Seal, você vai para o lado negro, mergulha nele. Sem parar de ir à guerra, você gira em torno das partes mais sombrias da existência. A mente arma defesas — é por isso que você ri de coisas pavorosas como cabeças explodindo ou até algo pior.

Na juventude, eu queria ser militar, mas me perguntava como me sentiria ao matar alguém.

Agora eu sei. Não é nada de mais.

Matei muito mais do que jamais pensei que mataria — ou, por falar nisso, mais do que qualquer atirador de elite americano antes de mim. Mas também testemunhei a maldade que meus alvos cometiam e queriam cometer e, ao matá-los, protegi as vidas de muitos colegas soldados.

Não passo muito tempo filosofando sobre matar gente. Tenho a consciência limpa sobre meu papel na guerra.

Sou um cristão fervoroso. Não um cristão perfeito — nem de perto. Mas acredito firmemente em Deus, em Jesus e na Bíblia. Quando morrer, Deus vai me julgar por tudo o que fiz na Terra.

Ele pode até me segurar para o último momento e deixar todo mundo furar a fila, porque levará muito tempo para repassar todos os meus pecados.

— *Sr. Kyle, vamos entrar na sala dos fundos...*

Para ser honesto, não sei o que acontecerá de fato no Dia do Juízo Final. Mas o que tendo a acreditar é que você sabe de todos os seus pecados, e Deus também, e você é tomado pela vergonha diante da realidade do que Ele sabe. Acredito que o fato de que aceitei Jesus como meu salvador será minha salvação.

Mas, naquela salinha, ou seja o que for, quando Deus me confrontar com meus pecados, acredito que não verei nenhuma das minhas mortes durante a guerra. Todo mundo em quem atirei era mau. Tive um bom motivo para cada tiro. Todos mereceram morrer.

Meus arrependimentos envolvem as pessoas que não consegui salvar: fuzileiros, soldados, meus companheiros.

Ainda sinto a perda. Ainda sofro por não ter conseguido protegê-los.

Não sou inocente e não romantizo a guerra e o que precisei fazer lá. Os piores momentos da minha vida aconteceram como Seal. Perder os companheiros. Ver um moleque morrer nos meus braços.

Tenho certeza de que algumas coisas pelas quais passei não se comparam com o que alguns caras enfrentaram na Segunda Guerra Mundial e outros conflitos. Além de toda a merda no Vietnã, ainda tiveram que voltar para um país que cuspiu neles.

Quando as pessoas me perguntam como a guerra me transformou, respondo que a maior diferença tem a ver com a minha perspectiva.

Sabe todas as coisas do cotidiano que estressam você aqui?

Não dou a mínima para elas. Coisas muito piores poderiam acontecer para estragar sua vida, ou ao menos seu dia, muito maiores que o seu probleminha. Eu vi essas coisas.

Mais ainda: eu passei por elas.

AGRADECIMENTOS

Este livro jamais teria sido possível sem meus irmãos Seals, que me apoiaram em batalha e durante minha carreira na Marinha. E eu não estaria aqui sem eles e sem marinheiros, fuzileiros e soldados que me protegeram durante a guerra.

Também gostaria de agradecer à minha esposa, Taya, por me ajudar a escrever este livro e dar as próprias contribuições. Meu irmão e meus pais contribuíram com suas memórias e com apoio. Vários amigos também foram gentis ao darem informações inestimáveis. Entre aqueles que foram especialmente prestativos, estão um dos tenentes e um colega atirador de elite que aparecem como LT e Dauber, respectivamente. A mãe de Marc Lee também ajudou com algumas ideias-chave.

Um agradecimento e reconhecimento especial para Jim DeFelice, pela paciência, inteligência, compreensão e talento para escrever. Sem sua ajuda, este livro não seria o que é hoje. Também quero expressar meu sincero apreço à esposa e ao filho de Jim, que abriram a casa para mim e Taya durante o desenvolvimento desta obra.

Trabalhamos neste livro em vários lugares. Nenhum superou o conforto do rancho de Marc Myers, que ele muito generosamente nos permitiu usar enquanto trabalhávamos.

Scott McEwen reconheceu o valor da minha história antes de mim e teve um papel crucial na publicação.

Eu gostaria de agradecer ao meu editor, Peter Hubbard, que entrou em contato direto comigo para falar sobre o livro e nos colocou em contato com Jim DeFelice. Obrigado também a toda a equipe da William Morrow/HarperCollins.

1ª edição	JANEIRO DE 2015
reimpressão	JULHO DE 2015
impressão	ARVATO BERTELSMANN
papel de miolo	PÓLEN SOFT 70G/M²
papel de capa	CARTÃO SUPREMO ALTA ALVURA 250G/M²
tipografias	SABON E BANK GOTHIC PRO